U0917442

指数思维与大宗商品供应链金融战略关系融资服务

沈 哲 著

内容提要

本书主要内容为现实价值导向线性思维大宗商品供应链金融（传统三类）服务；现实价值导向指数思维大宗商品供应链金融战略关系融资服务；创新价值导向线性思维大宗商品供应链金融（传统三类）服务；创新价值导向指数思维大宗商品供应链金融战略关系融资服务等。

本书适用于政府相关部门、行业协会、供应链企业、金融机构、第三方物流企业等相关企事业单位领导及相关人员等。

图书在版编目(CIP)数据

指数思维与大宗商品供应链金融战略关系融资服务／沈哲著.—上海:上海交通大学出版社,2018

ISBN 978-7-313-13026-6

Ⅰ.①指… Ⅱ.①沈… Ⅲ.①心理影响—研究 Ⅳ.①B84

中国版本图书馆 CIP 数据核字(2017)第 303121 号

指数思维与大宗商品供应链金融战略关系融资服务

著　　者:沈　哲

出版发行:上海交通大学出版社　　地　　址:上海市番禺路 951 号

邮政编码:200030　　电　　话:021-64071208

出 版 人:谈　毅

印　　制:虎彩印艺股份有限公司　　经　　销:全国新华书店

开　　本:889mm×1194mm　1/32　　印　　张:8.5

字　　数:197 千字

版　　次:2018 年 1 月第 1 版　　印　　次:2018 年 1 月第 1 次印刷

书　　号:ISBN 978-7-313-13026-6/B

定　　价:78.00 元

前言

随着移动互联网、物联网、大数据、云计算、人工智能等技术的深入发展，人的心智模式和思维方式迎来了前所未有的革命性挑战。人们突破传统线性思维的局限性，结合现实生活中呈现出的指数思维种种迹象，来切合实际的探索研究大宗商品供应链金融创新服务问题，这是摆在我们管理学理论研究者面前的富有挑战性的课题。

随着赊销成为最主要的销售方式，大宗商品供应链上游的企业普遍承受着现金流紧张所带来的压力。然而，传统的大宗商品供应链金融三种形态（应收账款融资、库存融资、预付款融资）是基于线性思维的大宗商品供应链金融服务，难以摆脱大宗商品供应链企业的资产型显性效应。在大宗商品供应链企业间以关系为中心的交易治理结构中，强调的是企业间的合作性互动与双方的关系质量的提升。交易频率越高不仅不会增加交易成本，反而会增进双方的了解，促进知识分享、资源共享。因此，在大宗商品供应链企业间以关系为中心的交易治理结构中，有必要构建基于指数思维的大宗商品供应链金融新兴服务形态——战略关系融资服务。

大宗商品供应链企业在产品的设计、生产、销售过程中，会产生企业内外价值链。企业内价值链就是企业内部各个职能业务部门之间所生成的以产品生产为轴心的业务之间协同集成模式，而企业外价值链则是处于同一个产业链中的企业上下游之间围绕着产品生产过程中分工协作所形成的以核心企业为中心的上下游之间协同集成模式。

首先，我们要明确大宗商品的概念框架，如大宗商品的定义、大宗商品的特点、大宗商品的类别、大宗商品的产品价值链、大宗商品贸易及物流、大宗商品供应链等一系列概念之间的逻辑衔接效应；其次，我们要从物流、商流、信息流三维度切入，探析供应链金融的理论及实践意义上的具体含义；最后，我们要从线性思维转向指数思维，也就是从传统供应链管理思维转向未来需求链管理思维，真正去理解大宗商品供应链金融服务的创新思维模式。

至于对大宗商品供应链金融监管绩效评价的研究、对大宗商品供应链企业协同创新模式的实施、对大宗商品供应链金融战略关系协同创新问题的探讨、对大宗商品供应链金融生态系统的探析、对大宗商品供应链金融组织结构的理解、对指数思维与大宗商品供应链金融创新的服务等，我们不能一味地停留在过去传统意义上的观念上思考问题，而要勇于跳出思维重围，创新思考基于需求链管理的大宗商品供应链金融服务。

有关大宗商品供应链金融的观念误区是指人们把理解和认识的侧重点放在了对已有数据的感性利用上，而忽视了利用智慧来创造和管理大宗商品供应链金融的相关知识；有关大宗商品供应链金融的方法论误区是指人们在理解和认识大宗商品供应链金融服务现实领域和驾驭大宗商品供应链金融服务现实领域的过程中，仅仅采用了机械而感性的线性直观反应，而忽视了智能而理性的指数曲线具体化操作的创新科学概念。

为了避免上述对大宗商品供应链金融的观念和方法论层面上的误区，我们要以科学和经验性的研究方法，对达到抽象化水准的概念命题与处于经验水准的研究假设之间的逻辑关系进行梳理，并根据这一过程对大宗商品供应链金融服务现象进行解读和分析，形成相对系统的科学理论，以此来开发出大宗商品供应链金融相关知识。对大宗商品供应链金融相关知识的有效利用，确实需要《指数思维与大宗商品供应链金融战略关系融资服务》这一人机智能化及人机深度学习时代的智慧书籍。

《基于指数思维的战略关系融资导向大宗商品供应链金融》具体包括如下九章：

第一章是大宗商品的概念框架。它包括大宗商品的定义、大宗商品的交易特点、大宗商品的类别、大宗商品的产品价值链、大宗商品贸易及物流、大宗商品供应链等内容。

第二章是物流、商流、信息流三维度供应链金融的含义。它包括大宗商品套汇套利金融、大宗商品贸易金融、大宗商品物流金融、大宗商品供应链金融等内容。

第三章是大宗商品供应链金融思维模式。它包括传统意义上的大宗商品供应链金融线性思维模式和需求链管理角度的大宗商品供应链金融指数思维模式两大内容。

第四章是大宗商品供应链金融监管绩效评价研究。它包括大宗商品供应链金融监管概述、宁波天禾大宗商品供应链企业监管绩效评价案例分析、提升大宗商品供应链金融监管绩效评价水平对策措施等内容。

第五章是大宗商品供应链企业协同创新模式。它包括产品层面上的大宗商品供应链企业协同创新理论研究、大宗商品供应链企业协同创新实证研究、大宗商品供应链企业三种协同创新模式等内容。

第六章是大宗商品供应链金融战略关系协同创新。它包括大宗商品供应链金融战略关系协同创新基本框架、大宗商品供应链金融战略关系协同创新模式、大宗商品供应链金融战略关系协同创新实践等内容。

第七章是大宗商品供应链金融生态系统探析。它包括大宗商品供应链金融生态系统解读、大宗商品供应链金融行为主体分析、大宗商品供应链金融生态环境探测等内容。

第八章是基于指数思维的大宗商品供应链金融次新股投资策略。它包括大宗商品供应链金融次新股投资行情分析、大宗商品供应链金融次新股投资策略实证研究、基于指数思维的大宗商品供应链金融次新股投资战略决策等内容。

第九章是指数思维与大宗商品供应链金融创新服务。它包括基于线性思维的大宗商品供应链金融传统服务、基于指数思维的大宗商品供应链金融创新服务、指数思维与大宗商品供应链金融战略关系融资服务等内容。

《指数思维与大宗商品供应链金融战略关系融资服务》的主要特点如下:

一是科学性,即对大宗商品供应链金融现实领域的客观反映和经验性认识。

二是实用性,即对大宗商品供应链金融知识相关资料领域的具体化操作定义。

三是实践性,即针对大宗商品供应链金融中的核心企业、上下游企业、银行或金融机构、第三方物流企业等经营管理素材,利用管理统计软件进行了直接分析,得出了统计分析结果。

作者为了撰写《指数思维与大宗商品供应链金融战略关系融资服务》这本书,刻苦学习,潜心专研,理论联系实际。在学习专业理论和传授专业知识的同时，不断去实践。面向宁波大红鹰学院物流管理专业大宗商品物流专业方向的学生和浙江捷贸通电子商务有限公司（大宗商品供应链企业），通过教学科研型文献考察、专家访谈、FGI（焦点小组座谈）、问卷调查等形式进行了教学实践和科研活动。在这里我要感谢宁波大红鹰学院和浙江捷贸通电子商务有限公司给我提供教学实践和科研活动的平台，感谢宁波物流协会、宁波集装箱运输协会、宁波空运协会、宁波航运杂志社、宁波市人社局和教育局、宁波恒胜物流等行业协会和企事业单位的热情帮助和莫大支持。

最后，我要感谢我的妻子和两个可爱的儿子，是他们无时无刻都给予我精神上和生活上的悉心照料及支持。

沈　哲

于宁波大红鹰学院

2017 年 8 月 18 日

目录

第一章
大宗商品的概念框架

第一节　大宗商品的定义

大宗商品(bulk stock)是指以大批量形式用于工业和农业生产及消费的物质产品。这种物质产品仅仅与流通环节有关,从来就不涉及零售环节。按照这类物质产品种类划分的话,我们可以把大宗商品划分成农副产品、金属产品、化工产品等不同种类,其中农副产品有20余种二级分类产品,金属产品有9种二级分类产品,化工产品大约有5种二级分类产品。大宗商品虽然种类繁多,但因它们具有供需量大的特点,所以可以根据其所特有的某种共性较容易分级和标准化,并且还易于储存和运输。在金融投资领域,大宗商品又可以理解为用来交易的同质化工业基础原材料,如钢铁、农产品、煤炭、原油、铁矿石、有色金属等。由此看来,大宗商品主要分布的产品领域为能源产品、基础原材料产品、农副产品等领域。

大宗商品交易主要分为即期现货交易、现货中远期交易、期货期权交易,如表1-1所示。

表 1–1 大宗商品交易类别对比

类别	即期现货交易	现货中远期交易	期货期权交易
交易对象	现货，标准商品或非标准商品	现货，标准商品或非标准商品	现货，标准商品
合同形式	非标准化	两者皆有	标准化
合同转让	不允许	允许	允许
履约方式	实物交收	实物交收	实物交割或对冲平仓
信用风险	大	大	小
市场影响	地区性	全国性	全球性

期货，通常指的是一份期货合约，主要通过该合同统一物的交割时间地点等。期货交易就是通过期货、期权这类工具约定在未来的某个时间以某个价格买卖一定数量与质量的商品的交易行为。期货交易具有套期保值，防止市场过度波动，节约商品流通费用的功能。目前，在中国主要有四大期货交易所，即上海期货交易所、大连商品交易所、郑州商品交易所和中国金融期货交易所。

现货，通常指的是可以进入流通领域的客观存在的现实产品。即期现货交易是指在短时间内，采取即时支付的方式进行商品交收的交易方式。现货中远期是指通过电子平台进行的商品交易方式。现货交易不但可以满足买方临时性的付款需要，也可以帮助买卖双方调整外汇头寸的货币比例，以避免外汇汇率风险。目前，中国的大部分现货中远期交易所主要分布于经济相对发达的上海、浙江、江苏等地区。

从金融市场上，大宗商品的含义被理解成具有同质化而用来交易的广为工业基础原材料的商品（如原油、农产品、煤炭、有色金属、铁矿石等）来看，我们可以把大宗商品分为三大类：一是基础原材料；二是有色金属及能源产品；三是农产品。

大宗商品可以设计为期货、期权作为金融工具来交易，可以更好地实现价格发现和规避价格风险。由于大宗商品多是工业基础原材料，主要处于供应链的最上游，因此反映其市场供需状况的期货和现货价格变动将会直接影响着整个以产业供应链为单位的经济体系。比如，有色金属价格上涨将会提高电子、建筑及电力行业的生产成本；石油价格上涨则会导致化工产品价格上涨，并且还会带动其他能源（煤炭、替代能源）的价格提升和供给膨胀。这样一来，投资相关行业的投资者应当加强对大宗商品的供求矛盾及价格变动新动向的关注力度。

第二节　大宗商品的交易特点

前面我们已经提到过大宗商品（Bulk Commodity）是指可以进入流通环节，但不进入零售环节的以其所具有的商品属性应用于工农业生产及消费领域，可进行大批量买卖交易的物质产品。而在金融投资市场上，大宗商品又被理解为具有同质化、可交易、被广泛用做工业基础原材料等属性的物质产品，如原油、有色金属、农产品、铁矿石、煤炭等。进而我们把大宗商品主要划分为：能源产品、基础原材料产品、农副产品等三大类物质产品。

那么，在这一节我们将进一步探讨一下大宗商品交易的特点具体有哪些。

在探讨和分析大宗商品的交易特点之前，我们首先要从不同维度和度量来分类，把大宗商品的交易特点主要分成泛指的大宗商品的交易特点、大宗商品的交易市场特点、大宗商品的期货交易市场特点、大宗商品的电子交易市场特点。

首先,从泛指的大宗商品交易的维度来分析,大宗商品的交易主要有如下四大特点。第一,供需量大;第二,价格波动大;第三,容易储存和运输;第四,容易分级和标准化。

(1) 供需量大。期货市场功能的发挥是以产品供需双方广泛参加交易为前提的,只有现货供需量大的产品才能在大范围进行充分竞争,形成权威价格。

(2) 价格波动大。只有产品的价格波动较大,有意回避价格风险的交易者才需要利用远期价格先把价格确定下来。比如,有些产品实行的是垄断价格或计划价格,价格基本不变,那么对这类大宗商品的经营者而言就没有必要利用期货交易,来回避价格风险或锁定成本。

(3)易于储存、运输。产品期货一般都是远期交割的产品,这就要求这些产品易于储存、不易变质、便于运输,保证期货实物交割的顺利进行。

(4) 易于分级和标准化。期货合约事先规定了交割产品的质量标准,因此,期货品种必须是质量稳定的产品,否则,就难以进行标准化。

其次,从大宗商品的交易市场维度来分析,大宗商品的交易主要有如下四大特点:①现货仓单标准化;②双向交易灵活对冲机制;③网上交易集中化;④可自由调节履约金的杠杆机制。

(1) 现货仓单标准化。大宗商品交易的现货仓单标准化是指现货交易的所有条款(如包含大宗商品的等级、数量、质量、色泽等),都是预先规定好的,呈现出标准化的特点。

(2) 双向交易灵活对冲机制。大宗商品交易的双向交易灵活对冲机制是指因大宗商品现货仓单的标准化,可使绝大部分大宗商品交易可以通过反向对冲操作来解除履约责任,大宗商品交易者可以在价格降低时买进现货仓单,待到价格上升时卖出对冲平仓(或者在价格上涨时先卖出,等到价格下降时买进对冲平仓),以此来双向获利。

(3) 网上交易集中化。大宗商品交易的网上交易集中化是指因大宗商品电子交易市场是一个具有高度组织化、管理制度严密的市场,所以大宗商品交易最终在网上集中完成。

(4) 可自由调节履约金的杠杆机制。大宗商品交易的可自由调节履约金的杠杆机制是指因履约金制度是众多大宗商品交易方参与市场需要面对的首要问题。因此,电子交易市场通常提供的是20%~100%的履约金制度。这样一来,参与市场的大宗商品交易方就可以根据自己的实际情况决定不同的履约金方式。

再次,从大宗商品的期货交易市场维度来分析,大宗商品的交易主要有如下三大特点。第一,保证金比例较低,准入门槛低;第二,市场结构的优势,降低交易所的压力;第三,交易目的明确,投机性较大。

(1) 保证金比例较低,准入门槛低。大宗商品期货交易市场是由期货交易主体、期货交易所、期货经纪公司和期货结算所构成的有机整体,是现代市场体系中的一个重要组成部分。大宗商品期货交易市场的保证金一般在5%~7%左右,这使得交易商的成本降低。同时在期货交易市场中允许公众投资者进入,说明进入期货市场的门槛低,同时也进一步表明该市场的参与人员素质参差不齐。

(2) 市场结构的优势,降低交易所的压力。期货交易市场通常为三级结构:期货交易所——经纪公司——交易商,在这种结构下,期货交易所不需要直接发展客户,同时当出现逼仓、爆仓、违约等与交易商有关的风险危机时,由于有经纪公司的分担与先行处理,期货交易所的压力会比较小。说明在期货交易所当中,交易所虽不可以控制风险但可以减少市场风险,首先可以让经纪公司去预防与处理市场风险,减少交易所的损失。

(3) 交易目的明确,投机性较大。投机性风险不仅与交易商对市场行情的分析判断能力、资金运用能力有关,还与交易商自身素质与风险偏好等因素有关。期货市场主要采取对冲平仓结束交易的方式,投机获利较大,减少了实物的交割。各投资者不断地去预测、分析、把握市场前景,不断地变换交易角色,从而增加了市场的流动性。但由于市场准入门槛低,投资者往往专业素质较低,市场投机性较大,使得投资风险大大上升,出现"逼仓"事件。

最后,从大宗商品的电子交易市场维度来分析,大宗商品的交易主要有如下三大特点。第一,市场结构简单,对参与者严格限制;第二,交易模式多,满足客户的不同需求;第三,法律性风险以及业务运营风险较大。

(1) 市场结构简单,对参与者严格限制。在大宗商品电子交易市场中,交易所主要采取二级结构(交易商——客户),这样虽然缩小与客户的距离,使得交流更加充分与便利,但也使得交易所面临更大的压力。所以,在社会主义市场经济环境下对此客户限定了条件,即客户被要求是在中华人民共和国境内注册登记的从事与交易商品有关的现货生产、经营、消费活动的企业法人,且只能代理业内企业进行商品买卖,不得为社会公众进行投资。

(2) 交易模式多,满足客户的不同需求。大宗商品电子交易市场是一种介于现货市场与期货市场之间的中远期合约交易市场。大宗商品电子交易市场通常有两种交易模式,即现货即期交易和远期现货交易,现货即期交易就是当天成交,当天或较短期限内(2~7 天)进行现货交收的交易,这是一种典型的现货交易,一般采用一对多或多对一的静态或动态定价模式,交易的标的物为大宗商品;远期现货交易通常是交易双方在将来某一时刻和地点实行现货交收的交易,它采用的交易模式也是多对多动态撮合交易,远期现货交易的合约期限通常为6 个月以内,在交收日前,远期合约可以通过交易平台转让。由此可以看出，大宗商品电子交易市场是将期货市场和现货市场的优势相结合,同时又融入的电子商务的特点,不仅符合时代的发展为市场增添新活力,同时又为客户提供多种交易模式,便于他们的选择。

(3) 法律性风险以及业务运营风险较大。电子商务在我国的发展属于刚刚起步的阶段,国家对于电子商务的法律体系的构建并没有完善。而大宗商品电子交易市场是电子商务中的创新市场,所以对于该类市场的法律法规还急于修订完善。该类市场也存在着技术、信息安全以及内部运营等业务运营风险，以电子商务为依托的交易平台,容易受到硬件软件故障、人员操作不当、黑客攻击等不确定因素导致交易终止,从而造成投资者和交易所的损失。

第三节 大宗商品的类别

前面我们已经提到过大宗商品是可以进入流通领域,但不涉及零售环节的具有商品属性的一些在工农业生产与消费过程中可通过大批量买卖进行交易的物质产品。在金融投资市场,大宗商品以同质化和可交易的形式被广泛用作工业基础原材料（如原油、有色金属、钢铁、农产品、铁矿石、煤炭等)。由此看来,大宗商品的主要类别有以下三大类:①基础原材料产品;②能源产品;③农副产品。

(1) 基础原材料产品。目前,现货黄金和现货白银这类贵金属产品可以归类为基础原材料产品。一般情况下,原油和以黄金、白银等为代表的贵金属类大宗商品,由于其自身商品的特殊性,往往被现货投资行业人士单独列出。主要以金属为代表的大宗商品基础原材料产品的具体细分类别,如表 1-2 所示。

表 1-2 大宗商品基础原材料产品细分类别

一级类别	二级类别	三级类别	综合类别
基础原材料产品(金属)	有色金属	铜、铝、铅、锌、镍、锡	黄金、白银、钢铁、铜、铝、铅、锌、镍、钯、铂、稀土元素等
	贵金属	金、银、铂	
	黑色金属	铁矿石、钢材	

(2) 能源产品。能源产品主要包括能源和化工两大类,能源类有原油、柴油、汽油、天然气等;化工类有塑料、树脂、聚酯类等。大宗商品能源产品的具体细分类别,如表 1–3 所示。

表 1-3 大宗商品能源产品细分类别

一级类别	二级类别	三级类别	综合类别
能源产品	能源	原油、柴油、汽油、天然气等	原油、取暖用油、无铅普通汽油、丙烷、天然橡胶等
	化工	塑料、树脂、聚酯类等	

(3) 农副产品。农副产品大约有 20 余种,具体可分为五大类:

① 谷物及油脂油料类有小麦、玉米、大豆、豆粕、豆油、燕麦、糙米等。

② 畜产品类有活牛、生猪、猪肉等。

③ 林产品类有木材、纸浆等。

④ 乳品类有牛奶、奶粉等。

⑤ 软商品类有棉花、咖啡、可可等。

大宗商品农副产品的具体细分类别,如表 1–4 所示。

表 1-4 大宗商品农副产品细分类别

一级类别	二级类别	三级类别	综合类别
农副产品	谷物及油脂油料类	小麦、玉米、大豆、豆粕、豆油、燕麦、糙米等	20余种包括玉米、大豆、小麦、稻谷、燕麦、大麦、黑麦、猪腩、活猪、活牛、小牛、大豆粉、大豆油、可可、咖啡、棉花、羊毛、糖、橙汁、菜籽油、鸡蛋等
	畜产品类	活牛、生猪、猪肉等	
	林产品类	木材、纸浆等	
	乳品类	牛奶、奶粉等	
	软商品类	棉花、咖啡、可可等	

第四节 大宗商品的产品价值链

价值链的概念是哈佛大学教授迈克尔·波特于 1985 年在其《竞争优势》一书中首次提出来的。他认为：每个企业都是在设计、生产、销售、物流配送，以及辅助其产品的过程中进行形式多样活动的载体，并且所有这些活动可以用一个价值链涵盖表明，如图 1-1 所示。

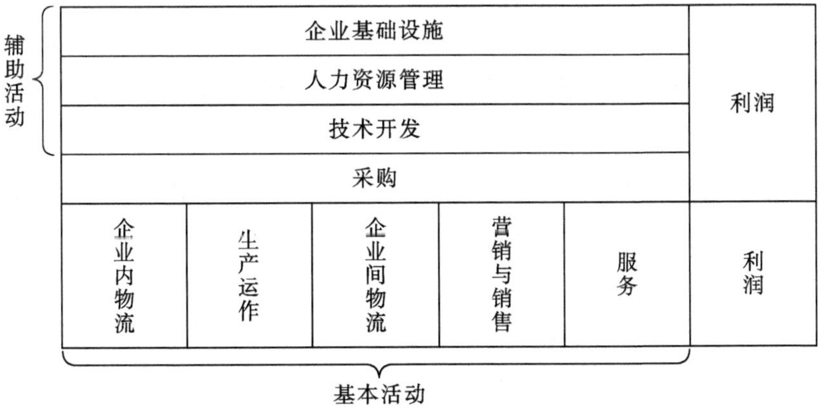

辅助活动
企业基础设施
人力资源管理
技术开发
采购
利润
企业内物流
生产运作
企业间物流
营销与销售
服务
利润
基本活动

图 1-1 价值链

图1-1中的所有活动可以用一个企业生产经营的价值增值过程来解释说明。这是因为企业的价值创造是由一系列活动所组成的，这些活动可划分为基本活动和辅助活动两大类。其中，基本活动主要包括企业内物流活动、生产运作活动、企业间物流活动、营销与服务等；而辅助活动主要包括企业基础设施相关活动、人力资源管理活动、技术开发活动、采购活动等。这些互不相同却又相互关联的企业生产经营活动，形成了一个企业创造价值的动态过程，我们把这种企业创造价值的动态过程称之为价值链。

企业为了生存和发展都在竞相开展一系列创新活动来满足股东和利益相关群体的需要，而这些活动的前提条件就是创造价值，所以这些活动又被称作价值增值活动。我们可以把企业的价值创造过程分解成一些看似互不相干的企业创造价值的经济活动，既然是企业的经济活动，那么就一定要围绕着利润创造来进行。企业的利润创造过程就是企业价值增值过程，所以我们把企业的这些价值增值的总过程或价值增值活动的总和称之为"价值链"。

任何一个企业的所有生产服务经营管理活动就是在一个价值链条上的每一个环节体现其自身价值的。而一个企业的价值链及其两大价值增值活动(基本活动和辅助活动)往往反映出该企业的发展历史、经营战略、实施方案等具体围绕企业使命、文化、愿景等软元素的经营思想及方略。

产品价值链是指企业生产经营的产品进入最终消费领域之前所经历的多个阶段或一系列环节。一般来说，产品价值链包括研发阶段、生产阶段、营销阶段，而这种产品价值链的每一个阶段又包含很多复杂多样的环节。由此看来，产品价值链是在较为抽象的迈克尔·波特价值链理论基础上，根据企业所生产经营的产品服务种类性质的不同，呈现出不同形式的企业价值增值活动方案或一系列项目的组合。

我们前面已经说明了大宗商品是指可以进入流通环节，但不进入零售环节的以其所具有的商品属性应用于工农业生产及消费领域，可以进行大批量买卖交易的物质产品。正因为其产品特性使得我们在大宗商品的产品价值链的两大价值增值活动中，应更加关注辅助活动的大宗商品运营企业基础设施建设活动、人力资源管理活动、大宗商品的产品（服务）技术开发活动、大宗商品的国际化采购活动等；进一步强调大宗商品经营企业的内部物流活动、大宗商品生产（服务）企业的生产（服务）运作活动、大宗商品供应链上下游企业之间的物流活动、大宗商品的第四方物流服务，即大宗商品的社会专业化物流服务活动等。

从上面的大宗商品的产品价值链分析中我们可以得出，大宗商品的生产经营服务企业需要提高自身的市场竞争力。首先，要想尽办法设计好大宗商品的产品价值链的两大价值增值活动，也就是要集中投入规划设计大宗商品企业的相关基础设施建设项目、提高大宗商品企业人力资源管理的专业化及国际化水平、强化研究开发大宗商品的产品技术力度及产品升级转型、洞察大宗商品的产品技术水平及价格的国际化走势，科学地进行采购活动；其次，制定并出台一系列有关大宗商品的供应链采购、大宗商品的供应物流、大宗商品的生产服务物流、大宗商品的贸易金融、大宗商品的物流金融、大宗商品的供应链金融等相关明示规则，理清其潜规则。

可能细心的读者会关注一点：为何大宗商品的产品价值链中的基本活动主要关注一系列物流服务，而忽视营销与销售活动。其实，因大宗商品仅涉及其流通领域，所以大宗商品的产品价值链中基本活动部分的营销与销售和服务这两项活动，若不根据大宗商品非消费领域的特征来进行价值增值活动的调整设计，则会影响大宗商品生产经营服务企业自身的利润及其利益关联群体的利好程度水平。

大宗商品的产品价值链,如图 1-2 所示。

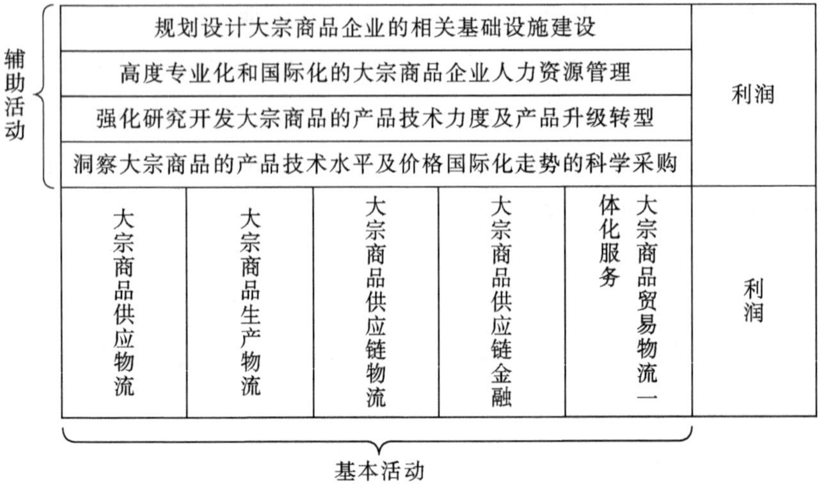

辅助活动	规划设计大宗商品企业的相关基础设施建设					利润
	高度专业化和国际化的大宗商品企业人力资源管理					
	强化研究开发大宗商品的产品技术力度及产品升级转型					
	洞察大宗商品的产品技术水平及价格国际化走势的科学采购					
基本活动	大宗商品供应物流	大宗商品生产物流	大宗商品供应链物流	大宗商品供应链金融	大宗商品贸易物流一体化服务	利润

图 1-2　大宗商品的产品价值链

第五节　大宗商品贸易及物流

一、大宗商品贸易

近年来,国际市场大宗商品贸易价格持续低迷,其中原油、铁矿石、有色金属等工业生产资料价格大幅下降,农产品价格也呈现出不同程度的下降局面。2016 年前我们所预计的全球经济复苏依旧乏力不振, 导致大宗商品供应链经营受挫。出现这样的结局的主要原因是 2016 年全球主要经济体的经济增长不平衡,如美国经济在强劲复苏的时候,欧洲和日本的经济却出现反复无常现象,新兴经济体的经济普遍增长缓慢。与此同时，原油、铁矿石、煤炭、金属矿粉等中国进口依赖度较高的大宗商品价格随着中国进口量大幅增长而出现回升迹象。有些种类的大宗商品，如焦煤、动力煤、螺纹钢、热轧卷板等中国特色大宗商品价格领跑世界市场的前列，平均涨幅达到110%。这反映出全球大宗商品市场价格指数的CRB（美国商品调查局）商品期货指数止跌回升新气象。

2017年欧洲将进入复杂多变的政坛选举年，欧洲经济政策和金融政策的诸多新生变数将会导致大宗商品国际贸易领域的不稳定因素增加。比如，是否持续维持宽松的货币政策、是否有些成员国脱离欧盟等不确定因素。在我看来，2017年的欧元区经济会呈现由低迷走向微复苏的局面，总的来说，欧洲经济还是处于滞涨阶段，欧元还会持续下跌。另外，日本经济则受到国内外不确定因素的影响，尤其是受到国内宏观经济政策不给力因素的影响，2017年日本经济增长还是缓慢低迷。

众所周知，目前的日本经济主要受制于日本的人口老龄化、隔阂邻国的外交政策、制造业不景气、微观层面上的实体企业经营持续低迷不振且日趋恶化等情势，将会进一步影响日本经济的复苏推力，可能导致日本经济的新一轮持续萎缩。

中国经济自从进入新一轮改革开放转型升级阶段，就开始打破传统的以房地产为核心的追求重大资本投入，变相降低行业附加值的局面。积极面对并挑战以互联网为平台、数据化电子交易为创新手段；以“一带一路”沿线国家及该区域市场为实现贸易、金融、物流一体化的目标境地；以经济结构改革和政策制度环境改善来打造具有中国特色的国际化经济发展和全球化经济复苏的新征程。

我们知道最近大宗商品价格的上涨原因主要来自中国的供给侧改革导致的产能收缩和持续几年的大宗商品贸易市场熊市使部分大

宗商品生产方退出该领域，大宗商品行业呈现整体亏损状态。因此，大宗商品的价格弹性加强，一旦获得政策扶持的机会，再加上对美国新一届政府的财政政策预期提升，大宗商品价格很容易呈现水涨船高式的反弹，但这种反弹与实际需求拉动的水涨船高有着本质的区别。供给侧改革抽水收缩，象征着产能的结构性调整以及政府对新一轮经济改革的态度和决心，这在某种程度上也是对此前大宗商品行业超跌行情的技术性反弹的预兆性写实。由此看来，最近大宗商品行业领域出现的种种迹象并不意味着大宗商品经济进入了一个过热状态。实际上，从大宗商品领域的经济增长率就可以看出该领域的经济实态与经济过热大相径庭。因此，我们可以判断得出，在大宗商品价格暴涨一年之后，2017 年继续暴涨的期望值不大，但在大宗商品领域经济滞胀期，由于反向通货膨胀压力的坚挺，大宗商品行业不会出现过度低落现象。

从综上所述的分析大宗商品价格上涨的影响因素中，我们可以发现当今大宗商品经济状况更加趋向轻度滞胀，而不是我们先前所想象的那样大宗商品经济过热现象。我们这里之所以强调大宗商品经济轻度滞胀，是因为目前该领域的通货膨胀还处于较低水平，虽然高于一年期存款利率水平，但仍保持在 3%以内。然而，由于该领域的资产价格出现泡沫现象，货币政策明显紧缩银根。因此，对大宗商品金融市场的影响类似于通货膨胀压力的增加，从另一方面表明了大宗商品行业经济增长乏力，增速仅仅维持小幅放缓，该行业领域的经济政策对大宗商品经济透露出保底之意。从对 2017 年的大宗商品行业大类资产配置情况而言，我们认为现金依然是最安全的收益资产，债券市场就目前格局来分析的话没有利好的可利用机会，但如果大宗商品行业经济数据发生变化的话，将在后半年行情有可能出现转机。倘若通货膨胀低于预期以及行业经济数据显著下降，那么，该行业从经济滞胀转变为经济衰退也会变为现实，此时大宗商品行业领域的投资将迎来新的利好机会。

二、大宗商品物流

随着社会经济的发展，大宗商品物流必将成为一个国家或地区经济发展的一大支柱，提高物流服务水平，充分利用现代技术将信息技术与大宗商品物流结合起来，提高大宗商品物流的时效性，是当今社会经济发展的目标。在这样的市场经济条件下，谁能利用好信息技术谁就能得到更好的发展。大宗商品物流的服务功能在不同的条件下有不同的市场需求，不断地提高大宗商品物流的增值服务，发挥市场的功能，将现代物流的服务功能与大宗商品的服务功能有机结合起来，改善大宗商品物流的服务功能。

1. 现代物流的特性

现代物流属于一种复合型产业，它主要是集运输、仓储、货代、信息等为一体的产业。现代物流是指在市场经济的条件下，为了更好地使消费者的需求得到满足，将销售、运输、制造等统一进行规划的战略措施，它是支撑国民经济发展的基础性、战略性产业。同过去的传统物流相比，现代物流与其有显著的区别。现代物流的核心服务目标是为了在交易过程中通过最小的成本来实现客户需求的最大满足。

现代物流的特性主要表现如下：

(1) 现代物流主要表现为人才流、资金流、信息流的统一，跟电子商务的发展有着紧密的关系，彼此结合，其所需的商品包装、物流设施都实现了标准化、专业化。与此同时，现代物流已向共同化和社会化方向发展。

(2) 与传统物流相比，现代物流服务商已成为客户中心、维修加工中心,以及金融和信息处理中心,其所涵盖的内容越来越丰富,越来越专业化,不断适应日益增长变化的客户要求条件。

(3)我国物流行业发展还处于一个初级阶段,其市场适应能力和发展水平相对于发达国家还比较低,物流费用占国内生产总值(GDP)的比率高。

物流服务是指对在供应链中商品要在企业和供应商或顾客之间移动,与每次交易相关的资金,与信息移动相关的业务流程进行管理。从管理层面上来看,物流的本质是提供服务,它本身不创造商品的交易效用,而是产生空间效用和时间效用。企业需要提升自身的物流服务水平,物流服务水平对企业而言具有重要的意义。企业的物流服务水平具体表现为保证企业高效运营、构建物流系统的前提条件、降低物流成本的依据。

2. 大宗商品物流信息服务

大宗商品物流信息服务的需求方主要为大宗商品的生产制造企业、商贸流通企业和大宗商品的物流服务企业。其中大宗商品的生产制造企业和商贸流通企业的需求主要是各种物流(包括交易、运输、仓储等)和供应链管理解决方案,这将有助于实现各种物流活动的软件(交易管理、运输管理、仓储管理等)以及其他增值服务。大宗商品物流服务企业的需求主要包括各种物流信息(客户、车辆、仓储等)、优化的物流(运输、仓储等)、供应链管理解决方案,这将有助于实现物流活动的物流软件(运输管理、仓库管理等)服务和其他增值服务。其中,增值服务是指企业根据自己的需要提出的相关物流服务。

大宗商品的交易离不开信息的支持,而在物流信息服务系统中信息的作用表现得尤为重要。物流信息服务系统在大宗商品的交易过程中起到了关键性的作用,有助于我国大宗商品的有效发展。大宗商品应用物流信息服务系统可以及时掌握大宗商品的交易情况,进而提高物流服务水平；可以有效地节约大宗商品生产制造企业的运营成本，大宗商品的生产制造企业可以通过系统得到各种物流及供应链的解决方案，有助于完成企业的各项物流活动，如物流交易、运输和仓储等活动以及可以获得其他的增值服务；可以有效地改善大宗商品物流服务企业的服务水平，大宗商品物流服务企业可以通过物流信息服务系统为顾客提供更加快速和便利的物流服务，包括对车辆、仓储等物流信息服务以及根据顾客需要提出的相关增值服务。因此，大宗商品的发展必须以物流信息服务为基础，通过建立大宗商品物流信息服务系统，使物流信息服务更加专业化，实现大宗商品交易的良性循环，乃至有效促进大宗商品的发展。

大宗商品物流信息服务提供的产品内容包括物流软件、物流咨询服务以及其他增值服务。物流咨询服务以物流软件为载体，用行业专业知识解决企业的物流问题。在提供物流咨询服务时需要物流软件和信息技术的相互辅助。物流软件是物流咨询服务的载体，可以为企业提供个性化和专业化的信息服务产品，帮助企业增强物流过程的可控性和可见性。因此，物流咨询服务是物流信息服务的主体内容，而物流软件是实现物流信息服务的必要手段。

目前，物流信息服务是一个热点话题，而大宗商品的流通和发展更是国家的重要支柱。大力发展大宗商品物流信息服务将有利于合理的配置相关资源，降低全社会的物流消耗，增加企业的效益，同时也将极大地促进企业向技术和管理的高层次发展。谁能抓住机遇，谁就能拥有市场，就不会在激烈的市场竞争中被淘汰。因此，发展物流信息服务对我国大宗商品的发展具有重要的意义。

三、现代物流服务体系与大宗商品电子商务物流平台

1. 现代物流服务体系

现代物流服务体系是由两个或两个以上相关要素构成的为保证现代物流服务得以正常运作的具有特定功能的一个有机整体。现代物流服务体系拥有目的性、整体性、集合性、动态性、相关性、适应性等特点,还具有规模庞大、结构复杂、目标众多等特征。

现代物流服务体系的最基本要素是人、财、物、信息四个方面。因此,现代物流服务体系包括四个要素,即功能维要素、物理维要素、市场维要素和环境维要素。其中,功能维要素包括运输、仓储、包装、装卸搬运、流通加工、配送、信息处理。物理维要素包括流体、载体、流量、流向、流程、流时和流速七个方面。市场维要素包括物流服务的主体(如各类物流企业)、物流服务的客体(如工业企业、商贸企业等)、物流服务的平台(基础设施与设备平台、物流信息技术平台、物流监管协调平台、物流中介平台等)。环境维要素包括政治、经济、军事等方面。在这四种维度要素相互关联、相互作用下,现代物流服务体系开展物流服务作业。因此,我们可以知道构建和完善现代物流服务体系的关键是形成高效的物流服务运作机制。

伴随着全球经济一体化趋势的加强, 现代科学技术的迅猛发展,现代物流作为一种先进的组织方式和管理技术,被认为是企业重要利润的源泉。其中,运输业尤为明显。运输业具有强大的运输网络,完善的配送体系以及丰富的货运经验。在众多的运输方式中,水路运输具有载运量大、适应性强、运输成本低等优点,更加符合现代物流业发展的内在要求。但总的来说,目前综合物流中心的条件不够成熟,因此我们应创造各种条件来拓展物流服务新功能,为建立综合物流中心奠定

坚实的基础。

2. 大宗商品电子商务物流平台

结合大宗商品全程电子商务物流需求特点及电子商务物流服务创新要求，大宗商品全程电子商务物流平台具有物流交易管理服务系统为物流需求方提供物流服务供应信息、方便物流服务需求方选择合适的物流服务提供商、在线与物流服务提供商签订物流委托合同、获得周到而便捷的物流服务等功能需求。物流交易管理服务系统主要包括物流企业会员管理、物流服务供应信息管理、物流企业推荐、物流交易在线洽谈、物流委托管理等功能，以及实现与交易平台无缝对接的提货单管理、验货管理、交付管理等相关功能。在此基础上，研究开发物流信息统计分析、监测等增值服务。

第六节　大宗商品供应链

进入21世纪以来，企业之间的市场竞争逐渐由单个企业的竞争升格为由供应链上下游企业及第三方专业机构（政府相关职能部门、银行及金融机构、第三方物流企业、保险公司、电子交易平台）结盟的供应链整体间的竞争。

大宗商品供应链管理所涉及的核心内容为：商流、物流、资金流、信息流四流合一问题。大宗商品供应链通过大宗商品的创新商业模式来再造行业价值，因此，需要大宗商品供应链所属的所有企业秉承四流合一及业务集成的宗旨，在大宗商品供应链第三方专业机构（主要是政府相关职能部门），尽快规划设计出先进的第四方物流建设项目，以便促进大宗商品供应链管理的良性循环，进而提高大宗商品供应链的运营效益。

大宗商品供应链，如图 1–3 所示。

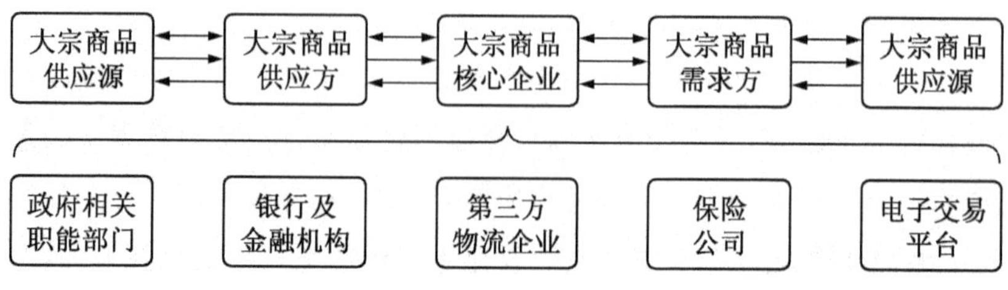

图 1–3　大宗商品供应链

目前，很多全球化的企业在激烈的市场竞争中不断发展壮大，并逐步形成了大宗商品贸易体系和供应链管理体系。

首先，这些全球化企业的大宗商品贸易体系的形成和完善得益于各个国家推行的自由化的对外贸易政策和高度自由化的贸易体制。

其次，这些全球化企业积极稳妥地开发大宗商品行业领域的贸易商，把它们较为成熟的大宗商品供应链管理经验和对外贸易网络借鉴或引入给其供应链上下游企业，使其供应链企业形成一个整体供应链联盟，构筑了一个较为完善的大宗商品供应链管理体系。

再次，这些全球化的企业在其大宗商品供应链中积极引入并采用先进的数据信息技术，实现了大宗商品智慧供应链的创新发展，大大降低了大宗商品供应链营运成本，提高了大宗商品供应链管理经济效益。

最后，这些全球化的企业借力于多国政府的大力扶持，通过合法有效的途径合理减免了大宗商品进出口贸易商的交易税收和佣金，并引导这些国家政府相关部门、机构，大力扶持他们的大宗商品交易中心的建设项目。

这些全球化的企业最终用意在于打造大宗商品的现货和期货一体化供应链模式，通过这一现货期货一体化的大宗商品供应链模式，这些全球化的企业可以规避市场风险,始终获得高额利润。现货期货一体化的大宗商品供应链模式,如图 1–4 所示。

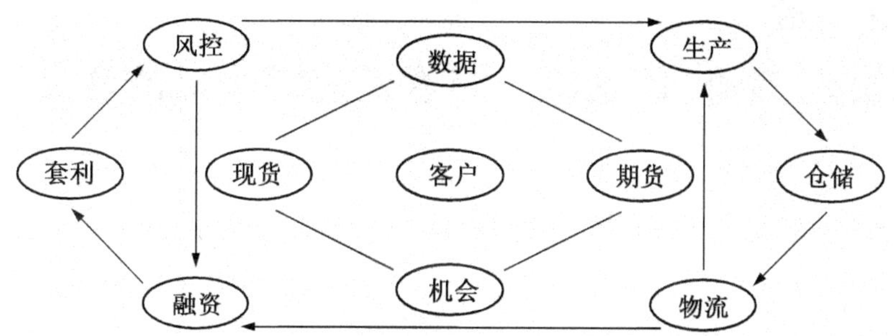

图 1–4　现货期货一体化大宗商品供应链模式

第二章
物流、商流、信息流三维度供应链金融的含义

第一节　大宗商品套汇套利金融

20世纪80年代开始盛行的全球化企业纷纷寻求成本最低化现象，导致全世界范围内掀起了一场全球化企业其业务外包的热潮，由此诞生了供应链管理理念和方法。供应链管理的出现使得以往企业难以想象的物流、商流、信息流、资金流等“四流合一”问题成了现实社会关注的问题。在物流、商流、信息流、资金流这四流中，其实资金流是关键的核心问题，也是供应链企业最棘手的难点问题。从物流维度来看，随着移动互联网、物联网、大数据、云计算、人工智能等技术的深入发展，物流由传统的主要依靠运输能力和仓储能力来支撑的物流业务逐渐向新的现代物流智慧服务转型，随之出现了降低物流成本的各种现代化理念和方法，使得现代物流服务已经步入了以智能工具手段来推进的智慧物流初级阶段，这使得物流领域的商流问题、信息沟通问题、资金融资问题等越来越容易得到解决，并且这三流可以紧紧围绕着物流的业务，逐步实现了同步化。

全球化供应链企业刚开始推行的是企业财务供应链管理业务。财务供应链管理(FSCM:Financial Supply Chain Management)是指通过对供应链上下游企业之间资金的相互筹措流动进行统筹规划安排,科学合理的分散供应链企业的资金成本,以此来实现整个供应链财务成本的最低化。其实,财务供应链管理的控制权掌握在全球化的供应链核心企业手里,然而,如果核心企业与其上下游企业无法达成步调一致和协同创新,供应链企业之间的业务就很难集成,财务供应链管理就会成为泡影。我们以 Trade Card(贸易卡)公司的例子来说明财务供应链管理的具体业务流程,如图 2-1 所示。

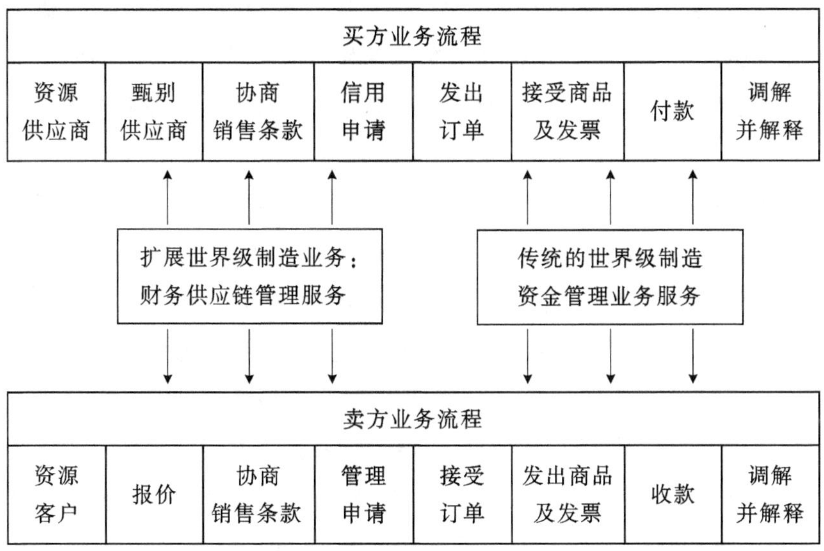

图 2-1　财务供应链管理(Trade Card)的具体业务流程
(资料来源:周利国,《物流与供应链金融》2016)

其实,财务供应链管理就是每个企业的财务管理与供应链上下游所有企业(整体企业)的管理进行整合。财务供应链管理的核心理念就是物流、资金流、信息流等的有效整合,以实现成本最低化的目标,进而为供应链企业股东及利益相关群体创造价值提供一系列最佳方案。

我们可以通过财务供应链管理从物流供应链中获取相关的物流信息,同时也可以从财务供应链中获取相关的资金信息。这样一来,供应链企业不仅可以增加资金的来源及其资金使用的透明度,而且也可以降低资金管理的不稳定性,最终实现降低供应链企业总成本的目的。

总而言之,财务供应链管理的主要目的是降低供应链企业经营资本管理效益,提高供应链物流仓储的透明度,完善现代供应链物流服务科学合理化条件。

理解套汇套利的概念要进行“套汇”和“套利”分解式解读。套汇(arbitrage of exchange)是指外汇交易者利用在不同外汇市场的外汇价之差或者汇价变化的时间趋势,针对某一时点选择某一外汇市场买进(渣)某种货币,同时在某一时点选择另一外汇市场卖出(沽)该种货币,以赚取差额利润。徐熙森等(2006 年)认为:套汇是交易者利用不同地点、不同货币种类、不同交割期限存在的汇价差异,进行低价买入(渣)高价卖出(沽),从中牟取差额利润的交易行为。

套利(arbitrage of interests)是指外汇交易者利用所持有的利率较低的货币兑换成另一种利率较高的货币,以赚取利差利润。举例说明的话,若美元一年期存款利率为 0.1%,100 万美元存一年之后仅能获得 1000 美元的利息;倘若人民币一年期存款利率为 3%,一年之后可获得利息 30000 元人民币,折算成美元大约 4500 美元,其结果利差利润为 4500 美元 - 1000 美元 = 3500 美元。

我们从大宗商品交易的四大特点(大宗商品交易的供需量大、大宗商品交易的价格波动大、大宗商品的容易储存和运输、大宗商品的容易分级和标准化)来分析,大宗商品适合进行套汇套利。因为,某一国家或地区的特定政策(财政政策和货币政策)所导致的一些套汇套利投机性金融操作，使得该国家或地区的实体经济受到冲击影响很大。所以，大宗商品领域为预防套汇套利交易行为的泛滥，就必须出台相应的行业风险防范机制和措施，从金融制度上着眼来弥补大宗商品领域可能会出现的套汇套利交易行为，使其步入正规渠道来助力大宗商品供应链金融服务业的创新健康发展。

宋华(2016年)认为："最近，被冠以'供应链金融'的特殊金融模式(套汇套利金融)在中国国内发展迅猛。从严格意义上讲，这是一种'伪供应链金融'，其运行的目的大大脱离了供应链运行和管理的本质，是中国在特定的时期因特定的政策而导致的一种投机性金融运作，其间资金流的产生既没有依托供应链中的商流、物流、信息流等，也没有真正打造和发展产业供应链，更谈不上为供应链中成长型中小企业服务"。我们认为，大宗商品领域的套汇套利交易只是一种行为或不可避免发生的现象，但我们不能把这种交易行为与大宗商品供应链套汇套利金融相提并论，因为大宗商品供应链套汇套利金融是借助特定的金融政策及制度，为了维护大宗商品供应链企业的科学合理运行的一种宏观政策、中观行规、微观制度等的混合剂，只要把这个混合剂按照科学的方法调剂好的话，大宗商品供应链套汇套利金融还是有其可创新利用的空间的。

第二节　大宗商品贸易金融

大宗商品贸易金融是指伴随着国内外大宗商品贸易的深入发展而出现的以贸易双方债务债权关系为背景，为国内外的大宗商品贸易及其服务贸易提供一系列贯穿大宗商品国内外贸易活动整个价值链的贸易金融服务方案。

20世纪后半期,尤其是人类进入21世纪以来,信息技术革命取得了突飞猛进的发展,由此带来的全球化企业的世界分工模式发生了深刻的变化,大宗商品贸易金融也从提供大宗商品贸易结算和大宗商品贸易融资等基础性服务进入了大宗商品贸易综合金融服务阶段。大宗商品贸易综合金融服务是在大宗商品贸易金融基础性服务的前提下衍生发展起来的大宗商品贸易金融的一种增值服务，它主要包括:大宗商品贸易信用担保、大宗商品贸易保值避险、大宗商品贸易财务管理等一系列相关服务。

大宗商品贸易金融的贸易结算这一最基础性贸易金融服务业务,促成了大宗商品贸易往来企业之间的国内外交易活动,并降低了大宗商品贸易成本。大宗商品贸易金融的贸易融资这项服务业务是大宗商品贸易金融的核心。在大宗商品贸易过程中,大宗商品供应链企业的贸易融资有效发挥着其催化剂和润滑剂的作用。最近,以全球化的大宗商品企业为大宗商品供应链的核心企业在国际分工的基础上,针对全球化贸易发展所出现的各种新的形式及特点,跟一些商业银行协同创新纷纷开发研制并向大宗商品供应链企业推广了很多新的大宗商品贸易融资产品及服务,其中包括:福费廷(forfeiting)、保理(factoring)、应收账款(accounts receivable)质押融资、信保融资、订单融资、货押融资、风险参与、贸易融资与资金产品组合等。

由此看来,大宗商品贸易金融中最引人关注的大宗商品贸易融资是基于大宗商品交易双方通过交易过程为大宗商品供应链的上下游企业提供资金融通业务服务,这种大宗商品贸易金融服务业务既满足贸易各方正常的生产经营需要,也保证了大宗商品贸易的安全、有序、高效、顺畅地进行。

大宗商品贸易金融的实质就是为大宗商品贸易提供支付、结算、信贷、信用担保等一系列创新金融服务。在大宗商品贸易金融中,大宗商品供应链融资方根据供应链上下游企业的实际贸易背景和上下游客户的资信实力,采用单笔或额度授信形式,为用户资金企业提供短期的贸易金融服务业务和封闭式贷款项目，以大宗商品供应链上下游企业的产值收入或实质性贸易活动所产生的资金流作为直接还款的保障,而不是单纯依靠授信到期环节的大宗商品贸易企业的综合现金流。

大宗商品贸易金融的主要收益源有三个:第一,大宗商品贸易融资的直接收益(即净利息收入);第二,大宗商品贸易金融的中间业务收益(即贸易金融手续费收入、汇兑收入等);第三,大宗商品贸易金融资金交易的佣金收入(即大宗商品进口商为避免汇率及利率的上下波动所导致的贸易风险,尽可能地要通过大宗商品贸易融资方做一些诸如掉期、远期、期权等形式多样的保值性外汇交易来从中获取资金交易的佣金收入)。

作为UPS的子公司UPS CAPITAL为大宗商品供应链企业通过电子交易系统来提供创新的贸易金融服务业务(见图2–2),这不仅提高

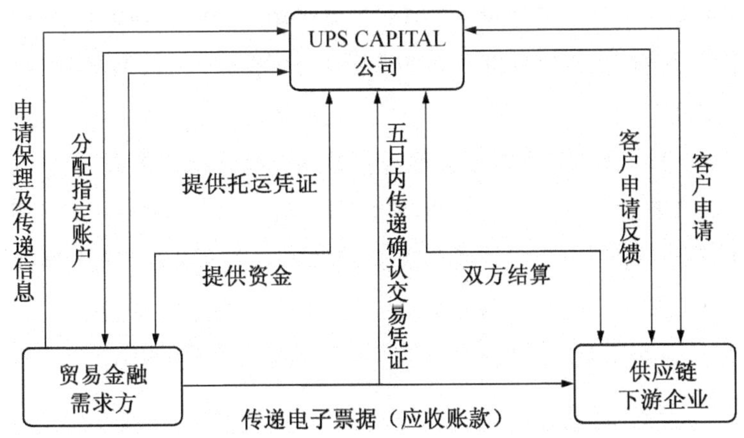

图2–2 UPS CAPITAL公司的电子交易系统贸易金融模式
(资料来源:宋华,《供应链金融》2016)

了大宗商品供应链企业的各种贸易往来活动的效率,而且还大大降低了大宗商品供应链企业之间的交易成本。

第三节 大宗商品物流金融

大宗商品物流金融是伴随着大宗商品第三方物流专业化服务的纵深发展而产生,它是一种创新的第三方大宗商品物流服务模式。这一创新服务模式为大宗商品供应链企业、第三方大宗商品物流企业、大宗商品供应链相关金融机构提供了商流、物流、信息流、资金流等“四流合一”的良好平台,促成了大宗商品供应链企业之间协同创新、合作共赢的新局面。

大宗商品物流金融为大宗商品供应链企业的物流服务提供了资金融通、结算、保险等一系列大宗商品物流金融业务服务。在我国大宗商品物流金融服务业务的发展相对于发达国家较晚,大宗商品物流金融业务制度环境尚未完善。在国外主要采用以金融机构为牵头来推进大宗商品物流金融业务服务的发展模式,而在国内则主要采用以第三方大宗商品物流企业为主力来推动大宗商品物流金融业务服务的发展模式。确切地说,大宗商品物流金融是伴随着第三方大宗商品物流企业的成熟发展和专业化程度提高而产生的一种金融创新业务服务。由此可见,第三方大宗商品物流企业除了要提供专业化程度较高、技术含量大的大宗商品物流服务外,还要跟大宗商品供应链的第三方机构(主要是金融机构)协同创新,共同为大宗商品供应链企业提供物流金融创新服务业务。

作为中国第一家从事大宗商品物流金融服务业务的天津港散货交易市场通过几年的努力已经组建了与70多家大宗商品物流企业进

行大宗商品物流金融业务交易的网络。如今,类似于这样的专门提供专业化程度高的大宗商品物流金融业务服务的企业已超过百万家。这些企业的发展壮大打破了在传统的大宗商品物流金融服务中,把大宗商品物流金融机构视作是单纯进行资金融通业务的组织或机构的旧观念。如今的大宗商品物流金融业务服务组织或机构就是生产大宗商品物流金融产品、提供大宗商品物流金融服务、提携大宗商品供应链企业分担风险,有效管理和控制自身经营风险来牟利的组织或机构。

大宗商品物流金融业务服务机构或组织的利润源是承担大宗商品物流金融服务的风险溢价。大宗商品物流金融服务的风险溢价(Risk Premium)是指大宗商品物流领域投资者在面对高低不同而且知晓高风险高回报、低风险低回报的前提下,敢于追求较高的收入以对冲抵消更大的风险的决策行为所导致的结果,即大宗商品物流行业平均收益与大宗商品物流领域投资者自身投资回报高收益之间的离差,这是投资者要求对其自身承担风险的一种补偿。

由此看来,大宗商品物流金融业务服务组织或机构必须从利益价值与风险价值中进行有效博弈和科学的判断决策,切不可误入因这一领域市场风险发生的可能性而失去大宗商品供应链物流金融业务服务拓展的市场。

我们知道在中国大宗商品物流金融业务服务开展的时间比较短暂，可因这一金融创新服务在大宗商品供应链领域具有强劲的市场魅力及竞争力提升空间，并且在上海组建国际金融中心和航运中心,所以大宗商品物流金融业务服务的未来发展比较明朗,前景可观。

其实，在大宗商品供应链中除了包括核心企业在内的少数企业外,大部分企业都属于中小型大宗商品供应商或者经销商。因此,作为大宗商品供应链的第三方专业机构的商业银行应尽快将其单一的依靠借贷利差盈利模式转型为大宗商品物流金融业务服务盈利模式。大宗商品物流金融业务服务模式将成为这些商业银行冲击未来挑战自我的秘诀良方之源。就大宗商品物流服务业而言,大宗商品物流金融已成为那些全球化大宗商品物流巨头(如 UPS)的第五利润源中的重要组成部分。在这里大宗商品供应链企业以及第三方机构或组织通过大宗商品供应链企业的全生命周期来进行管控大宗商品供应链资源，并系统整合大宗商品供应链上下游企业所有股东及利益相关群体的物流、商流、信息流、资金流等“四流合一”资源,通过大数据、云计算、互联网及物联网、人工智能等技术的有效应用,识别和监控大宗商品供应链企业及第三方机构或组织的风险,持续改进和完善大宗商品供应链企业面对的各种规则及制度环境，提升大宗商品供应链企业的核心竞争力，确保大宗商品供应链企业的可持续健康发展。

在中国大宗商品物流金融有时被称作“大宗商品金融物流”,这是因为大宗商品物流金融业务服务模式的核心是大宗商品物流领域的一系列金融活动,重点关注的问题是大宗商品物流领域金融的创新运营问题,而不是大宗商品的物流本身。可是“大宗商品金融物流”本身是伴随着大宗商品金融活动而产生的大宗商品物流活动。但不管如何,大宗商品物流金融也好大宗商品金融物流也罢,其根本的含义是指大宗商品物流领域的投资者在面对大宗商品物流业的运营过程中,通过开发和应用一系列金融服务产品,有效地组织调配大宗商品物流领域的资金流,从而促成大宗商品物流业务服务的顺利拓展,达成高绩效的大宗商品物流服务。

大宗商品物流金融中涉及的三个主体有,一是第三方大宗商品物流企业;二是大宗商品物流金融业务服务提供方;三是大宗商品物流金融业务服务需求方。在大宗商品物流金融中,第三方大宗商品物流企业起着有效的平台作用,并且在某种特殊意义上发挥着风险管控者的作用。大宗商品物流金融业务服务提供方则成为风险承担者和资金流的提供者。

我们知道大宗商品物流金融是一种复合业务服务概念,它是由大宗商品物流概念与大宗商品金融概念相结合的产物。大宗商品物流金融不仅可以提升第三方大宗商品物流企业的专业化业务服务能力及效益,而且还能为大宗商品物流金融业务服务需求方进行资金融通,并改善大宗商品物流金融业务服务需求方资金运用的软环境,以此来提升大宗商品物流金融业务服务需求方的资本运营总效率。

大宗商品物流金融是随着第三方大宗商品物流企业的物流业务服务专业化水平的不断提高而产生的,因此,在大宗商品金融物流业务服务中,第三方大宗商品物流企业的业务服务变得更加复杂,它除了要提供专业化水平高的大宗商品物流业务服务外,还要与大宗商品物流领域的金融机构协同合作,共同创新创造出部分大宗商品物流金融业务服务产品。

目前,在实际操作层面上的大宗商品物流金融业务服务类型主要有两种:一是代客结算业务服务;二是融通仓业务服务。代客结算业务服务又可分为垫资——代收货款和替代采购两种基本运作模式;融通仓业务服务又可分为仓单质押业务服务和保兑仓业务服务两种基本运作模式。

一、大宗商品物流金融业务服务的代客结算业务服务

1. 垫资——代收货款业务服务模式

垫资——代收货款业务服务模式是指第三方大宗商品物流企业

为大宗商品供应商承运货物时预先支付定额比例的贷款给大宗商品供应商，并按照约定获得大宗商品货物的运输代理权，与此同时，代理大宗商品供应商收取货款，大宗商品采购商在提货时一次性将货款支付给第三方大宗商品物流企业的一种大宗商品物流金融业务服务模式。第三方大宗商品物流企业在将余付款返还给大宗商品供应商之前有一个时间差，于是这一部分余付款在返还交付之前就有了一个资金沉淀期。

垫资——代收货款业务服务模式就是大宗商品供应商以大宗商品交易市场畅销、大宗商品价格相对稳定、以处于正常贸易流转状态的大宗商品作为质押物，利用第三方大宗商品物流企业的专业化物流管理系统，将资金流与大宗商品供应商自身的大宗商品物流相互结合，由第三方大宗商品物流企业向大宗商品供应商提供除了大宗商品物流运输业务服务之外的一篮子包括大宗商品物流金融融资结算业务服务在内的物流金融综合业务服务。垫资——代收货款业务服务模式，如图 2–3 所示。

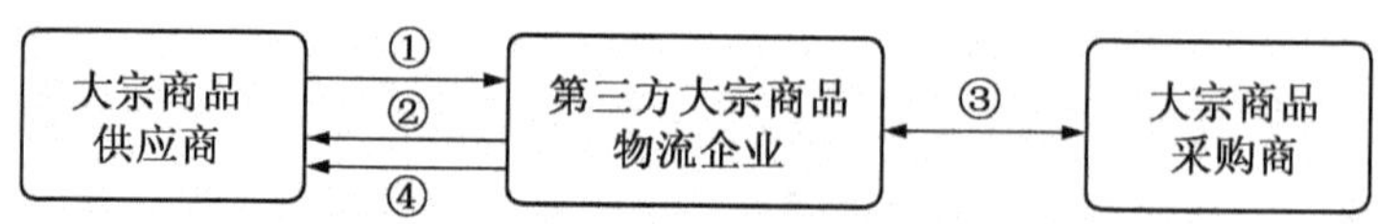

图 2–3　垫资——代收货款业务服务模式

①—第三方大宗商品物流企业按照大宗商品供应商和大宗商品采购商签订的购销合同，获取货物承运权；②—第三方大宗商品物流企业代替大宗商品采购商预先支付定额比例货款，获取质押物的所有权；③—大宗商品采购商向第三方大宗商品物流企业所有货款并获取货物；④ 第三方大宗商品物流企业在指定期限后将从剩余货款中扣除相应的服务费后把余款支付给大宗商品供应商

2. 替代采购业务服务模式

替代采购业务服务模式是指第三方大宗商品物流企业代替大宗

商品采购商向大宗商品供应商采购货物并获得大宗商品货物所有权，第三方大宗商品物流企业将货物运输到指定的仓库，大宗商品采购商向第三方大宗商品物流企业缴纳定额保证金之后取得相应数额的货物，一直到全部的大宗商品货物释放结清相关货款的一种大宗商品物流金融业务服务模式。替代采购业务服务模式，如图 2-4 所示。

图 2-4　替代采购业务服务模式

①—第三方大宗商品物流企业按照约定的代替大宗商品采购商向大宗商品供应商采购货物，并取得大宗商品货物所有权；②—第三方大宗商品物流企业向大宗商品供应商支付货款（一般采用商业承兑汇票形式支付）；③—大宗商品采购商向第三方大宗商品物流企业缴纳定额保证金；④—第三方大宗商品物流企业释放相应数额的大宗商品货物；⑤—重复上述③和④两个流程，直到大宗商品货物全部释放完毕为止；⑥—第三方大宗商品物流企业与大宗商品采购商结清货款

二、大宗商品物流金融业务服务的融通仓业务服务

大宗商品物流金融业务服务的融通仓业务服务是指把大宗商品物流、信息流、资金流、商流等进行综合管理的一种创新业务服务，它主要包括大宗商品物流业务服务、大宗商品金融业务服务、大宗商品交易中介业务服务、大宗商品经营风险管理业务服务等内容，以及这些业务服务之间的组合与互动。大宗商品物流金融业务服务的融通仓业务服务的核心思想是在“四流合一”及互通互动关系中发掘盈利空

间和捕捉商机。实施大宗商品物流金融业务服务的融通仓业务服务的目的在于提高大宗商品物流客户的服务质量、改善大宗商品物流服务环境、节省大宗商品物流服务运营资本、拓宽大宗商品物流服务内容、降低大宗商品物流服务风险、优化大宗商品物流服务资源利用模式、协调大宗商品物流服务相关方的各种行为关系、完善大宗商品供应链整体绩效管理体制、提升大宗商品供应链竞争能力。

1. 仓单质押业务服务模式

仓单是仓库接受货主的委托，将货主的货物存入库后向货主开具说明货物存货状况的存单。仓单质押业务服务模式是指货主把货物存储在仓库中，凭借仓库开具的仓单向银行申请贷款，银行则根据货物存货的价值向货主企业提供定额比例的贷款。

在仓单质押业务服务模式（见图 2-5）中，根据质押人与金融机构签订的质押贷款合同以及三方（货主、融通仓、银行）签订的仓储协议

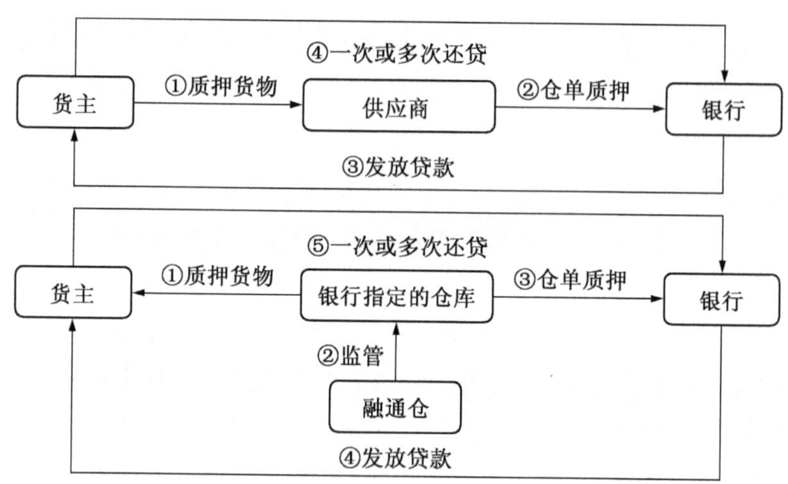

图 2-5 仓单质押业务服务模式

（资料来源：周利国，《物流与供应链金融》2016）

约定，根据质押物寄存地点的不同，融通仓业务服务可分为两种服务：一是对寄存在融通仓仓储中心的质押物提供仓储管理及监管服务；二是对寄存在质押人经金融机构确认的另外仓库中的质押物提供仓储管理及监管服务。仓单质押业务服务模式。

2. 保兑仓业务服务模式

保兑仓业务服务模式是指借款企业与供应商签订购销合同，银行在收到借款企业的保证金之后先给借款企业开出银行承兑汇票，借款企业凭借银行承兑汇票向供应商购买货物，而后将货物交给由双方指定的第三方物流企业监管，在承兑汇票到期后银行与供应商进行结算。

由此看来，仓单质押业务服务模式与保兑仓业务服务模式的主要区别为：仓单质押业务服务模式是"先货后票"，而保兑仓业务服务模式是"先票后货"。保兑仓业务服务模式，如图 2-6 所示。

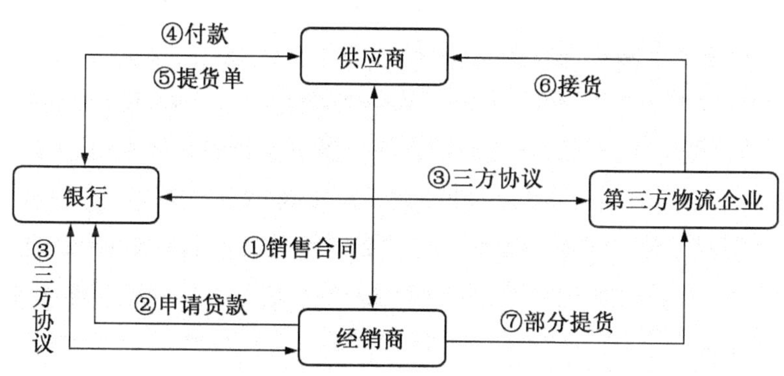

图 2-6 保兑仓业务服务模式

（资料来源：周利国，《物流与供应链金融》2016）

综上所述，我们通过介绍大宗商品套汇套利金融、大宗商品贸易金融、大宗商品物流金融等含义，提出大宗商品供应链管理的三个维度,即一是大宗商品物流活动角度论及的大宗商品物流维度(这里将会涉及大宗商品物流管理知识及具体活动);二是大宗商品商流活动角度论及的大宗商品商流维度(这里将会涉及大宗商品交易过程或业务服务流程相关的一系列活动);三是大宗商品信息流活动角度论及的大宗商品信息流维度(这里将会涉及多元化信息来源和数据开发技术,以及各种不同参与群体的数据化信息技术应用的具体活动)。运用大宗商品供应链管理的这三个维度,我们可以看出大宗商品物流金融表现出来的大宗商品物流资源整合力度相对较高,大宗商品商流整合力度要比大宗商品物流资源整合力度偏低。换句话说,大宗商品物流金融中资金流的产生和随之而生的风险控制主要依靠大宗商品物流资源整合力度来实现的。

大宗商品贸易金融的商流整合力度相对较高,而大宗商品物流资源整合力度要比大宗商品商流整合力度偏低。换句话说,大宗商品贸易金融活动的产生和随之而生的风险控制主要依靠大宗商品贸易金融的商流力度来实现的。

大宗商品供应链金融业务服务正好融合了这三个维度(物流、商流、信息流)。也就是说,大宗商品供应链金融在同时掌控和管理大宗商品供应链整体物流和商流的前提下,开展综合性融资业务服务,此时的风险控制既起因于大宗商品供应链整个交易过程和价值增值过程的设计、运营及管控,又起因于大宗商品物流方案的设计、流程的运营及操作。

根据上述的内容我们可以逻辑推断得出,大宗商品供应链金融是大宗商品物流金融和大宗商品贸易金融的乘数效应。大宗商品供应链金融是针对大宗商品供应链不同的参与群体、不同的阶段、不同的时期提供的综合性全面融资解决方案。由此看来,大宗商品供应链金融的数据化信息整合力度很高。

大宗商品套汇套利金融的数据化信息力度相对最低，大宗商品贸易金融和大宗商品物流金融的数据化信息力度居中，大宗商品供应链金融的数据化信息力度相对最高。

第四节 大宗商品供应链金融概念和理论

一、大宗商品供应链金融概念

大宗商品作为中国国民经济可持续发展的基础性原材料商品，与其他商品有着明显的个性化差别，如大宗商品具有变现能力强、容易保管存储、标准化程度高等特性。正因为这些大宗商品的个性化特性，使得在大宗商品供应链贸易中我们可以应用大宗商品供应链金融业务服务，达成大宗商品供应链企业多方共赢的局面，并且还可以提高大宗商品交易效率，降低大宗商品交易成本，加快大宗商品供应链的运行速度，促进国内外大宗商品现货流通及优化大宗商品供应链资源配置。

大宗商品供应链金融作为大宗商品供应链领域创新型融资业务模式，已从大宗商品供应链的核心企业为出发点，依托大宗商品供应链上下游企业之间的贸易关系，整合大宗商品供应链的物流、商流、信息流、资金流等，通过实现“四流合 ”的目标，为大宗商品供应链企业提供针对性的多样化金融业务服务，以此来有效解决大宗商品供应链上下游中小企业融资难的问题，降低整个大宗商品供应链企业的融资成本。

大宗商品供应链金融概念的出现是在20世纪80年代，其根本原因在于全球化企业为寻求企业运营成本的最小化，纷纷实施了全球性外包业务服务，由此衍生出大宗商品供应链管理的概念。然而，当时的大宗商品供应链管理概念主要聚焦于大宗商品供应链的物流和信息流，到了20世纪90年代末，人们发现全球化企业所倡导的全球性外包活动导致大宗商品供应链整体融资成本居高不下的问题，以及随之所引发的大宗商品供应链节点上的资金流瓶颈所带来的“木桶效应”和“短板效应”。因此，大宗商品供应链的核心企业开始关注对大宗商品供应链企业的财务供应链管理的创新价值探寻作业。

随着全球贸易活动的变化与贸易增长势头的强劲而导致的大宗商品供应链贸易支付方式发生了重大改变，由此大宗商品供应链管理的重心也从大宗商品物流层面转移到大宗商品财务层面。全球化的大宗商品供应链生产服务模式对大宗商品供应链的财务成本影响极大，大宗商品供应链企业通过财务供应链管理对大宗商品供应链上下游不同企业之间的资金筹措和流动统筹管理，合理分散大宗商品供应链资金成本，从而实现了整个大宗商品供应链财务成本的最小化。为了改善大宗商品财务供应链管理状况，在尽可能保证大宗商品供应链采购商企业的延迟支付期限的基础上，又能够让大宗商品供应链供应商企业尽快取得货款，以缓解其资金短缺压力，亟待需要由第三方金融机构出面来解决大宗商品供应链企业融资难的问题，提供一些科学的合理化的大宗商品供应链金融创新型业务服务。

大宗商品供应链金融业务服务的基础性工作是给大宗商品供应链企业提供融资业务服务。一些金融机构(如银行)根据特定的大宗商品供应链上的以企业贸易行为所产生的确定未来资金流为直接还款源，配合这些金融机构(如银行)的短期大宗商品金融服务产品和封闭贷款操作所进行的单笔额度授信方式的融资业务服务。比如，若借助大宗商品供应链融资方式，尽管大宗商品供应链采购商企业的付款期限不变，现在大宗商品供应链供应商企业在开票后几天内便可以从金融机构得到大部分货款，则大宗商品供应链供需双方的资金短缺矛盾将会得到相应的缓解。

从大宗商品供应链管理角度分析，大宗商品供应链金融的必要性有三个方面。①大宗商品供应链管理促使大宗商品财务供应链整合；②大宗商品供应链金融市场的潜力巨大；③大宗商品行业领域的边缘化中的金融机构（如银行）及其挑战的应对，需要大宗商品供应链金融业务服务。

大宗商品供应链金融是指金融机构（如银行）向大宗商品供应链核心企业提供融资和其他结算、理财等相关业务服务，同时向这些大宗商品供应链核心企业的供应商企业提供贷款的相应便利条件，或者向大宗商品供应链采购商企业（分销商）提供预付款代付及其存货融资业务服务。换句话解释，大宗商品供应链金融就是大宗商品供应链相关的金融机构（如银行）将大宗商品供应链核心企业和大宗商品供应链上下游企业联系在一起提供灵活多样的大宗商品供应链金融业务服务的一种融资模式。

就一般情形而言，一个特定的大宗商品供应链企业要从大宗商品原材料的采购，到半成品和产成品，乃至最终产品，将大宗商品供应链供应商企业、大宗商品供应链核心企业、大宗商品供应链相关的第三方机构（主要包括第三方大宗商品物流企业、银行及金融企业、电子交易平台企业）、大宗商品供应链采购商企业等连接成一个整体。在这种大宗商品供应链中，竞争力相对强势而企业规模也较大的大宗商品供应链核心企业因其强势地位，一般在交货、定价、账期等大宗商品贸易条件方面对其上下游相对弱势的中小企业要求苛刻，从而给这些中小企业造成巨大的资金困难压力。而大宗商品供应链上下游的中小企业往往很难从银行获得融资待遇,结果出现个别中小企业资金链断裂所带来的整个大宗商品供应链企业的资金多米诺现象,导致整个大宗商品供应链运营失衡状况。

大宗商品供应链金融的最大特点就是在该供应链中寻求一个大的核心企业,并以这一核心企业为出发点,为大宗商品供应链所有相关企业提供相应的金融业务服务。大宗商品供应链金融企业(大宗商品供应链相关第三方金融机构),一方面将资金有效地注入给在大宗商品供应链中处于相对弱势的上下游中小企业,率先解决这些中小企业融资难和供应链关系失衡的问题;另一方面将银行信用融入大宗商品供应链上下游企业的购销行为,强化其商业信用,促进大宗商品供应链上下游中小企业与大宗商品供应链核心企业建立长期的战略关系,提高大宗商品供应链的市场综合竞争力。

二、大宗商品供应链金融相关理论

在展开大宗商品供应链金融相关理论之前,我们首先要考察一下基于供应链的大宗商品供应链商业模式,如图 2-7 所示。

从图 2-7 中我们可以看出,基于供应链的大宗商品供应链商业模式主要强调了如下六个方面的内容:

(1) 强调了要尽快从大宗商品供应链企业职能部门之间的业务服务集成如何转向大宗商品供应链企业之间的战略协作关系的调整及建立的问题。换句话说,就是要更加关注大宗商品供应链企业主体网络之间的均衡协调问题。

(2) 强调了要尽快从大宗商品供应链物流效率的提高如何转向大宗商品供应链市场系统效率的提高问题。也就是说,要更加关注大宗商品供应链企业客体网络之间的均衡协调问题。

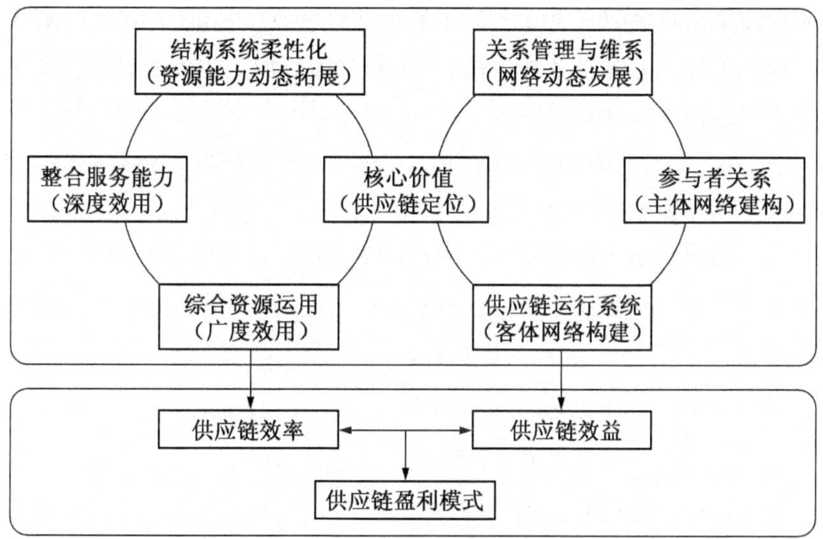

图 2-7 基于供应链的大宗商品供应链商业模式
（资料来源：宋华，《供应链金融》2016）

(3) 强调了要尽快从以大宗商品供应链企业的供应为核心如何转向以大宗商品供应链企业的需求为核心的价值管理问题。简而言之，就是要更加关注大宗商品供应链企业主客体网络的动态发展问题。

(4) 强调了要尽快从大宗商品供应链企业物质资源的运用如何转向大宗商品供应链企业综合资源能力的运用管理问题。言简意赅的话，就是要更加关注大宗商品供应链企业资源的广度效益问题。

(5) 强调了要尽快从大宗商品供应链企业降低成本观念如何转向大宗商品供应链企业通过协同创新实现大宗商品供应链企业的相互业务服务高度集成的战略关系问题，也就是强调更加关注大宗商品供应链企业资源能力的深度效益问题。

(6) 强调了要尽快从大宗商品供应链企业已有的资源既定能力如

何转向大宗商品供应链企业根据复杂的市场竞争环境，采取更加柔性化的手段应用及拓展资源的能力问题，亦即更加关注大宗商品供应链企业资源的动态变化问题。

上述这六个方面的问题反映了大宗商品供应链企业之间的相互依存度和相互关联性，共同决定了大宗商品供应链商业模式的成效。

大宗商品供应链金融的相关理论主要包括两大类：

(1) 大宗商品供应链金融的整体框架，如图 2-8 所示。从图中我们可以归纳出大宗商品供应链金融相关理论的三大部分主要内容：第一部分内容是大宗商品供应链的核心企业(投资者及政府)与大宗商品供应链的第三方机构(金融机构及银行)之间的相关业务服务对接内容；第二部分内容是大宗商品供应链的上下游企业之间根据供求

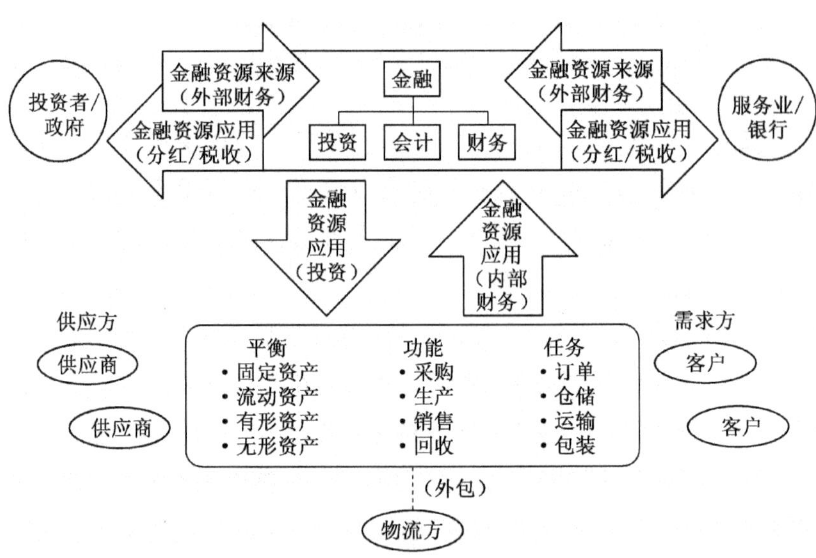

图 2-8　大宗商品供应链金融的整体框架

(资料来源：Hofmann E., Supply Chain Finance: some conceptual insights, Logistics Management, 2005: 203-214)

关系形成的相关业务服务对接内容；第三部分内容是大宗商品供应链第三方物流企业与大宗商品供应链的包括核心企业在内的上下游所有企业与第三方大宗商品物流企业之间围绕着外包业务服务的相关内容。

(2) 大宗商品供应链金融的生态系统，如图 2–9 所示。从图中我们可以知晓，大宗商品供应链金融的生态系统主要由一级、二级、三级评价测试指标系统构成：一级指标就是大宗商品供应链生态系统；二级指标则是构成一级指标(大宗商品供应链生态系统)主要框架内容的分级指标，即大宗商品供应链金融宏观环境系统、大宗商品供应链金融产业(中观)环境系统、大宗商品供应链微观环境系统等次级分解指标内容；三级指标就是构成二级指标内容的相关细则指标，即大宗商品供应链金融制度环境(详细包括法律管制因素、规范因素、文化认

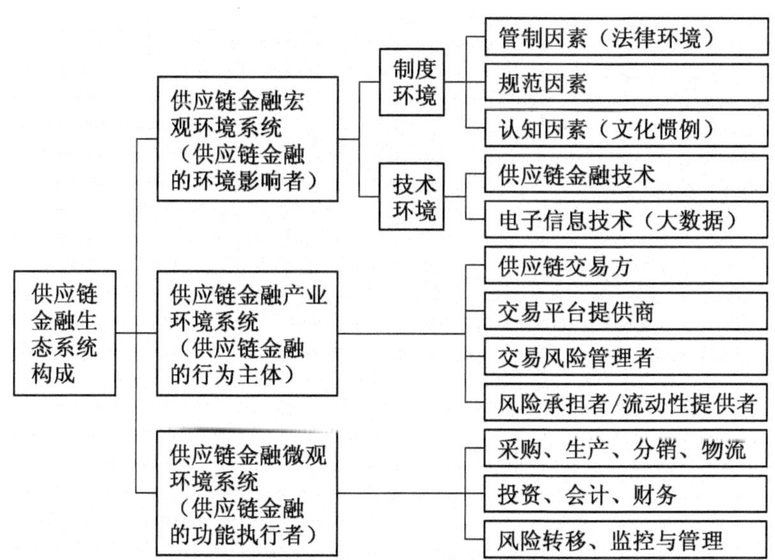

图 2–9　大宗商品供应链金融的生态系统

（资料来源：宋华，《供应链金融》2016）

知因素)和大宗商品供应链金融技术环境(具体包括大宗商品供应链金融技术和大数据电子信息技术)、大宗商品供应链交易方、大宗商品供应链交易平台提供商、大宗商品供应链交易风险管理者、大宗商品供应链风险承担者、大宗商品供应链流动性提供者、大宗商品供应链采购商、大宗商品供应链生产商、大宗商品供应链分销商、大宗商品供应链第三方物流企业、大宗商品供应链企业的投资-会计-财务业务服务、大宗商品供应链风险转移、大宗商品供应链的监控管理等细节性指标内容。

第三章
大宗商品供应链金融思维模式

第一节　大宗商品供应链金融线性思维模式

大宗商品供应链金融业务服务是一种新兴的供应链金融产品服务，在所有的新生事物问世的背后都隐含着一些鲜为人知的故事，而大宗商品供应链金融业务服务出台的背后却是一个供应链企业经营哲学中的方法论层面心智模式的重大改变，那就是由传统的线性思维模式向指数思维模式的转变。

为了进一步详细了解大宗商品供应链金融线性思维模式是如何逐步向大宗商品供应链金融指数思维模式转变，我们要从线性思维概念的含义及特点进行回顾温习。

一、线性思维模式

我们知道大猩猩作为灵长类动物一族，被视作与人类最亲近的同脉。人类在对大猩猩的思维能力进行考察中惊叹地发现大猩猩思维举止实在幼稚至极,连孩童都比不上。科学家们通过实验考证大猩猩的思维方式属于线性思维,并且是停留在低级层次的线性思维模式。既然大猩猩如此可笑,那我们再来看看人类自身的线性思维可笑之处,从中进行反省片刻。一辆老爷车在漆黑的夜晚抛锚半路上,车主便下车检查油箱。因车上没有手电筒车主就顺手掏出打火机打火照照亮,这一结果大家可想而知了。事后车主躺在医院病房里自悔引火烧身地说道:当时只想借打火机的火光看看油箱里是否没有油了,根本没想过打火机的火会引爆油箱。这就是一个典型的人类由线性思维惹的祸。

由此看来,线性思维模式就是一种直线式的思维,意味着简单的、单向的思维方式。这种思维模式对于守规矩保守的传统人来说很适合。我们通常所说的"一条路走到黑"就是这类人容易尝试的"走进死胡同"的结局。简而言之,线性思维就是一种直线的、单向的、单维的、缺乏变化的思维模式。

线性思维模式是一种不好的思维方式,尤其是当今人类在面对复杂多变的环境下,接人待物处理事务时这种线性思维模式会造成很多麻烦和不便的。在这里我们不妨关注一下爱因斯坦式的发散思维模式。从各种多维角度去思考问题,如谈到生死,人们往往是说生是如何如何好,死是如何如何坏,假如你换个角度思考这一问题,即从多维角度思考这个同样的生死问题,其结果会是不尽相同的。也就是说,人类在思考问题时可以变换不同的维度进行思考同一个问题时,就会得出不同的异样感觉,这种多维角度思维模式,我们称之为非线性思维模式,如逆向思维模式、形象思维模式、逻辑思维模式、全面思维模式等等。

线性思维模式是把人的认识停留在对事物质的抽象而不是本质的抽象,并以这样的抽象为认识出发点的片面、直观、直线的思维方式。我们通常所理解的形式逻辑只是一种知性逻辑，但若把这种形式逻辑作为思维方式的话就成为线性思维模式了。如此的线性思维模式是无法把握复杂多变的经济社会现象背后隐藏的事物本质的规律。相反，非线性思维模式则是相互连接的非平面、无中心、无边缘、立体式的网络结构，类似于人类的大脑神经和血管组织。线性思维模式的典型例子就是我们传统的写作和阅读，这些行为往往受稿纸和书本的空间约束，人们必须严格以时空和逻辑顺序来进行。然而，非线性思维模式则如同电脑一样突破时间和逻辑的线性轨迹，随意跳跃式的生发，又如同 HTML 提供超越时空限制的网状连接路径。尽管如此，非线性思维模式至今仍无一个权威性的科学的定义。

二、大宗商品供应链金融线性思维模式

在介绍大宗商品供应链金融线性思维模式之前，我们先考察一下宁波长阳科技企业光学膜产品的供应链管理系统完善过程。我们科研团队历时一年半时间对宁波长阳科技企业进行了调研、设计、规划，最终总结出了题为“宁波长阳科技协同创新发展模式”的成功案例。下面我们就针对其部分主要内容跟大家共享并探讨宁波长阳科技企业是如何从经营光学膜产品的线性思维模式逐渐转变为非线性的多维思维模式的。

宁波长阳科技有限公司创建于 2010 年 10 月，主要从事 TFT-LCD 用光学基膜、太阳能背板和其他功能性膜等新材料的研发、生产和市场营销。该公司全面具备了世界一流光学膜新材料自主研发创新能力。公司集聚一批海外归国学子和世界 500 强公司人才，依托风险投资基金和长三角的投融资环境，专注于新能源、平板显示、照明技术、生物医药、节能环保等新材料的研发生产，并计划未来在光学膜领域

成为国内最大、国际一流的新材料公司，为宁波市和整个浙江省的产业转型升级注入强大的动力。本文的研究主要集中于长阳科技的团队通过学习和知识的积累，以市场知识、技术知识、信息知识的协同创新提高绩效的发展经验。宁波长阳科技协同发展轨迹，如表 3-1 所示。

表 3-1　长阳科技协同创新发展轨迹

PLC(生命周期)	发展特征	发展瓶颈	协同创新
创投期 (2003.5-2012.5)	知识的积累和实践 投资发展实践 政产学研一体化发展	竞争威胁： 上下游供应链 国内外同行 国内新进入者 阶段性经营理念更新	知识的量变过程：团队合作学习和培养知识的系统化
成长期初期 (2012.5-2012.10)	市场营销策略 竞争战略 文化和技术集成 协同创新	随着企业规模扩大 品牌形象的树立	知识的质变过程：团队合作能力的提高和实际操作能力的提高
成长期 (2012.10-至今)	协同创新 市场响应 CRM 策略	包括市场、技术、信息的供应链管理(SCM)	基于知识质变和量变的市场知识、技术知识、信息智能化的协同创新

宁波长阳科技秉承“创新改变生活”的宗旨，公司的愿景是成为中国国内最大，国际一流的新材料公司；使命是通过在材料上的创新，帮助其供应链企业在新能源、新照明技术、平板显示、节能环保等行业的客户事业转型升级获得成功。

从宁波长阳科技的发展现状来看，他们不断强调团队合作和培养知识的系统化，不愧为一家战略性新兴产业—高端制造业的创新企业代表，是现代企业中知识和技术密集型企业的代表。

从宁波长阳科技的投资发展实践中我们可以看出，他们在专业技术领域具有国际市场过头垄断优势和较强的技术竞争力。然而，宁波长阳科技在其投资发展实践过程中却存在着瓶颈问题。宁波长阳科技在成长过程中所遇到的瓶颈问题主要有：①宁波长阳科技企业刚刚进入国内外市场，处于市场导入期—成长期的转折点，可能会遇到来自多方面的竞争威胁，主要的威胁来自上下游供应链企业、韩国日本的同行业内的竞争者、国内新进入的竞争者。②宁波长阳科技企业在宁波成立还不到两年，需要多方扶持，尤其是政府的相关政策和制度的大力支持，如财税政策支持和融资制度环境的改善等；③宁波长阳科技刚刚成立，从经营理念上看，主要是技术导向型企业。然而，随着企业的进一步成长和发展壮大，应需要确立阶段性经营思维模式更新的问题，如宁波长阳科技的供应链管理（SCM）企业导向规划，如图 3-1 所示。

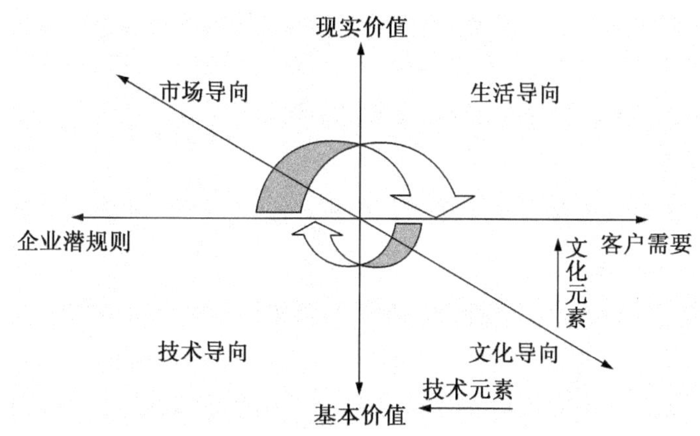

图 3-1　宁波长阳科技的 SCM 企业导向规划

经过 10 年的创投实践，宁波长阳科技已经积累了高科技新材料领域关键的核心技术和创建了国际最先进的生产线。在成长期企业首先面临的问题是市场结构的调整。在新材料市场宁波长阳科技的市场主攻方向为光学薄膜市场。在光学膜领域,宁波长阳科技靠创投期的知识量变过程,不断提高市场、技术、顾客、竞争对手、信息等方面的团队的合作能力和操作能力,其企业的利润和销售额在6个月内激剧上升。

宁波长阳科技成长期阶段,主要产品是光学膜。光学薄膜是由薄的分层介质构成的,通过界面传播光束的一类光学介质材料。光学薄膜广泛用于光学和光电子技术领域,制造各种光学仪器。其中,光学保护膜沉积在金属或其他软性易侵蚀材料或薄膜表面, 用以增加其强度或稳定性,改进光学性质,是最常见的是金属镜面的保护膜。光学薄膜的应用无处不在,从眼镜镀膜到手机、电脑等,从电视的液晶显示再到LED照明等,它充斥着人类生活的方方面面,并使人类的生活更加丰富多彩。光学薄膜的制备条件要求高而精,宁波长阳科技制备光学薄膜分干式制备法和湿式制备法两种方法。其中,干式制备法(含真空镀膜:蒸发镀,磁控溅镀,离子镀等)一般用于物理光学薄膜的制备;湿式制备法(含涂布法,流延法,热塑法等)一般用于几何光学薄膜的制备。

中国正在成为世界上最大的平板显示器材生产大国。与此同时,中国国内触摸屏行业爆发式增长, 促使光学薄膜的需求量迅猛提高,光学薄膜已成为光电产业链前端最为重要的战略原材料之一。LCD背光模组和偏光片技术壁垒高,盈利能力强,扩散膜、棱镜片、偏光片等关键材料的毛利率超过30%。目前,光学薄膜的关键技术和市场都基本掌控在全球少数企业手中, 全球扩散膜母卷制造厂商以日本为主,主要集中在日本惠和、智积电等企业, 韩国企业以SKC、SBK和MN-tech为主,主要供应韩国客户。台湾企业主要以代理和裁剪加工为主,近年来长兴化工、宣茂科技陆续进入扩散膜制造领域。棱镜片的主要材料为PET或PC光学薄膜,主要技术难点在花纹模辊的制造。棱镜片被3M和LGE等企业垄断。

全球主要偏光片供应商集中在日本和韩国，日本主要是日东电工、住友化学、三立化工，另外韩国的LG化学和中国台湾的力特光电等企业也有涉猎。三菱塑料和日本东丽公司目前共同拥有全球偏光片用途的光学聚酯薄膜近90%市场份额，另外4家日本公司则垄断了全球背光板聚酯薄膜市场。三菱塑料目前拥有聚酯薄膜总产能22万吨/年，其中，在日本Santo厂产能8万吨/年，在德国5.5万吨/年，在美国6.5万吨/年，印度尼西亚2万吨/年。三菱塑料公司目前占全球光学聚酯薄膜市场份额为27%，也是目前在日本国内生产光学聚酯薄膜的唯一厂商。为了满足国内外光学聚酯薄膜不断增长的市场需求，三菱塑料公司计划在2012年新建两条产能为2万吨/年的厚壁光学聚酯薄膜生产线，新增4万吨/年产能，预计投资200亿日元（折合2.33亿美元），以巩固其世界最大光学聚酯薄膜生产商的地位。

中国企业倘若能够从上游材料上予以支持，提供光学级聚酯薄膜，彩电行业的成本将得以实质性的降低。目前，各种光学薄膜中，背光模组中的棱镜片和偏光片中的PVA膜、TAC膜技术壁垒极高，中国尚未实现产业化。中国国内仅3家企业能够批量生产TN和STN型偏光片，分别是深纺乐凯、温州侨业、纬达光电（佛塑科技）公司，还无法配套TFT液晶面板用偏光膜。偏光片构成中，TAC膜和PVA膜技术门槛更高，依赖进口，供给也更为集中，两者合计占偏光片成本的75%。TAC膜全球主要由富士胶片供应，所占比例超过60%，另外还有柯尼卡、LOFO等。PVA膜全球仅可乐丽和合成化学批量生产，可乐丽所占比例接近80%。背光模组中的扩散膜是3种光学薄膜中技术壁垒相对较低的，也是中国国内最有希望率先取得突破的领域，康得新公司正在进入该领域。同时，合肥乐凯公司已经建成投产的项目有平板显示器材（FPD）用光学级聚酯薄膜生产线、TFT-LCD背光源用扩散膜生产线,而且,前期项目已经取得了稳定量产 10 000 吨的目标,应用于扩散膜及 ITO 触摸屏等产品上,打破了日本和韩国的垄断局面。

在国内市场上与宁波长阳科技同场竞技的企业有四川东材科技、合肥乐凯科技、北京康得新复合材料、深圳西陆光电技术有限公司等企业。这些企业在规模上与长阳科技没有太大的差距,即使存在差距也借助地方政府的财税政策和融资倾斜的扶持,以及土地政策获得一定的补偿和解决。在这些企业当中,光学膜技术领域拥有核心技术的企业要属宁波长阳科技了。因此,就目前情况而言,宁波长阳科技在光学膜国内市场上,技术领域占有绝对的优势。

从光学薄膜的国内市场结构来看,目前还处于垄断性竞争市场结构。这种市场结构的特点是企业主要依靠技术的领先地位,先导市场和引领市场。因为,宁波长阳科技是知识密集型的高端制造业,所以,宁波长阳科技生产出来的产品其技术更新较快, 产品生命周期(PLC)较短。垄断性竞争市场结构又进一步加快了技术更新速度和 PLC 的缩短。宁波长阳科技根据这种国内外市场竞争背景选择了不同组合的市场竞争背景,如图 3–2 所示。

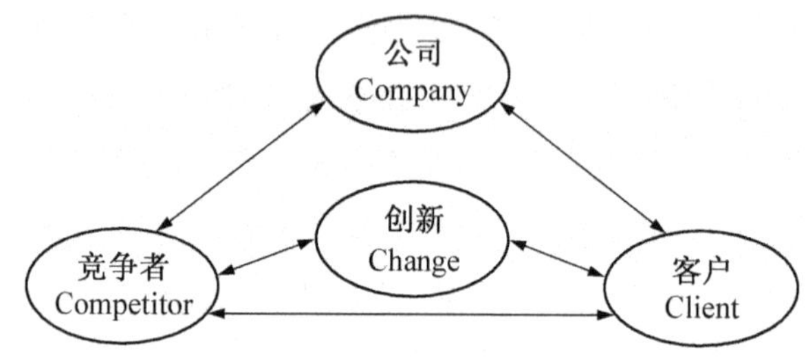

图 3–2 宁波长阳科技的市场竞争背景

图 3–2 中的 4 个 C 分别代表宁波长阳科技企业、宁波长阳科技企业的竞争企业、宁波长阳科技企业的客户、宁波长阳科技企业的产品和技术的创新。从国内外光学膜市场来看,市场上除了宁波长阳科技

及其客户，以及势均力敌的宁波长阳科技的竞争企业，产品和技术上的一定程度更新，市场份额的争夺战已达到白热化的程度，宁波长阳科技自 2012 年开始生产以来，对产品的局部及生产工艺进行优化创新，与其竞争企业进行了差别化的竞争。通过知识的实际应用和创新继续发挥技术优势的同时，宁波长阳科技将侧重点放在了产品、技术、生产工艺、市场营销模式、管理文化等方面进行创新型差别化的市场竞争基本战略。

宁波长阳科技企业文化的最主要表现形式是团队合作学习能力提高和知识转变成实践的操作能力的提高。21 世纪是经济全球化和知识经济，以及网络化和信息化高速发展的时代，驱动全球高新技术产业增长的经济基础已演化为信息、知识、科技和文化等新型结构元素。文化竞争成为当今世界产业成功与否的关键的核心内容。为此，我们对宁波长阳科技企业文化元素进行了概括，如图 3–3 所示。产业竞争的最高形式是文化力的竞争，文化是提升企业核心竞争力和寻求战

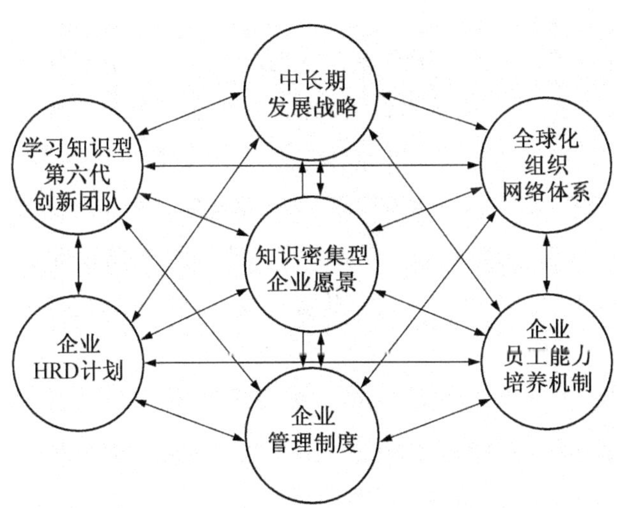

图 3–3　宁波长阳科技企业文化元素

略突破口的关键一环。宁波长阳科技作为战略性新兴产业—高端制造企业的典型代表首当其冲要致力于实现以企业文化来提升自身软实力的目标。

(1) 宁波长阳科技源于知识密集型团队的企业愿景。

(2) 宁波长阳科技平坦型组织结构下的基于学习和知识的第六代创新团队。

(3) 宁波长阳科技全球化组织网络体系。

(4) 宁波长阳科技中长期发展战略。

(5) 宁波长阳科技企业管理制度。

(6) 宁波长阳科技企业员工能力培养机制。

(7) 宁波长阳科技企业 HRD 计划。

技术元素这一词是凯文·凯利提出来的词语，有人把技术元素称作技术生态。技术元素(技术生态)不仅仅包括一些具体的技术(如汽车、雷达和计算机等),而且它还包括文化、法律、社会制度等所有智能的产物。凯文·凯利把这种技术元素的外延看成是一种能产生自我动力的有机整体。宁波长阳科技企业创新的出现是由多种技术元素共同作用的结果,这就是技术的共时性。宁波长阳科技坚持光学膜技术的研发、应用和推广。宁波长阳科技的技术元素给我们提供了一个崭新的思维框架,让我们把视野从商业和商业生态上放到技术和技术生态上面。宁波长阳科技的成功绝不仅仅是创造全新商业链打通产业链,而是基于他对整个技术产业趋势的细节化掌控和技术生态的完美布局。

基于凯文·凯利提出的技术元素(技术生态)的理论和宁波长阳科技创新技术成功案例的分析，我们概括了宁波长阳科技企业技术元素,如图 3-4 所示。

(1) 战略性新兴产业—高端制造企业(宁波长阳科技)的光学薄

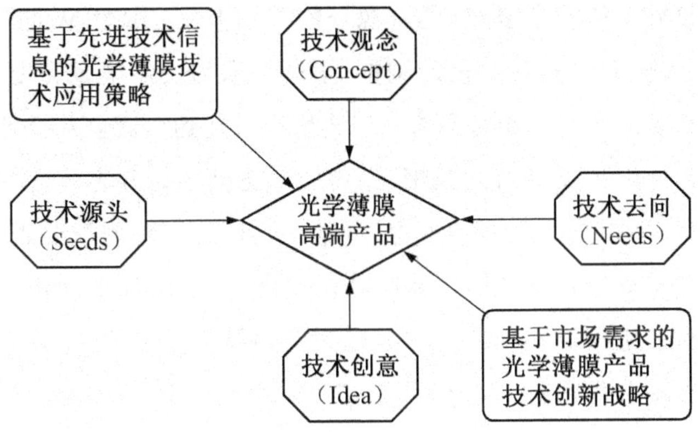

图 3-4 宁波长阳科技企业技术元素

膜产品；

(2) 宁波长阳科技的技术观念；

(3) 宁波长阳科技的技术源头；

(4) 宁波长阳科技的技术创意；

(5) 宁波长阳科技的技术去向；

(6) 基于先进技术信息的宁波长阳科技光学薄膜技术应用策略；

(7) 基于市场需求的宁波长阳科技光学薄膜产品技术创新战略。

技术创新是企业在市场上获得竞争优势和创造财富的源泉，也是一个国家或地区经济增长的原动力。在知识经济时代，日益激烈而动荡的国际市场竞争环境给中国乃至外国企业的生存发展带来了新的机遇和挑战。因此，如何有效地实施技术创新战略，提高企业的技术创新能力，是理论界和实业界急需解决的关键问题。目前，中国企业在技术创新与创新管理过程中，普遍存在的较为突出问题，就是企业文化与技术的集成问题。

宁波长阳科技在 R&D 的资源分配模式上，发挥团队的战略思考力度,注重现有产品和工艺的维持,强调技术的长期孕育和发展,以及新产品和新工艺的基础性研究。宁波长阳科技的协同创新企业的创新资源和各种生产要素有效汇聚,通过突破创新主体和客体之间的种种壁垒,充分释放彼此之间的人力、资本、信息、技术等创新要素的活力,从而实现了不分主客体的创新团队之间(1+1>2)的深度合作。宁波长阳科技的文化和技术创新往往是以团队的形式实现的,企业文化和技术的有机结合和协同创新作用是宁波长阳科技达成文化与技术有效集成的表现。

从前面表 3–1 中我们发现,宁波长阳科技企业还在处于高度成长期;从图 3–1 我们可以看出,宁波长阳科技企业因其发展阶段仍处于高度成长期，所以，主要以技术导向和市场导向来对其供应链管理(SCM)企业进行了导向规划。宁波长阳科技在追求所生产产品的基本价值和现实价值的同时,主要遵循着供应链企业的潜规则,企业的思维模式还维系在线性思维模式。

从图 3–2 中我们不难发现，宁波长阳科技的市场竞争背景是 4C 背景,所以主要采用了 4C 营销组合策略,这也说明宁波长阳科技企业的思维模式是线性思维模式。从图 3–3 和图 3–4 中我们还可以得出这样的线索,即宁波长阳科技企业为了应对不远的将来步入产品生命周期(PLC)的成熟期乃至衰退期,正紧锣密鼓的推进由传统的供应链管理思维方式逐步转向需求链管理思维模式,为此围绕着客户需求以生活导向和文化导向来积极探索和发掘企业文化元素和技术元素的集成问题,最终实现宁波长阳科技企业光学膜产品的供应链管理系统完善目标。

总而言之,宁波长阳科技企业在实现其光学膜产品的供应链管理系统完善目标之前,还是根据企业的潜规则,主要以技术导向和市场导向来追求光学膜产品的基本价值和现实价值，企业经营的思维模式严格遵循着线性思维模式。所以，此时的宁波长阳科技在其所生产经营的大宗商品（光学膜）获得供应链金融业务服务时的思维模式就属于大宗商品供应链金融线性思维模式。

第二节　大宗商品供应链金融指数思维模式

大宗商品供应链金融业务服务是一种新兴的供应链金融产品服务，在所有的新生事物问世的背后都隐含着一些鲜为人知的故事，而大宗商品供应链金融业务服务出台的背后却是一个供应链企业经营哲学中的方法论层面上的心智模式的重大改变，那就是由传统的线性思维模式向指数思维模式的转变。

为了进一步详细了解大宗商品供应链金融线性思维模式是如何逐步向大宗商品供应链金融指数思维模式转变，这次我们得从指数思维概念的含义及特点进行回顾温习。

一、指数思维模式

当今的自然界和人类社会里很多事物的发展呈现出指数型发展态势，而不是线性级发展。然而，人类的心智模式（主要指思维模式）却还在线性思维模式中停滞不前。那么，人类如何才能完全脱离线性思维模式的误区，在指数型发展态势下保持较为合理的看待客观世界及事物发展的复杂而变化多端的规律，并采取指数思维模式来应对这一瞬息万变的客观世界及事物变化呢？

我们从数学课上学习得知算数级数和几何级数这两种概念。算数级数就是:1、2、3……n;而几何级数则是:2*0、2*1、2*2……2*n。当自然界的客观事物以算数级数发生变化时，即使发生变化 30 次也只不过是从 1 发展变化为 30,可当它们以几何级数发生变化时,我们惊讶地发现发生变化 30 次的结果是从 1 发展变化为 10 亿多。怪不得你把一张纸对折 30 次,其厚度将超过珠穆朗玛峰的高度啊!

指数型发展态势在自然界里是很普遍的现象。比如,单细胞生物的分裂生殖就是一种指数型发展变化的例子。其实我们每个人都亲身经历过指数型发展变化的过程,因为人类在母体内的受精卵刚开始分裂成两个细胞,其后大概每隔 12 小时分裂一次,经历不断的分裂、分化等过程,形成人体各种组织器官,到了第三个月末,就开始发育成胎儿了。胎儿再经历一段高速发育期,便开始告别指数型发展变化态势,转向线性级发展变化过程。

从人类历史的文明发展史来看,人类的产生、成长、成熟、衰退等发展沿革过程就是一个指数型发展变化历程。如旧石器时代经历了上百万年的历史,新石器时代大概经历有 1 万年的历史,青铜和铁器时期经历了几千年的历史，蒸汽及电气时期仅仅经历了 200 年的历史，信息革命时期开始至今不过 50 年时间，移动互联网时期更是才发展了 5 年的时间。

在地球村迄今生活过的人类大约有 1150 亿人，而经历的时间有几百万年之长。我们把人类进化沿革的时间段作为横向坐标,把每个时间段人类文明开化程度为纵向坐标,画出的曲线图就是一条接近指数函数曲线图,如图 3–5 所示。

所谓的指数思维模式是指把人的认识超越其对客观事物的抽象理解层面水准，通过客观事物发展变化的表象来观察客观事物发展变化的本质，并以这样的客观事物发展变化本质的抽象化概念为认识出发点的一种全面、抽象、曲线的思维方式。指数思维模式是以次

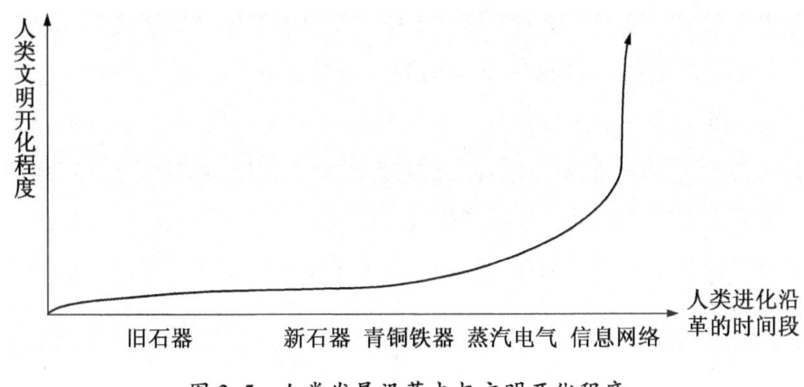

图 3-5 人类发展沿革史与文明开化程度

方的方式思考客观事物发展变化的问题，它可以让一个企业的产品或者与产品生产经营关联的事物，以指数曲线方式上涨(或下降)，让该企业产品用户以指数曲线方式托增，企业的营销方式也是按照指数曲线方式以魔鬼式病毒式的传播，使企业的支出成本则以指数曲线方式下降。

二、大宗商品供应链金融指数思维模式

在介绍大宗商品供应链金融指数思维模式之前，我们还是与前面一样先考察宁波长阳科技企业光学膜产品的供应链管理系统完善过程。也就是从我们科研团队历时一年半的时间对宁波长阳科技企业所进行的调研、设计、规划等过程，最终总结出的题为“宁波长阳科技协同创新发展模式”成功案例得到了关于大宗商品供应链金融指数思维模式的启发。让我们就针对其部分主要内容进行探讨分析宁波长阳科技企业是如何从经营光学膜产品的线性思维模式逐渐转变为指数思维模式的。

宁波长阳科技企业的自始至终秉承技术创新是企业在市场上获

得竞争优势和创造财富的源泉,也是一个国家或地区经济增长原动力的宗旨,在知识经济时代,日益激烈而动荡的国际市场竞争环境给中国乃至外国企业的生存发展带来了新的机遇和挑战。因此,如何有效地实施技术创新战略,提高企业的技术创新能力,是理论界和实业界急需解决的关键问题。目前,中国企业在技术创新与创新管理过程中,普遍存在的较为突出问题,就是企业文化元素与技术元素的集成遇到瓶颈问题。

宁波长阳科技企业在R&D的资源分配模式上,发挥其团队的战略思考作用,注重现有产品和工艺的维持,强调技术的长期孕育和发展,以及新产品和新工艺的基础性研究。宁波长阳科技企业文化元素与技术元素的构成,如图3–6所示。宁波长阳科技企业通过其协同创新企业的创新资源和各种生产要素有效汇聚,以突破创新主体和客体之间的种种壁垒为渠道,充分释放彼此之间的人力、资本、信息、技术等创新要素的活力,从而实现了不分主客体的创新团队之间(1 + 1 >

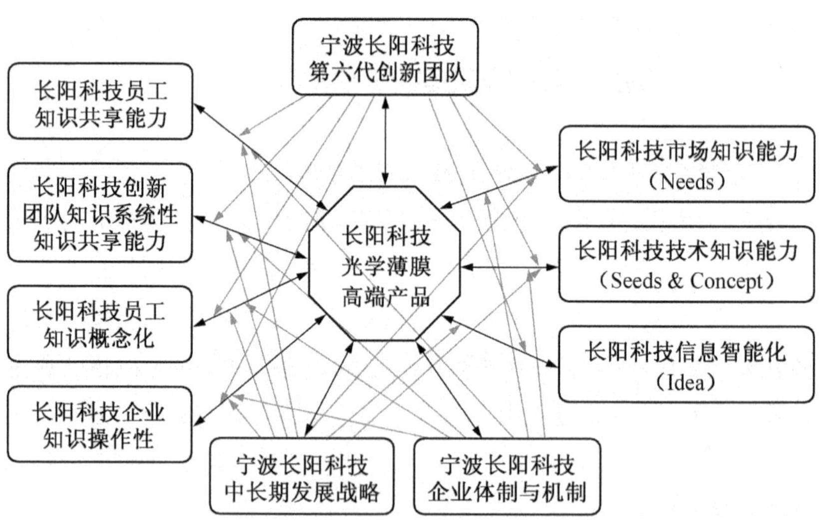

图3–6　宁波长阳科技企业文化元素与技术元素的集成

2)的深度合作。宁波长阳科技企业的文化和技术创新往往是以团队的形式实现的,企业文化的素材与技术元素的有机结合及协同创新作用是宁波长阳科技企业达成企业文化元素与技术元素有效集成的现实写照。

基于上述的关于企业文化元素与技术元素集成问题的阐述,我们总结出宁波长阳科技企业文化元素与技术元素的集成过程。

经过 10 年的创投期和成长初期的发展，宁波长阳科技企业光学膜的生产和销售开始逐步进入成长期,其市场知识能力、技术知识能力、信息智能化能力的协同创新效应逐步显现，市场响应及市场、顾客、信息的管理问题也越来越突出。

市场响应也是一种企业文化,即企业为有效实施创造顾客价值所必需的一系列计划，提高其可持续发展的绩效而形成的市场导向文化。宁波长阳科技企业在市场响应方面,首先企业范围内共享有关顾客现实需要和潜在需要的信息,并把这些信息在企业内部进行纵横扩散,进而在企业范围内形成对这些信息快速反应。宁波长阳科技企业的创新包括技术创新和管理创新，并提出市场响应就是顾客导向、竞争导向以及企业部门间的协调。宁波长阳科技企业为达到其目的而利用知识的能力就是知识创造能力。

Nonaka 和 Takeuchi(1995 年)认为知识创造能力是为确定人们对真实的信赖性而进行的人类动态处理信息的过程。Leonard 和 Sensiper(1998 年) 认为知识创造能力是人们从经验中获得切实可行信息的创造能力。Li 和 Calantone(1998 年)认为知识创造能力包括市场知识能力和技术知识能力,市场知识能力由顾客知识能力和竞争知识能力构成,技术知识能力就是 R&D 强度。Madhavan 和 Grover(1998 年)认为市场知识能力包括企业共同价值观和团队精神，技术知识能力包括 T-型技术和 A-型技术以及团队成员对专业技术能力的信赖性。T-型技术指的是企业中不同专业的人才所掌握的各自专业领域的技术,A-型技术指的是企业中某一个人同时掌握多种专业领域的技术。

宁波长阳科技企业的市场响应就是宁波长阳科技企业的顾客导向、竞争导向、技术导向、信息导向,其中顾客导向、竞争导向、技术导向就是获得顾客知识、竞争知识、技术知识的能力,信息导向就是对信息的创造、传播、反应等过程。决定宁波长阳科技企业产品竞争优势的因素有宁波长阳科技企业产品的质量信誉、宁波长阳科技企业产品的独特功能、宁波长阳科技企业产品的形式新颖性、宁波长阳科技企业产品的易得利用性等。

宁波长阳科技企业的客户关系管理,即 CRM(Customer Relationship Management),进行信息智能化管理,用自动化软件分析市场营销、销售、客户服务以及市场应用支持系统,实现了市场、技术、信息智能化的有效协同,如图 3-7 所示。通过信息智能化的管理宁波长阳科技企业缩减了销售周期和销售成本,增加了收入,寻找扩展业务所需的新的市场和渠道以及提高客户的认知度、接受度、喜好度、忠诚度和品牌价值。如果说 CRM 是宁波长阳科技企业进入成熟期选择和管理有价值客户及其关系的一种商业策略,信息技术则是 CRM 实现其真

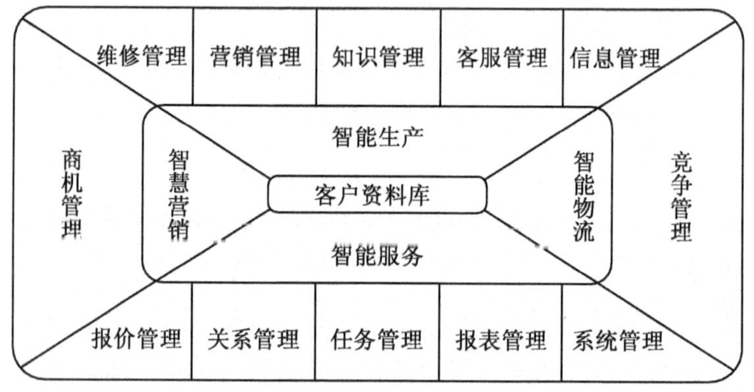

图 3-7 宁波长阳科技企业 CRM 功能

正效用的一种手段,这说明信息技术对于长阳科技 CRM 来说仅仅是个必要条件。宁波长阳科技企业 CRM 要实现什么呢?宁波长阳科技企业正在计划重新设计业务流程,对宁波长阳科技企业进行业务流程重组(BPR),而这一切是基于以客户为中心,以信息技术(CRM 系统)为手段的。

为了使宁波长阳科技企业的 CRM 功能能够有效地发挥其作用,宁波长阳科技企业对其员工提出了 SALES 式的行为规范化要求,如图 3-8 所示。

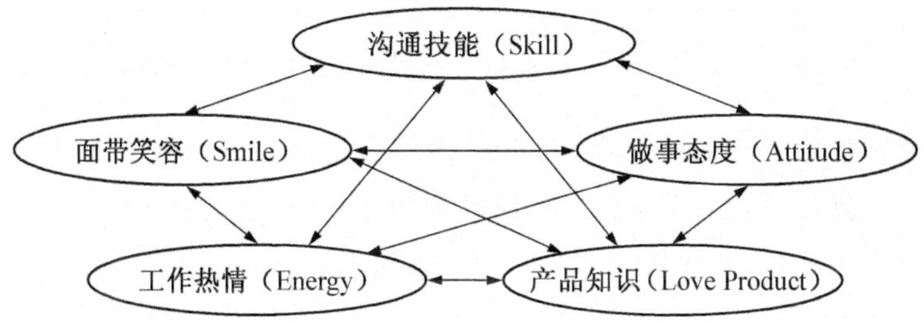

图 3-8 宁波长阳科技企业员工 CRM-SALES 型行为规范化要求

宁波长阳科技企业光学膜产品的成熟期,要想让国内外市场认识宁波长阳科技企业及其产品,并且使宁波长阳科技企业在激烈的市场竞争中能够走得更远更顺畅,宁波长阳科技企业不仅要在市场上确立其产品识别(PI),而且还要在建立宁波长阳科技企业经营理念识别(MI)的基础上,确立宁波长阳科技企业的市场行为识别(BI)、宁波长阳科技企业的市场沟通识别(CCI)、宁波长阳科技企业的形象识别(CMI)、宁波长阳科技企业的视觉识别(VI)等,这些内容就构成了宁波长阳科技企业的企业形象识别(CI)市场认知的结构,如图 3-9 所示。

随着光学膜产品的成长期的到来和生产规模的激剧扩大,第二、第三生产线的陆续投入生产,宁波长阳科技企业遇到的瓶颈问题是供

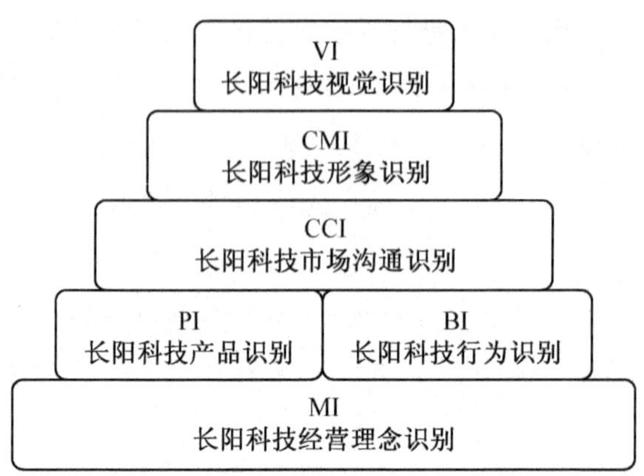

图 3-9　宁波长阳科技企业的企业形象识别(CI)市场认知内容

应链的管理。供应链管理(SCM)就是指对整个供应链系统进行计划、协调、操作、控制和优化的各种活动和过程,其目的是要将顾客所需的正确的产品(Right Product)能够在正确的时间(Right Time)、按照正确的数量 (Right Quantity)、正确的质量 (Right Quality) 和正确的状态(Right Status)送到正确的地点(Right Place),并使物流总成本达到最小化。供应链管理的目标是在满足客户需要的前提下,对整个供应链(从供货商,制造商,分销商到消费者)的各个环节进行综合管理,如从采购、物料管理、生产、配送、市场营销到最终消费者的整个供应链的物流、信息流、资金流等,把物流成本降到最小。

宁波长阳科技企业致力于进入世界高端供应链,面向国内外市场针对长阳科技供应链上的上游和下游的客户,为此制定了宁波长阳科技企业供应链管理(SCM)系统,宁波长阳科技企业完善的光学膜产品供应链管理(SCM)系统,如图 3-10 所示。

宁波长阳科技企业通过多年的知识量变和知识质变,实现了市场知识能力、技术知识能力和信息智能化能力的协同创新,提高了财务绩效、客户管理、竞争地位、市场开拓,可以说已经具备了进入世界高

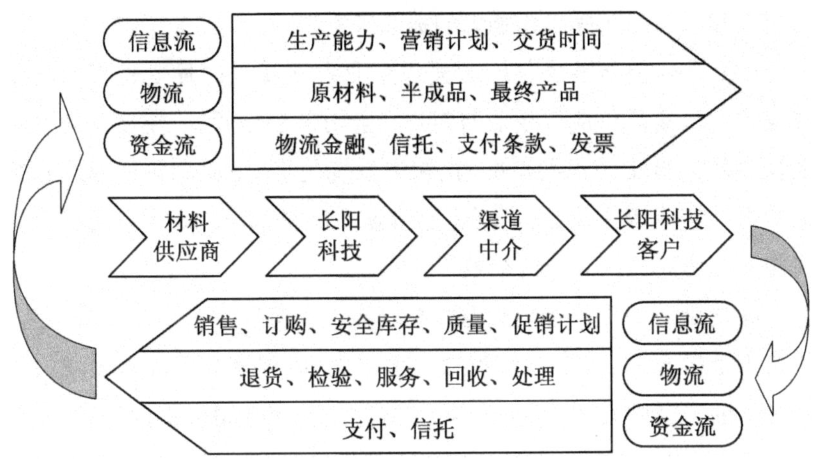

图 3-10 宁波长阳科技企业完善的光学膜产品供应链管理(SCM)系统

端供应链的条件。

高端制造业的典型代表的宁波长阳科技企业的协同创新模式是中国众多大宗商品供应链企业和高端制造业的发展转型升级的有效经验。我们通过对宁波长阳科技企业协同创新模式的综合分析,可以得出宁波长阳科技企业的协同创新模型,其模型的效度和信度都得到了验证。可以证明宁波长阳科技企业知识的量变和质变为基础的市场知识、技术知识、信息智能的协同可以带来大宗商品供应链企业的绩效的提高。

根据综合分析结果,我们可以得出宁波长阳科技企业的协同创新模式应分为三种:

(1) 协同创新模式是注重大宗商品供应链企业内部知识量变过程的大宗商品供应链企业与客户企业协同创新模式,主要是通过企业员工的知识共享能力的提高和企业知识的系统化过程来实现的。

(2) 协同创新模式是注重企业内部知识质变过程的大宗商品供应链企业与客户企业协同创新模式,主要是通过企业员工知识概念化的形成和知识的实际操作能力的提高来实现的。

(3) 协同创新模式是同时关注企业内部知识的量变过程和质变过程的大宗商品供应链企业与客户企业协同创新模式,主要是通过企业长时间的员工知识共享能力、知识系统化、知识概念化的形成和企业知识的实际操作能力,实现企业市场知识、技术知识、信息传播和共享能力的协同提高企业的绩效。

高端制造产业是指制造业的高端领域, 可以从三个角度来理解:①技术上的高端,表现为知识和技术密集,体现多学科和多领域高精尖技术的交叉和集成;②价值链上的高端,具有高附加值的特征;③产业链上的高端,表现为产业链的核心部位和发展水平决定产业链的整体竞争力。高端制造产业既包括传统制造业的高端部分,也包括新兴产业的高端部分。传统制造业与高端制造业的最大差距在于科技实力,高端制造业可以帮助传统制造业进行科技创新、产品升级、工艺改造、企业形象提升等,是制造业发展的必然结果。

目前,宁波长阳科技企业遇到的瓶颈问题主要有环境问题、科研政策问题、税收问题、金融问题等。像宁波长阳科技企业这样的大宗商品供应链企业发展与国外差距较小,甚至是同步,部分领域还具有领先优势。但宁波长阳科技企业由于还处于高速成长期阶段,也出现了地区产业结构趋同、市场作用有所削弱、创新能力不强、民营资本进入难、财政金融支持不够、体制机制不完善等不同维度、不同层面、不同程度的问题,具体归纳为如下四大问题:

(1) 自主创新能力不够强劲。由于企业自主创新动力不足,为电力、石化、冶金、铁路等行业提供的主要装备和关键技术需要从外部引进。用于新产品、新工艺和新技术研发的投入不足,原创性技术成果少,具有自主知识产权产品少。政产学研一体化不够紧密,产业共性的应用技术研发缺乏而不到位,公共试验检测平台短缺,社会科技成果转化率低。

(2) 基础制造水平滞后。长期以来,为整机和成套设备配套的轴承、液气密元件、模具、齿轮、弹簧、粉末冶金制品、紧固件等基础件,泵、阀、风机等通用件,工业自动化控制系统、仪器仪表等测控部件,其质量和可靠性都不高, 品种规格不全, 特种原材料长期依赖进口,铸造、锻造、焊接、热处理、表面处理等基础工艺落后,专业化水平低,这些问题已成为制约装备制造业发展的瓶颈。

(3) 高端装备保障能力不能满足市场需求。机械行业中低端产能过剩、高端严重不足的矛盾尤为突出。国内 2010 年进口机械产品用外汇高达 2 500 多亿美元。特别是目前加快培育和发展战略性新兴产业,对技术装备保障提出了更高的要求。就中国的高端装备业来讲,核电装备自主化整体仍处在起步阶段,风力发电设备总装能力过剩和关键部件能力不足矛盾并存,节能环保装备在产品种类、功能、质量、规模上还需要大力突破。在新材料、信息、新能源汽车等新兴产业领域,也都迫切需要新型装备的保障和支撑。总而言之,在高性能材料、精密制造工艺、先进装备及核心部件等领域,同培育和发展战略性新兴产业的要求相比还有很大差距。

(4) 部分供应链节点环节突显出产能过剩的矛盾。除了中小型普通机床制造、交联电缆等传统行业产能过剩矛盾依然严重外,近几年来,一些地方片面地追求发展速度,热衷于上新项目、铺摊子等,在国家严控“高耗能、高污染和资源性”行业固定资产投资的形势下,纷纷将投资重点转向装备制造业,导致一些新兴行业投资过热,出现产能过剩,过度竞争风险加剧,如风力发电设备、大型盾构机、大型压力机等。如不及时加以调控,不仅使企业陷入生产经营困难,而且还影响产业自主创新和结构调整的进程。

宁波长阳科技企业的成功案例对其他同属于战略性高端制造业

的大宗商品供应链企业的启示，主要体现在政府引领，产业追求集群效应，科研机构与企业共建创新氛围和创新平台，真正做到了政产学研一体化。就目前的形势来看，发挥传统产业块状经济优势，大力发展战略性新兴产业，已成为处在十字路口的浙江省经济发展转型升级的战略性选择。

作为大宗商品供应链企业首先应该明确事业的成功需要科学而先进的规划。只有规划好了，才有产品的创新和产业结构的优化。要想成为像宁波长阳科技企业那样的大宗商品供应链高端制造企业的典范，就得对企业的使命、价值观、企业文化、发展方向等内容进行科学的规划和设计，并切实可行地按规划实施各种计划项目。政府也应该不断完善规划设计工作机制，重点抓好开工项目的方案设计、审批和施工的前期准备工作，抓好基础设施的先行建设，确保企业的可持续发展。企业应强化创新、推动转型，力求提高其创新度，引导优质的项目力争做强做大，提升其市场竞争力，推动产品的升级换代和产业的转型，确保产品的更新，产业结构的优化，市场功能的完善，社会责任感和信誉的提高，努力实现跨越式的向前发展。强调政产学研一体化是战略性新兴企业发展的特色命脉，只有强化了企业自身的发展特色，才能引导其他同属于战略性新兴产业的大宗商品供应链企业入驻宁波和浙江。人才引进和培育机制方面，人才是任何事业成功和发展的首要资源。企业应重视人才的引进和培养，尤其是高端人才，并注重培育和使用人才的细节，逐步形成和完善人才集聚机制。

“诚信，激情，执行力，客户至上，团队合作，善于学习”是宁波长阳科技企业的价值观。团队合作学习能力为企业的核心价值观，在此基础上形成的企业文化和长期知识的量变和质变的积累是企业协同创新的必要条件。

大宗商品供应链企业创新主要是技术创新、营销创新、管理创新。

创新是一个知识的量变和质变过程,是企业把科技成果推向商业化的过程,是系统工程。企业提高技术创新能力,要转变思想观念,建立一支高素质和有创新能力的技术团队,充分利用企业现有的技术资源,加强技术人员科技创新能力的培养,共享知识和实现知识的系统化,深化竞争机制,增强科技人员的创新意识,加强技术交流与合作。企业要不断提高原始创新、集成创新、引进、消化、吸收再创新能力,技术上实现自主创新,产品上实现自主知识产权。

任何一个大宗商品供应链企业创新产品的成功,需要技术、市场和信息三方面的能力。任何单方面的能力,都不足以保证企业持续和稳定的产品创新活动。仅有发明创造并不能成为一个成功的创新,只有在此基础上完成设计、制造、营销等一系列的活动,最终使之在市场完成扩散,才算得上是有效创新。创新不仅需要基础研究、应用研究,而且还需要产品开发、制造、营销、配送、服务,以及后续的产品改进与升级等一系列的活动。

大宗商品供应链企业要提高管理创新能力,要构建创新型企业文化,要培育技术骨干,培养企业的"创新工程师"。有效的创新机制可以让企业创新人员得到合理安排利用,人尽其才。企业内部研发、生产、营销与综合管理部门存在畅通的联系渠道,有良好的沟通方式,部门间能够开展旨在实现创新的协调和具有良好的激励机制,企业与外部在组织、信息、人才等方面都有良好的交换方式和制度。

以上我们通过对宁波长阳科技企业协同创新模式的一系列分析,可以证明大宗商品供应链企业的市场知识、技术知识、信息智能化知识的协同创新是大宗商品供应链企业提高财务绩效、客户管理水平、竞争地位和市场开拓的有效途径。

我们认为大宗商品供应链企业的协同创新模式应分为三种:

(1) 协同创新模式是注重大宗商品供应链企业内部知识量变过

程的大宗商品供应链企业与客户企业协同创新模式，第一种协同创新模式的特点为：①大宗商品供应链企业在与客户企业协同创新时，强调企业的员工知识共享能力和团队知识系统化；②大宗商品供应链企业与客户企业通过协同创新来提高企业的市场知识能力、创新技术知识能力、A-型技术知识能力、信息传播能力等；③大宗商品供应链企业与客户企业通过协同创新，主要以企业的市场知识能力和创新技术知识能力来提高其自主创新能力。

(2) 协同创新模式是注重大宗商品供应链企业内部知识质变过程的大宗商品供应链企业与客户企业协同创新模式，第二种协同创新模式的特点为：①大宗商品供应链企业在与客户企业协同创新时，强调企业的员工知识概念化和企业知识可操作性；②大宗商品供应链企业与客户企业通过协同创新来提高企业的市场知识能力、创新技术知识能力、A-型技术知识能力、信息传播能力、信息反应能力等；③大宗商品供应链企业与客户企业通过协同创新，主要以企业的信息反应能力来显现其自主创新能力。

(3) 协同创新模式是同时关注大宗商品供应链企业内部知识的量变过程和质变过程的大宗商品供应链企业与客户企业协同创新模式，第三种协同创新模式的特点为：①大宗商品供应链企业在与客户企业协同创新时，既要强调企业的员工知识共享能力和团队知识系统化，也要强调企业的员工知识概念化和企业知识可操作性；②大宗商品供应链企业与客户企业通过协同创新来提高企业的市场知识能力、创新技术知识能力、A-型技术知识能力、信息传播能力、信息反应能力等；③大宗商品供应链企业与客户企业通过协同创新，主要以企业的市场知识能力和创新技术知识能力，以及企业的信息反应能力来完善其自主创新能力。

我们通过对宁波长阳科技企业成功案例的综合分析得出，大宗商品供应链金融指数思维模式的形成不仅仅依靠像宁波长阳科技企业这样从成长期逐步走向成熟期而构筑完善的大宗商品供应链管理系统，而且还要促使大宗商品供应链所有企业都像宁波长阳科技企业一样具备较完善的大宗商品供应链管理系统，使得这一大宗商品供应链所有企业通过协调创新，企业之间围绕着所有贸易往来及交易，其各种业务服务相互间实现高度集成、步调一致。只有到了如此地步，才能谈论大宗商品供应链金融指数思维模式问题。

在“十三五”期间，中国的大宗商品供应链管理的理论与实践将会持续的创新发展，并且由各地方政府相关职能部门牵头通过对那些高端的大宗商品供应链行业进行标本兼治、统筹规划、弥补短板、突出重点，其核心为提高大宗商品供应链行业第三方机构(包括：银行及金融机构、第三方大宗商品供应链物流企业、电子交易平台企业等)的创新业务服务效率和战略支撑力度。

“十三五”期间，随着移动互联网、物联网、大数据、云计算、人工智能等技术的精深发展，人的心智模式和思维方式也像各种高新技术一样逐渐适应新的经济社会发展的新常态。但目前由于中国的大宗商品供应链企业的全球性供应链能力与其配套的大宗商品供应链金融业务服务能力尚不成熟，这成为大宗商品供应链金融业持续创新发展的软肋和短板。如果中国的大宗商品供应链企业能尽快进入全球性大宗商品供应链竞争行列和轨道，那么中国的大宗商品供应链企业的价值链延伸的服务产业空间将会被打开，并且可以与全球性世界级企业共享大宗商品供应链的价值增值领域的资源。

大宗商品供应链行业已经形成依靠技术、业态、模式等三大大宗商品供应链创新源泉的创新发展格局，并且依托技术、业态、模式等的集成和整合，逐步形成了全新的大宗商品供应链行业生态，如大宗商品供应链企业间的业务服务集成创新、电子交易数据化网络平台、大宗商品贸易相关各种服务规范到位等。然而,正所谓“万事俱备只欠东风”,大宗商品供应链金融业务服务的创新推进过程中遇到对客观现实问题仍采用传统思维模式来应对处理解决的人的心智模式老化的致命症结。因此,如何科学健康的推进大宗商品供应链金融业务服务的关键是尽快建立健全大宗商品供应链金融生态系统,并以新的思维方式,即大宗商品供应链金融指数思维模式来维护和发展这一大宗商品供应链金融生态系统。

第四章
大宗商品供应链金融监管绩效评价研究

第一节　大宗商品供应链金融监管概述

随着全球一体化经济的不断发展,金融危机给各个国家带来的影响颇深,供应链金融越来越受到人们的关注,在这样一个社会环境下,加强供应链金融监管是很有必要的。供应链金融与传统金融相比,其利润更为丰厚,但是在具备发展潜力的同时,也将面临极大的挑战,为了更好地促进供应链金融的发展,必须发挥好供应链金融监管的作用。而宁波作为一线港口城市,其大宗商品贸易发展迅速,大宗商品起步早,具备很大的优势,本文通过对宁波大宗商品供应链金融监管进行绩效评估,并进行案例分析,根据实证研究和案例分析得出结论,提出改善供应链金融监管的对策及建议,为宁波大宗商品供应链金融监管市场提供帮助,进一步完善宁波大宗商品供应链金融监管政策,更好地促进宁波大宗商品供应链金融的发展,并为今后提供借鉴意义。

大宗商品是指可以流通的,却不能零售的具有商品属性的物质产品,如图 4–1 所示。大宗商品主要供给工农业生产与消费,其最大的特色就是进行大批量的交易买卖。

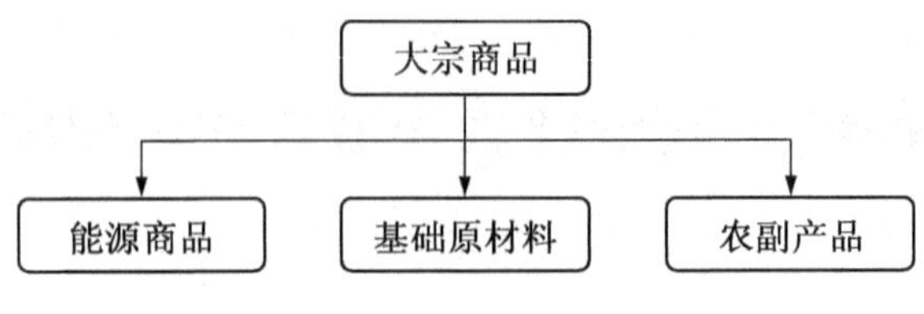

图 4–1 大宗商品所属物质产品领域

从国内(主要针对作者所在的城市宁波为例)大宗商品现状分析来看,宁波作为中国的港口城市,其得天独厚的地理位置及产业基础为大宗商品的发展提供了有力的支撑后盾。全球几乎 65%的大宗商品消费都来自于宁波,其全年的大宗商品交易规模达到约 1 700 亿元。截至 2016 年,宁波当前拥有多家大宗商品交易市场,但市场广阔的同时,存在着一些亟待解决的问题。比如说,规模较小、布局不够集中、市场定位不够准确等问题。宁波市市政府大力推进大宗商品的发展,欲将大宗商品行业打造成为国际市场竞争主导型的优质行业,并通过宁波在经济社会领域所具备的各方面优势,增强宁波对整个国家经济的影响力,加快宁波大宗商品交易市场向综合性核心市场的发展。

大宗商品供应链金融,是指以核心企业和其他相关联企业之间的业务服务关系为基础,在此层次上,将核心企业作为立足点,结合各方面因素综合考虑整个大宗商品供应链企业经营活动的资金流动状况,为相关联的大宗商品供应链企业提供融资业务服务。大宗商品供应链金融业务服务可以提高大宗商品供应链企业及第三方机构的经营效率,并大大改善这些企业和机构的经济效益,为参与大宗商品供应链活动的企业和部门创造利益,更好地达到所期望的经济目标,实现大宗商品供应链核心企业及上下游供应商和经销商的多赢战略目标。

大宗商品供应链金融业务服务框架，如图 4-2 所示。

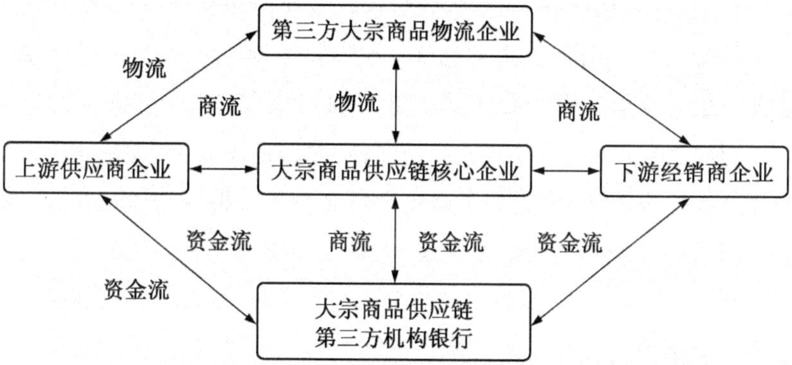

第三方大宗商品物流企业

物流　商流　物流　商流

上游供应商企业　大宗商品供应链核心企业　下游经销商企业

资金流　商流　资金流　资金流

资金流

大宗商品供应链
第三方机构银行

图 4-2　大宗商品供应链金融业务服务框架

就目前情形而言，中国的大宗商品供应链金融行业得到了迅速发展，已经成为众多行业争相拓展的重要领域。据《2016—2020 年中国供应链金融行业市场调查研究及发展前景预测报告》数据显示，2015 年中国供应链金融行业的规模约 11.97 万亿元，位居全球供应链金融业务规模榜首。据估计，近几年我国供应链企业的应收账款规模在 20 万亿元以上。

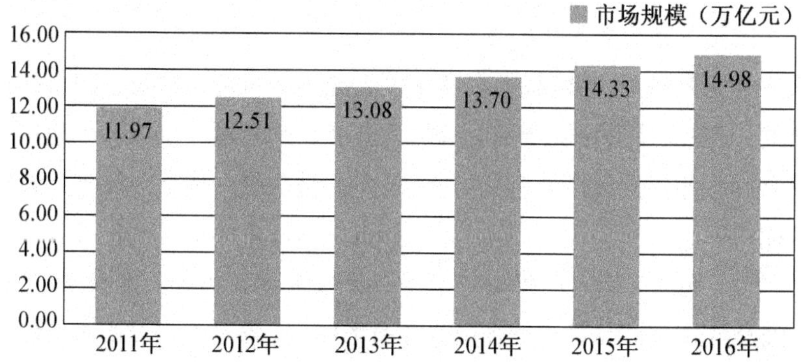

图 4-3　中国供应链金融市场规模发展趋势

资料来源：国家统计局 2016 年行业统计年鉴

从图 4–3 所示的中国供应链金融行业市场规模发展趋势,我们可以看出,在供应链金融业务服务行业的专业市场领域商业机会很大,未来的市场发展前景也非常利好,众所周知,大宗商品供应链金融业务服务是一种创新业务服务,其发展前景更加利好。

随着大宗商品供应链经济的不断发展和逐步完善,大宗商品供应链金融风险也随之增加,为了避免大宗商品供应链金融风险所造成的大宗商品供应链企业的经营损失,大宗商品供应链金融监管就显得尤为重要。现如今,大宗商品供应链金融监管要做到行之有效,就必须树立适应大宗商品供应链经济社会发展的金融监管目标,通过正确的方法将大宗商品供应链金融监管的作用发挥到位,提高大宗商品供应链金融监管的有效合理性。

一、大宗商品供应链金融监管绩效评价的主要目标

大宗商品供应链金融监管绩效评价的两大目标如下:

(1) 维护大宗商品供应链金融行业的各种用户企业的合法权益。大宗商品供应链金融行业的各种用户企业是大宗商品供应链金融市场里接受金融业务服务的客体,为大宗商品供应链金融市场提供源源不断的资金来源,并使得大宗商品供应链金融市场能够长久的可持续发展,大宗商品供应链金融监管机构务必须采取对大宗商品供应链金融业务服务的监管措施,以达到大宗商品供应链金融业务服务的监管目标。

(2) 促进大宗商品供应链金融业务服务体系的稳步健康发展,创建安全的大宗商品供应链金融业务服务体系。促进大宗商品供应链金融业务服务体系的稳定发展是大宗商品供应链金融业务服务监管的主要任务,也是核心所在。因为相对稳定的大宗商品供应链金融业务

服务体系可以帮助大宗商品供应链金融业务服务的有效展开和可持续健康发展。

二、大宗商品供应链金融监管绩效评价对金融业务服务创新的影响

自最早提出的大宗商品供应链金融业务服务理念至今,作为一种优势具备的大宗商品供应链金融业务服务,大宗商品供应链金融已经越来越受到全球大宗商品行业企业的关注。为了更好地促进大宗商品供应链金融的健康发展,毫无疑问,金融监管绩效评价成为至关重要的一部分,况且还要把大宗商品供应链金融监管绩效评价理论及方法融入大宗商品供应链金融服务的每一个环节。金融监管绩效评价是否妥当将会对大宗商品供应链金融服务行业带来极大的影响。金融监管绩效评价的作用若发挥到位,则可以降低大宗商品供应链金融业务服务的风险,以减少大宗商品供应链企业的不必要损失。不管是从长远利益还是从近期盈利考虑,大宗商品供应链金融业务服务的发展潜力都是不可估量的。因此,大宗商品供应链金融监管绩效评价显得尤为重要。

三、大宗商品供应链金融监管绩效评价的相关理论

1. 大宗商品供应链金融监管绩效评价概念

绩效的字面上的含义可以理解为成绩与效果,因而大宗商品供应链金融监管绩效可以理解为大宗商品供应链金融企业某个体或某团队从事于大宗商品供应链金融业务服务所获得的成绩与效果。那么,关于大宗商品供应链金融监管绩效评价则是对从事于大宗商品供应

链金融业务服务的大宗商品供应链金融企业某个体或某团队所获得成绩和效果的监管评价。大宗商品供应链金融业务服务绩效有好坏之分,绩效若好,则监管评价就高,这将会有利于提高大宗商品供应链金融业务服务水平。

2. 大宗商品供应链金融监管绩效评价指标体系

我们之所以对大宗商品供应链金融业务服务进行监管绩效评价,就是为了提高大宗商品供应链金融业务服务的运营效率,进一步完善大宗商品供应链金融业务服务的监督管理水平。因此,大宗商品供应链金融监管绩效评价指标体系应运而生。大宗商品供应链金融监管绩效评价指标体系可以给大宗商品供应链金融监管绩效评价提供有意义的参考价值,并完善了大宗商品供应链金融监管绩效评价管理概念的内涵及外延。大宗商品供应链金融监管绩效评价指标主要包括两大部分:第一是大宗商品供应链金融企业财务监管指标;第二是大宗商品供应链金融企业非财务监管指标。

3. 大宗商品供应链金融监管绩效评价方法

目前,大宗商品供应链金融监管绩效评价主要运用平衡记分卡的方法来对大宗商品供应链金融企业进行监管绩效评价,也就是从大宗商品供应链企业财务方面、业务流程方面、未来发展方面、客户服务方面等不同维度对大宗商品供应链企业进行监管绩效评价。

第二节 宁波天禾大宗商品供应链企业监管绩效评价案例分析

一、宁波天禾大宗商品供应链企业供应链金融业务服务模式

1. 宁波天禾大宗商品供应链企业供应链金融业务服务概况

宁波天禾大宗商品供应链企业成立于1997年，而其所开展的大宗商品供应链金融业务服务是目前我国开始较早并发展较为迅速的供应链金融业务服务，逐渐形成一站式大宗商品供应链金融业务服务平台，并持续不断地朝着未来的更高层次目标迈进。

宁波天禾大宗商品供应链企业在全球范围的内子公司和分公司众多，而且在中国一二线城市也均设有物流分拨中心，并创建了保税物流业务服务平台。宁波天禾大宗商品供应链企业近年来净利润的变动情况，如图4–4所示。宁波天禾大宗商品供应链企业积极拓宽其大

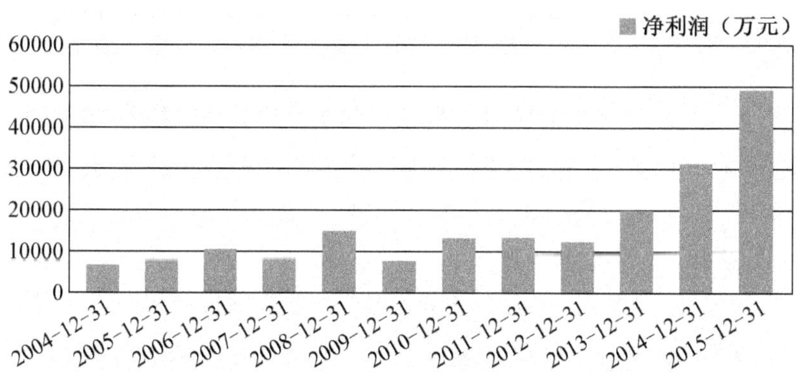

图4–4 宁波天禾大宗商品供应链企业利润变动趋势

资料来源：同花顺2016年大宗商品供应链企业统计

宗商品供应链业务服务的海外市场,构建了全世界范围内的宁波天禾大宗商品供应链企业供应链金融业务服务市场。

从图 4–4 显示的统计数据中我们可以发现,宁波天禾大宗商品供应链企业的最近几年净利润都呈逐渐增长状态，且 2015 年宁波天禾供应链有限公司的净利润创历史新高,可以预计宁波天禾大宗商品供应链企业未来将会有一个良好的发展势头。

宁波天禾大宗商品供应链企业充分发挥自身优势,逐渐打造多元化的大宗商品供应链金融业务服务平台，有效提高专业服务水平,促进大宗商品供应链企业的进一步发展。

宁波天禾大宗商品供应链企业的多元化大宗商品供应链关联业务服务平台,如图 4–5 所示。

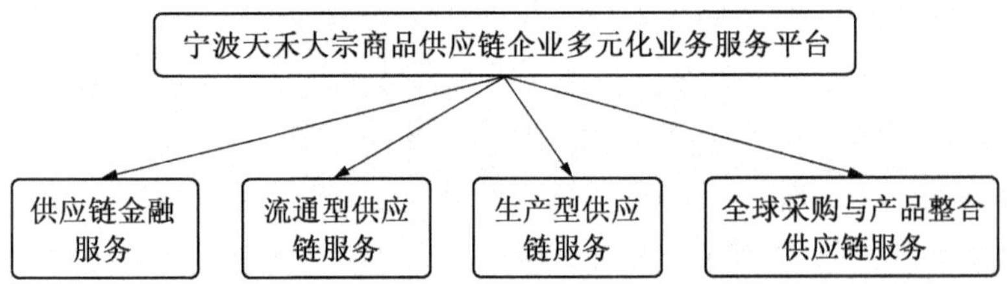

图 4–5　宁波天禾大宗商品供应链企业的大宗商品供应链关联业务服务平台

a 公司是具备硅和金属原材料以及制造电脑核心配件 CPU 的企业。b 公司从 a 公司购进 CPU,负责 CPU 的批发以及零售业务。c 公司是以电脑、手机为主营商品的生产企业,通过从 b 公司购进核心配件 CPU,从事于对电脑的生产。

首先,a 公司通过向银行贷款进口硅和金属原材料,在原材料到达时,a 公司需要在短时间内筹钱用来偿还银行的贷款,但是由于硅和金属原材料成本较高。而且,在进口硅和金属原材料的同时,a 公司还滞留其他相关材料。b 公司是 a 公司的区域经销商,需要通过 b 公司本身的所有资产向a公司购买所需的电脑核心配件CPU,但由于资金周转不过来,造成资金短缺的现象出现。c公司租用宁波天禾供应链有限公司作为物流公司。由于电脑及手机市场发展的需要,生产所需的核心配件CPU明显不足，只能通过高价从b公司购买生产所需的核心配件CPU,用于后期生产电脑,增加公司收益。

其次,a公司、b公司、c公司委托宁波天禾供应链有限公司对货物进行监管,以确保货物安全。银行为了使自己的权益不受到损害,要求a公司、b公司以及c公司进行动产质押。三家公司通过动产质押的方法有效缓解了资金周转不过来造成的资金短缺现象,保证了c公司的正常生产及运营。

供应链监管阶段。a公司向银行集资3亿元进口硅和金属原材料，宁波天禾有限公司主要负责货物运输,并对货物进行监管。a公司硅和金属材料供给充足。b公司通过银行集资0.5亿元,与宁波天禾有限公司一起出资向a公司购买核心配件CPU，有效缓解了资金短缺的现象。c公司通过跟银行集资0.2亿元,与宁波天禾供应链有限公司合资向b公司购买CPU,并主要负责货物监管及运输的业务,保证了c公司CPU库存充足,有效促进c公司继续生产电脑,提高c公司收益。在整个供应链金融中,银行、宁波天禾供应链有限公司以及c企业之间关系密切,只有监管水平不断提高,才能有效促进供应链金融的正常运行,否则,将会给银行以及物流公司造成巨大损失。所以,不得不提高供应链金融监管的绩效水平,以减少供应链企业和银行的损失。

2. 宁波天禾大宗商品供应链企业的大宗商品供应链金融业务服务特点

我们把宁波天禾大宗商品供应链企业业务服务关联企业中,找出A、B、C三类企业。其中,A企业作为生产电脑的核心企业,A企业与B

企业是整个大宗商品供应链环节中的上游企业，给C企业生产电脑提供所需原材料，宁波天禾大宗商品供应链企业作为大宗商品第三方物流企业，负责整个大宗商品供应链环节的货物运输及货物监管。

该案例出现保兑仓的大宗商品供应链融资业务服务。卖方B企业、买方C企业，以及银行的三方合作，以银行信用为载体，银行掌控提货权，B企业受托保管货物，C企业作为整个大宗商品供应链环节中的买方企业，向银行交付规定比例的保证金，申请开立银行承兑汇票，由银行承兑用于向B企业支付货款，B企业作为收款人，在收到银行承兑汇票后向宁波天禾大宗商品供应链企业第三方物流公司发货。在整个大宗商品供应链金融业务服务环节中，宁波天禾大宗商品供应链企业作为第三方物流公司，负责货物的监管及运输。

宁波天禾大宗商品供应链企业保兑仓业务服务流程，如图4–6所示。

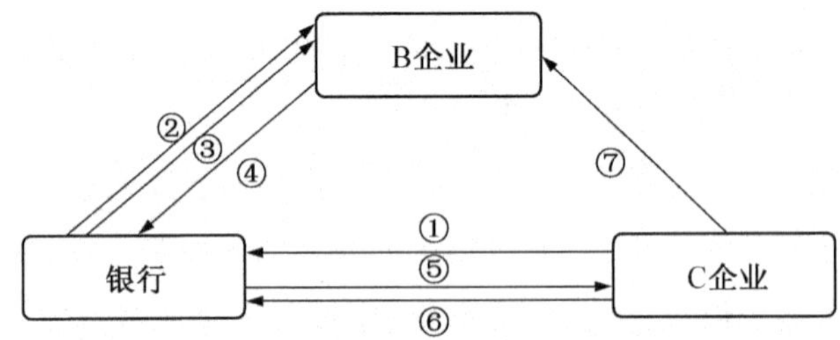

图4–6　宁波天禾大宗商品供应链企业保兑仓业务服务流程图

注：①提交授信；②签订三方监管协议；③查询及抵押通知书；④填写质物清单；⑤落实质物质押放款；⑥追加保证金；⑦凭银行提货通知单放货。

二、宁波天禾大宗商品供应链企业供应链金融业务服务监管控制

宁波天禾大宗商品供应链企业作为供应链企业，以大宗商品专业

化物流服务为基础,不断打造具备自身特点的品牌企业。本案例通过宁波天禾大宗商品供应链企业供应链金融业务服务监管控制,对大宗商品供应链金融业务服务监管的风险加以控制。在大宗商品供应链金融不断发展的新时期,银行为了减少质押贷款的成本,将质物监管交由第三方大宗商品专业化物流企业来负责。本案例中的银行委托宁波天禾大宗商品供应链企业代为监管质物。这样一来,可能导致银行会忽略对质物相关信息变化的关注,有损银行的利益,例如会出现企业与第三方专业化物流业务服务企业合伙向银行骗贷的情况,形成大宗商品供应链金融业务服务监管风险。为了规避大宗商品供应链金融业务服务监管风险,宁波天禾大宗商品供应链企业致力于大宗商品供应链金融业务服务监管绩效水平的提高,采取如下的对策以规避风险:

(1) 标准化大宗商品供应链金融业务服务监管制度。在国家制定的监管制度基础上进一步加大监管力度,严格按照规定进行,以降低风险。

(2) 建立完善的大宗商品供应链金融业务服务监管的评审体系。在大宗商品供应链企业向银行申请授信前,谨慎地对该企业进行资信评审,做好事前监管工作。还得在事中对大宗商品供应链企业进行评审,有效控制大宗商品供应链金融业务服务监管风险。加强授信企业的准入管理,对授信企业进行严格的评审。

(3) 通过制定大宗商品供应链金融业务服务实施的具体科学化的程序规则,定期审查相关质物以及单证,做到货物与单证相符,单证无误。

第三节　提升大宗商品供应链金融监管绩效评价水平对策措施

一、宁波网盛大宗商品供应链金融企业的相关数据调研

宁波网盛大宗商品供应链金融企业是由浙江网盛生意宝股份有限公司投资成立，是一个从事于大宗商品原材料在线交易、大数据服务的综合性大宗商品交易平台。虽然财务方面的数据并不能充分反映宁波网盛大宗商品供应链金融企业的供应链金融监管绩效水平，但要想了解宁波网盛大宗商品供应链金融企业的供应链金融监管绩效水平，需要考虑到财务方面以及非财务方面的相关数据。然而，由于宁波网盛大宗商品供应链金融企业的非财务指标数据并不完善，所以我们决定以宁波网盛大宗商品供应链金融企业的财务指标数据来对供应链金融监管绩效进行评价。宁波网盛大宗商品供应链金融企业近 10 年来的净利润状况（见图 4–7）。

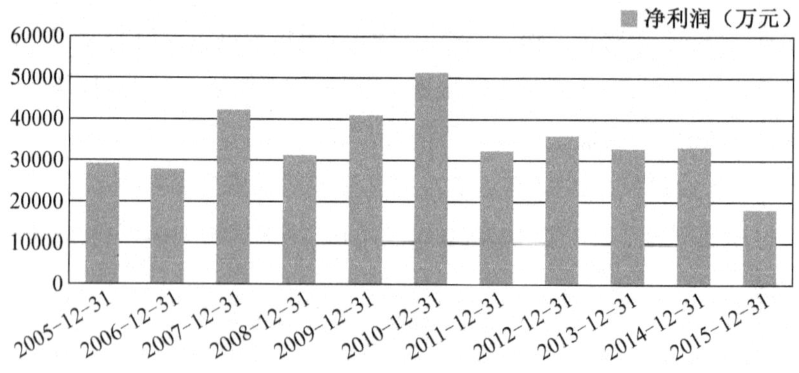

图 4–7　宁波网盛大宗商品供应链金融企业净利润

（资料来源：同花顺 2016 年大宗商品供应链企业统计）

宁波网盛大宗商品供应链金融企业的相关财务指标，如表 4–1 所示。

表 4–1 宁波网盛大宗商品供应链金融企业的相关财务指标

	应收账款周转率	流动资产周转率	资产现金回收率	现金流动负债比率
2005	41.69	0.70	– 0.257	0.494
2006	34.60	0.31	0.112	0.888
2007	37.82	0.25	0.138	0.825
2008	33.17	0.32	0.152	0.746
2009	32.09	0.38	0.082	0.880
2010	36.95	0.46	0.126	0.894
2011	30.11	0.36	0.107	0.558
2012	38.69	0.37	0.073	0.736
2013	57.64	0.43	0.065	0.544
2014	35.44	0.34	0.055	0.330
2015	32.67	0.39	0.040	– 0.440

（资料来源：同花顺 2016 年大宗商品供应链企业统计）

表 4–1 的数据反映出宁波网盛大宗商品供应链金融企业自 2005 年以来的企业财务方面相关指标的变动情况，包括应收账款周转率、流动资产周转率、资产现金回转率以及现金流动负债比率。我们以宁波网盛大宗商品供应链金融企业财务指标来对过去 11 年的宁波网盛大宗商品供应链金融企业金融业务服务监管绩效水平进行了对比分析，如图 4–8 所示。

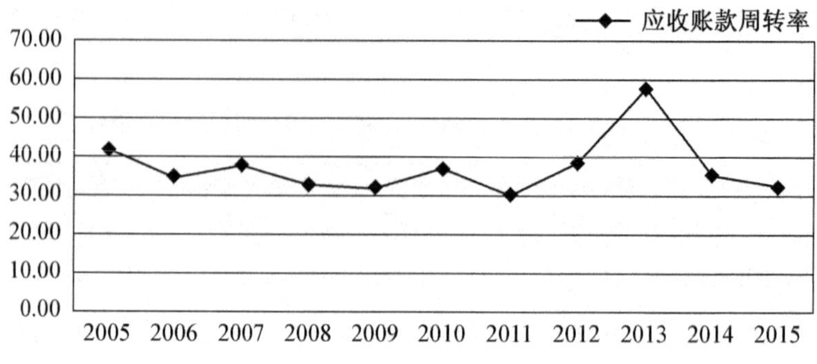

图 4-8　宁波网盛大宗商品交易有限公司应收账款周转率

一般而言，大宗商品供应链金融企业的应收账款周转率高的话，表明资产流动快，偿债能力较强。我们从图 4-8 的宁波网盛大宗商品供应链金融企业金融业务服务监管绩效水平对比分析数据中可以看出，宁波网盛大宗商品供应链金融企业近 11 年来的应收账款周转率波动情况：2012 年以前的宁波网盛大宗商品供应链金融企业应收账款周转率变动幅度不大，而在 2012 年以后，应收账款周转率变动幅度较大，2013 年之后都处于明显下降的趋势，这说明宁波网盛大宗商品供应链金融企业资产流动慢，偿债能力逐渐减弱，对绩效水平产生了一定的影响。宁波网盛大宗商品供应链金融企业流动资产周转率变化情

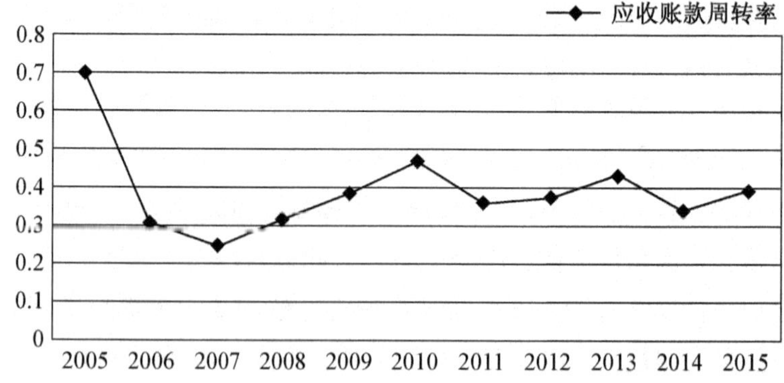

图 4-9　宁波网盛大宗商品供应链金融企业流动资产周转率变化趋势

况(见图 4-9)。

从图 4-9 中我们可以了解到宁波网盛大宗商品供应链金融企业近些年来的流动资产周转率，自从 2005 年流动资产周转率出现大幅度下降后，在一段相当长的时间里，都没有发生过大的变化幅度。

二、宁波网盛大宗商品供应链金融企业的焦点访谈(FGI)调研

我们针对宁波网盛大宗商品供应链金融企业的财务指标进行了调研分析后，又对该企业的业务服务骨干及供应链金融服务技术负责人进行了 FGI 焦点访谈调研。

1. 宁波网盛大宗商品供应链金融企业 FGI 焦点访谈分析

FGI 焦点访谈结果主要有以下三点：

(1) 企业员工认为金融监管与金融监管绩效之间有三种程度的关系，这三种关系包括：两者关系密不可分；并无联系；有关联但不密切。根据访谈结果显示，大部分宁波网盛大宗商品交易有限公司相关工作人员认为金融监管与金融监管绩效评价有着密不可分的关系，多数被访谈者表示只有将金融监管的作用发挥到位，才能有效地对金融监管进行绩效评价。

(2) 供应链金融与传统金融各有所长，都有自己的优势所在.但是现阶段供应链金融的发展空间更广，且企业员工对供应链金融充满期望。被访谈者认为，供应链金融将是未来发展的新趋势，有必要加强对供应链金融的监管绩效进行有效的评估。只有对企业进行金融监管绩效做了正确的评价，才能更好地体现金融监管水平，以及供应链金融监管是否发挥作用。

(3) 通过 FGI 访谈，我们可以发现供应链金融监管还存在着很多不足，比如存在金融监管意识薄弱、金融监管力度不到位等问题，需要

我们采取措施加以完善，从而提高供应链金融监管水平。

2. 大宗商品供应链企业问卷抽样调研分析

为了进一步研究大宗商品供应链金融业务服务监管绩效评价问题，我们针对 5 家大宗商品供应链金融企业进行了问卷抽样调查描述性研究。这次的问卷抽样调查描述性调研主要面向宁波大宗商品供应链金融企业的员工分成三个层次（中高低）实施了非等比例的分层抽样调查，并对大宗商品供应链金融业务服务监管绩效评价问题进行了描述性研究。我们针对宁波的五家大宗商品供应链金融企业总共发放了问卷调查表 128 份，最后回收有效问卷 100 份，这次抽样调查的样本特性，如表 4–2 所示。

表 4–2　抽样调查的样本特性

职位 企业	企业基层职工	中层干部	高层领导者	合计
宁波阿凡达供应链有限公司	12	5	5	22
宁波优捷供应链管理有限公司	15	3	5	23
宁波华商商品交易所有限公司	10	2	2	14
宁波甬鑫大宗商品交易股份有限公司	17	3	4	24
宁波维亿供应链管理有限公司	12	3	2	17
合计	66	16	18	100

对大宗商品供应链金融企业的中高低层员工进行非等比分层抽样调查结果，如图 4–10 至图 4–14 所示。

从图 4–10 中我们可以看出，针对大宗商品供应链金融监管绩效

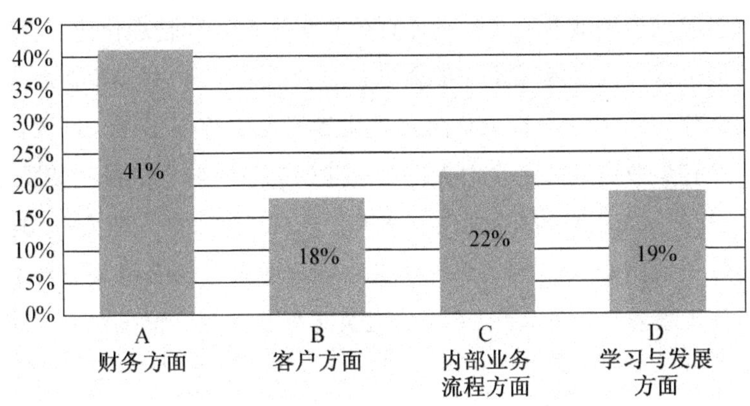

图 4-10　大宗商品供应链金融监管绩效评价所关注指标的程度

评价，大多数大宗商品供应链企业的员工更加注重财务方面的指标，关注财务指标人数所占比占人数总量的 41%，是其大宗商品供应链金融监管绩效评价的主要评价指标，而疏于对非财务指标的重视，尤其是客户方面的指标只占 18%，客户是大宗商品供应链金融企业的创新利益源泉，应该重视客户方面的指标对大宗商品供应链金融监管绩效评价的影响。

图 4-11 的内容表明，大宗商品供应链金融企业员工针对其大宗

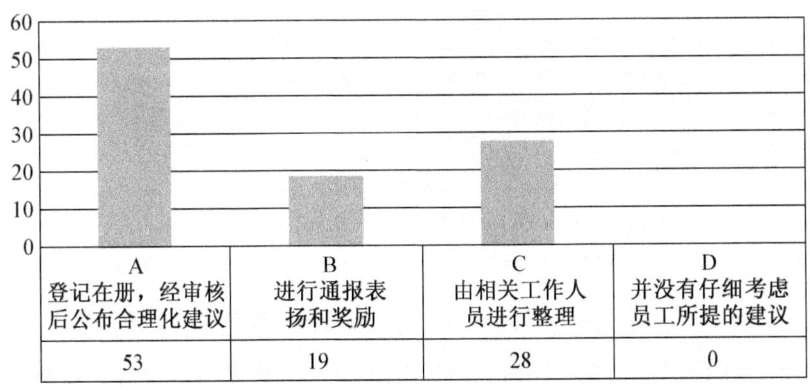

图 4-11　大宗商品供应链金融企业对员工合理化建议的应对措施

商品供应链金融业务服务的绩效评价提出了一系列合理化建议,绝大多数员工认为大宗商品供应链金融企业会登记在册,并经审核后公布合理化建议;大部分员工认为合理化建议会由相关工作人员进行整理;只有少数员工认为会对提出合理建议的员工给予表扬和奖励;认为大宗商品供应链金融企业没有仔细考虑员工建议的人数为0。这些统计数据说明绝大多数大宗商品供应链金融企业还是很关注员工提出的关于绩效评价的建议,希望通过员工反映的真实情况对大宗商品供应链金融企业金融业务服务监管进行不断的整改和进一步的完善。

从图4-12中我们可以得出,一半以上的员工认为大宗商品供应链金融企业进行大宗商品供应链金融业务服务监管绩效评价非常有必要;而没有一个员工认为金融业务服务监管绩效评价无任何作用。由此看来,在大宗商品供应链金融企业员工的心目中大宗商品供应链金融监管绩效评价还是非常重要的。这些统计数据从某一个侧面说明了大宗商品供应链金融企业还有待于通过进一步努力对大宗商品供应链金融监管进行绩效评价,有效地发挥大宗商品供应链金融业务服务监管绩效的功能及其作用。

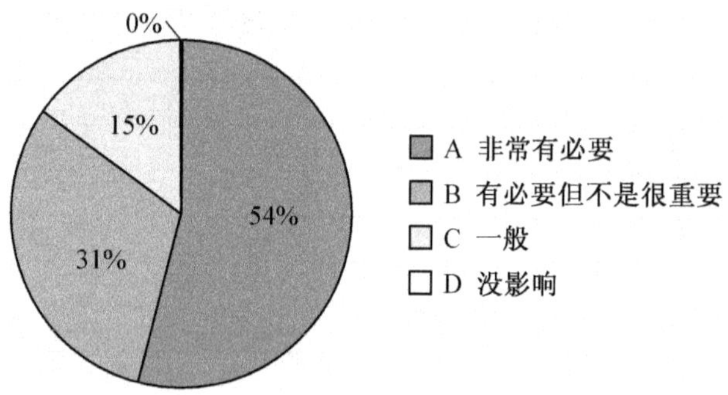

图4-12 大宗商品供应链金融企业进行金融监管绩效评价的重要性

我们从图4-13中还可以观察到,大宗商品供应链金融企业员工自觉遵守监管制度的意识还不够强,这说明大宗商品供应链金融企业供应链金融业务服务监管制度还不够完善，还需要一段时间的磨合，找出存在的主要问题,加以完善大宗商品供应链金融监管绩效的评价工作。

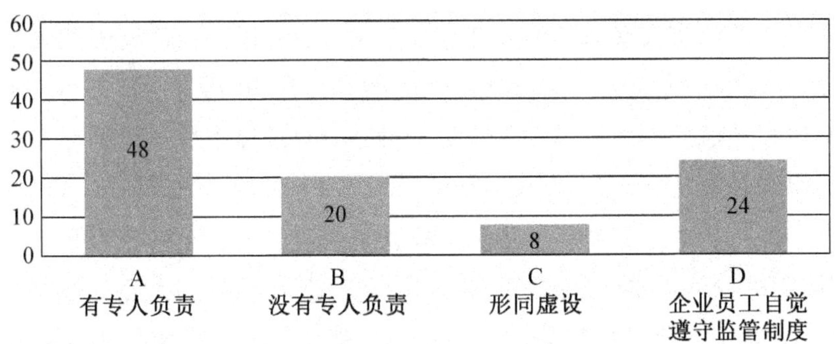

图 4–13 大宗商品供应链金融企业制定的金融监管制度

根据图 4–14 显示的统计数据我们可以做出推断，大部分来自大宗商品供应链金融企业的员工认为开展大宗商品供应链金融监管绩效评价的最适周期应该是每半年一次;只有个别的来自大宗商品供应链金融企业的员工认为应该每年评价一次。这说明大宗商品供应链金融企业的员工还是希望自己所属的企业能够重视起对大宗商品供应链金融业务服务监管绩效的评价工作。

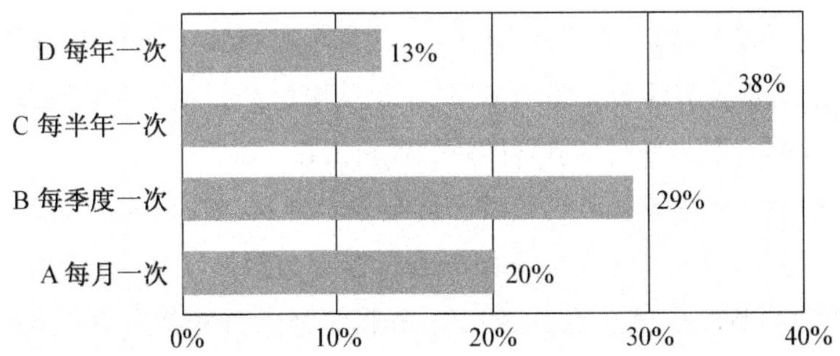

图 4–14 大宗商品供应链金融企业开展监管绩效评价的最适周期

三、宁波网盛大宗商品供应链金融企业金融监管绩效评价中存在的问题

宁波网盛大宗商品供应链金融企业自成立以来，仍处于发展阶段，该企业的大宗商品供应链金融监管绩效评价还需进一步完善。而现阶段宁波网盛大宗商品供应链金融企业金融监管绩效评价存在的主要问题有三个：

(1) 宁波网盛大宗商品供应链金融企业注重企业财务指标的评估，而疏忽于对非财务指标数据的统计，无论是财务指标，还是非财务指标，对大宗商品供应链金融企业来讲，都是极其重要的，两者相辅相成。宁波网盛大宗商品供应链金融企业的金融监管绩效需要通过财务指标和非财务指标的相互衔接，才能更好地体现其绩效水平，否则会造成宁波网盛大宗商品供应链金融企业的金融业务服务监管绩效评价的缺陷和误区。

(2) 宁波网盛大宗商品供应链金融企业的金融业务服务监管绩效评价周期存在不合理的一面。根据我们对宁波大宗商品供应链金融企业分层抽样调查描述性研究结果表明，宁波网盛大宗商品供应链金融企业进行金融监管绩效评价的周期过长，不利于准确地对金融监管绩效进行评估，以至于不能及时通过金融监管绩效评价来对大宗商品供应链金融监管工作采取有效措施，到头来影响到整个大宗商品供应链企业的金融业务服务监管绩效的评价工作。

(3) 宁波网盛大宗商品供应链金融企业员工还没有树立正确的对大宗商品供应链金融业务服务进行监管的意识。员工对于宁波网盛大宗商品供应链金融企业的金融业务服务监管制度并不是太了解，无论是政策还是制度，都需要有深刻的理解和学习解读的过程，否

则会导致事倍功半的结果。宁波网盛大宗商品供应链金融企业要增强其员工的金融监管意识,让员工意识到监管不仅仅是监管机构进行监督管理，作为宁波网盛大宗商品供应链金融企业的员工也应该对其所属企业进行监管,提出合理化的建议,做到有效地对金融业务服务监管的绩效进行评价，才能把大宗商品供应链金融业务服务监管工作做得更好,有利于宁波网盛大宗商品供应链金融企业的可持续长久的发展。

四、提升宁波网盛大宗商品供应链金融企业金融监管绩效水平的应对措施

1. 从大宗商品供应链企业自身角度考虑的应对措施

(1) 大宗商品供应链企业要根据国家的大宗商品供应链金融监管制度,完善大宗商品供应链企业的供应链金融监管规则。要在国家制定的金融监管制度基础上,逐渐对大宗商品供应链企业的金融监管规章进行更新完善,及时解决问题。没有规矩,难以成方圆,大宗商品供应链金融企业只有严格遵循内部的规章制度,才可以在激烈的市场竞争中脱颖而出。

(2) 加强大宗商品供应链企业员工的供应链金融监管培训,强化员工的供应链金融监管意识。要改变以往那种金融监管只与大宗商品供应链企业有关,而与其员工无关的旧观念。只要是大宗商品供应链企业的一分子,就应该时刻体现自身的工作价值,要为自己所属企业的发展奉献一分力量,而不在乎力量强弱。大宗商品供应链金融企业员工要不断针对大宗商品供应链金融监管过程提出合理化的对策建议，方便大宗商品供应链企业建立良好的金融监管绩效评价体系,更好地对大宗商品供应链金融企业的金融监管绩效进行评价。

(3) 大宗商品供应链企业要注重对财务指标以及非财务指标的管理,并且适时地调整金融监管绩效评价的周期。宁波网盛大宗商品供应链金融企业疏于对非财务指标的重视,为了更好地反映金融监管绩效评价水平,则应加强对非财务指标的管理,将宁波网盛大宗商品供应链金融企业财务指标与非财务指标相结合,使得供应链金融监管绩效评价更全面。金融监管既有定期的,也有不定期的,但大宗商品供应链企业可以制定合适的周期对供应链金融监管绩效进行评价,可以通过对不同周期的金融监管绩效水平作对比,发现金融监管活动中存在的问题,并采取解决方案付诸实施。

(4) 加强大宗商品供应链企业内部财务工作的监督,实现对供应链金融监管绩效的准确评价。大宗商品供应链企业的财务部门涉及企业的财务状况,必然离不开企业的内部监管。大宗商品供应链企业可以制定相关的条例对财务审计部门进行管理,严格对大宗商品供应链企业的财务报表进行监督审核,以提出大宗商品供应链金融监管绩效的正确评价。

2. 从大宗商品供应链金融监管机构层面考虑的应对措施

在大宗商品供应链金融监管中,监管机构自始至终发挥着不可忽视的作用,金融监管机构要正确的履行其职能范围的权力,加大供应链金融监管力度,严惩违反金融监管法律法规的不法分子,严厉打击违法违规行为, 发挥其大宗商品供应链金融监管机构的有效作用,为大宗商品供应链金融监管绩效评价建立良好的基础。

3. 从国家政策维度考虑的应对措施

(1) 在国家宏观层面上可以就大宗商品供应链金融监管的重要性开展相关科普培训指导课程,针对大宗商品供应链金融企业领导及其监管部门工作人员进行指导培训。由于目前情况人们对大宗商品供应链金融的一系列金融业务服务监管意识比较薄弱,所以要聚焦其薄弱点进行强化指导培训，提高人们的大宗商品供应链金融监管意识，促进大宗商品供应链金融监管工作的顺利开展，从而有效地提高大宗商品供应链金融监管绩效评价水平。

(2) 制定相关的政策和激励机制来加强大宗商品供应链金融业务服务监管团队的建设工作，提升大宗商品供应链金融业务服务监管人才素养。国家宏观角度越来越支持大宗商品供应链金融服务工作，其目的很明确，就是为了大宗商品供应链金融业务服务朝着利好的方向健康发展。大宗商品供应链金融监管绩效评价是一个系统工程，大宗商品供应链金融监管的越科学合理，大宗商品供应链金融业务服务发展越顺畅。一个行业的发展，离不开精英人才对该行业的有力支撑。我们只有强化大宗商品供应链金融监管团队，提升大宗商品供应链金融业务服务人才综合素质，才可以为大宗商品供应链金融监管绩效评价工作画上圆满的句号，为大宗商品供应链金融服务的未来发展储备有效的人力资源，从而提高大宗商品供应链金融监管绩效评价水平。

(3) 宁波市政府应该建立符合宁波大宗商品供应链金融服务行业发展的金融监管绩效评价体系。因为，每一个经济社会环境都有与其相适应的各种制度体系，大宗商品供应链金融监管绩效评价体系也是如此。倘若大宗商品供应链金融监管绩效评价体系不适应当前大宗商品供应链企业的经营发展，那么，这种金融监管绩效评价体系应尽早要淘汰。因此，我们要采取有效应对措施来进一步调整改革并完善宁波大宗商品供应链金融监管绩效的评价体系。

4. 从大宗商品供应链金融市场维度考虑的应对措施

(1) 加强宁波大宗商品供应链金融业务服务交易市场的监管力度，完善大宗商品供应链金融监管制度，确保宁波大宗商品供应链金融市场的健康稳步发展。随着经济社会的良性循环发展，大宗商品供应链金融已经深入到了大宗商品贸易、物流及其供应链经营各个领域,促进大宗商品供应链金融的绿色发展已成为我们的心愿,大宗商品供应链金融业务服务交易市场的稳定安全,需要相应的供应链金融监管力度的加强,这样才能达到大宗商品供应链金融监管绩效评价的科学规范。

(2) 建立适应宁波大宗商品供应链金融业务服务交易市场的准入机制,因为所有行业都有其与众不同的准入规则,规范大宗商品供应链金融行业的企业准入市场规则,促使那些只有符合既定条件和要求的,以及合乎准入市场规则的企业进入该行业领域市场,以避免不必要的隐性成本问题的重复出现,有利于大宗商品供应链金融监管工作的顺利开展,进一步为大宗商品供应链金融监管绩效评价体系的建立打下夯实的基础。

总而言之,随着大宗商品供应链金融业务服务的不断发展,以及现阶段大宗商品供应链金融监管过程中存在的种种问题,将给未来大宗商品供应链金融监管工作带来了严峻的挑战。大宗商品供应链金融监管水平的强弱要通过大宗商品供应链金融监管绩效来进行正确及时的反映,而大宗商品供应链金融监管绩效的评价则需要大宗商品供应链企业、大宗商品供应链第三方机构(主要是金融机构)以及国家宏观政策部门和行业协会共同合作。

在这一部分内容的阐述中,首先,我们通过对宁波天禾大宗商品供应链金融企业进行典型案例分析,切实领悟到在大宗商品供应链企业中金融业务服务监管的重要性;其次,我们对宁波网盛大宗商品供应链金融企业进行分层抽样问卷的描述性调研,以及 FGI 焦点访谈调查,得出了大宗商品供应链金融监管绩效评价过程中存在的主要问题以及解决的应对措施。我们只有意识到大宗商品供应链金融监管的重要性和对大宗商品供应链金融业务服务监管绩效的评价存在的问题,并采取有效的应对措施加以解决，才能正确地对大宗商品供应链企业进行供应链金融业务服务监管绩效的科学评价，从而有效提高大宗商品供应链金融监管绩效评价水平，创建安全的宁波大宗商品供应链金融业务服务交易市场，为未来宁波大宗商品供应链金融行业发展提供良好的经济社会环境。

第五章
大宗商品供应链企业协同创新模式

第一节　大宗商品供应链企业协同创新理论研究

Russell & Monica(2002 年)对企业知识吸收能力和产品创新能力的关系通过定性分析指出:企业知识吸收能力对其创新能力具有非常重要的作用,具体体现在知识吸收能力不仅可以使企业获取许多来自外部的新知识,同时还可以帮助企业增加知识积累,从而将知识应用于产品创新中。王宣人(2010 年)随机抽取来自知识密集型服务业的 200 名员工,其中包括管理人员,对其知识吸收能力与企业创新能力的关系进行了调研,重点研究了知识吸收能力对企业创新能力的影响。Ari(2005 年)利用芬兰 7 个不同行业中 217 家企业的调研数据,就关于知识处理过程对企业创新绩效的影响进行了研究。国外学者热衷于研究知识吸收能力与企业创新绩效关系的同时,国内学者主要以知识吸收能力为中介变量,企业内外因对创新能力的影响进行了研究,但对知识吸收能力与创新能力的直接关系研究甚少。

Nonaka(1994 年)把知识创造分为 4 个知识转化过程,即知识的社会化、外在化、组合化和内在化。慕继丰等人(2001 年)提出了知识的层次问题,他们认为隐性知识和显性知识既存在于个人层次,也存在于群体层次,知识也可以被看作是存在于个体或者群体,个体知识由个体创造并存在于个体中, 而社会知识由一个团队的群体行动所创造,并在群体的行动中内在化。Nonaka(1994 年)还认为:知识转移的社会化过程,即由隐性知识到隐性知识的过程,这属于个体之间隐性知识的共享,经验共享是这个过程的关键,是知识的量变过程;知识转移的外在化过程,即由隐性知识到显性知识的过程,这属于个体隐性知识转化为群体显性知识的过程,这是一个将感性知识提升为理性知识的过程,是个知识的质变过程;知识转移的组合化过程,即由显性知识到显性知识的过程, 这属于群体显性知识转化为组织显性知识的过程,是知识的量变过程;知识转移的内在化过程,即由显性知识到隐性知识的过程,这属于知识通过社会化、外在化、组合化等过程,进一步内在化为个体隐性知识的过程,是知识的质变过程,这种知识一旦成为企业的思维模式或创新模式时, 这将给企业带来巨大的无形资产。Miles & Kastrinos (1995 年) 认为知识通常应被形容为是组织过的信息,知识并不是静态的,并不仅仅是书本或是数据库里的内容,人们应把知识看成是一个活动的过程,这个过程包括组织信息的能力以及应用这种能力的结果。智能是知识的外在表现,是通过绩效来反映个人的知识修养。Muller & Zenker(2001 年)提出知识密集型企业具有三个特征:①向顾客提供知识密集的产品;②解决问题的功能,即咨询的功能;③强烈的交互性和顾客相关性。魏江(2007)则把知识密集型企业的特征概括为:①高知识度;②高技术度;③高互动度;④高创新度。

李庆华等(2008 年)认为大宗商品供应链企业似乎超越了迈克尔·波特曾提出的三种基本竞争战略的范畴,而进入了以企业内外知识的整合、企业与顾客协同创新能力的提高、企业的传统经营模式(如依赖成本优势的经营模式)向现代经营模式(如依赖特色优势的经营模式)

转型升级等为鲜明特征的时代。许柳(2005 年)认为大宗商品供应链企业的市场定位都比较狭窄,往往只是某一品种而非一个完整的产业或行业,其产品开发更注重深度而不是广度,强调产品的专业性和完美性。王颖(2005 年)认为大宗商品供应链企业成功的主要原因有①积极主动开拓市场,垄断细分市场;②以领先的创新技术实现产品的高度专业化;③以智能信息化能力赢得顾客的青睐,达成与顾客协同创新目的。

Rothwell(1994 年)提出了五代创新过程模型:第一代为技术推动模型 (20 世纪 50 年代中期至 60 年代后期); 第二代为需求拉动模型(20 世纪 60 年代中期至 70 年代);第三代为交互作用模型(20 世纪 80 年代);第四代为集成创新模型(20 世纪 80 年代中期至后期);第五代为系统整合和网络模型(20 世纪 90 年代初期至后期)。

Chaminade & Roberts(2003 年)在第五代创新过程模型的基础上,提出了第六代创新过程模型,即基于学习和知识的模型。第六代模型更加关注创新过程中的集体学习,提出学习能力可以形成企业的竞争优势。他们认为:企业的内部知识形成企业的智力资本,不同的知识来源又通过社会资本联系起来,在这个过程中需要一些能动条件。第六代创新过程模型把主要的注意力放在隐性知识和社会资本上。然而,因服务业有其独有的一些特性,Sundbo(1998 年)又提出了一个三阶段的服务业创新过程模式:第一是创新概念阶段(顾客需求和创新想法、企业员工创新思想、企业员工-顾客交互作用);第二是发展阶段(分解为员工企业家精神阶段和项目团队阶段);第三是保护阶段(创新企业要保护其成果不被竞争者模仿而受到损失)。

从有关企业与顾客合作创造价值, 即协同创新的研究成果中,我们发现 Prahalad & Ramsawamy(2004 年)认为:企业与顾客合作创造仅仅是合作创造的一种特例,简单地说,就是顾客和企业共同协作创造价值,企业通过允许顾客介入产品生产和服务共同创造价值,企业在价值创造过程中不再是主导的地位,两者是平等互助的关系。Prahalad & Ramsawamy(2004 年),Gibbert,Leibold & Probst(2002 年)等学者们认为:企业与顾客合作创造是一种新型的价值创造模式,企业与顾客地位对等,共同参与到价值创造中去,合作的领域包括企业价值创造的各个方面,由设计、生产、物流乃至市场营销等环节;以顾客为导向的价值创造模式虽然以顾客为企业经营的核心,但实质依然是企业主导价值创造,两者地位是主从关系。Bettencourt(1997 年)认为:从信息来源来看,企业与顾客合作创造的信息来源主要依靠顾客角色转换后,作为顾问、促销者和企业内部资源,主动向企业提供信息,企业向顾客提供技术以及合作方面的信息, 顾客向企业提供相应的咨询、体验和创造等方面的信息,信息流向是交互式双向的;从核心能力打造来看,通过企业与顾客携手整合相互资源,共同创造价值,实现企业与顾客的双赢合作;从企业目标导向来看,企业与顾客合作是企业引导顾客最终实现互利合作创造,通过建立可以合作的平台,整合顾客与顾客之间的资源, 还有企业与顾客之间的资源来实现资源的有效利用, 实现的途径是增强顾客在参与价值创造过程中的成就感和兴趣;从顾客承担的角色来看,企业与顾客合作创造过程中,顾客是主动参与者,因顾客信息主动传递给企业,不仅可以避免企业主观分析导致失误的损失,而且信息沟通更加便利,节省了企业研发费用,降低了市场营销成本,同时,顾客通过物流、设计、生产等价值链环节与企业共同创造价值,缩减企业成本,并且滋生出自我成就感;从企业承担的角色来看, 企业与顾客合作创造价值模式是企业完成价值创造的一部分,其余由顾客来完成,企业往往建立以兴趣为基础的合作平台,在此基础上形成更为紧密的企业与顾客关系,顾客与顾客关系。

显性知识和隐性知识在个体—群体—组织体等不同层次的积累

过程和转移过程中具有各自特征,而这些特征正好为企业与顾客的协同创新提供了素材和背景,最终为大宗商品供应链企业与顾客合作协同创新打上圆满的两个句号,即基于个体-群体-组织体等不同层次的大宗商品供应链企业与顾客合作的知识量变过程协同创新模式和知识质变过程协同创新模式。

我们综合文献考察结果提出,知识密集型企业也好,还是大宗商品供应链企业也好,都具有高知识密集型、高新技术密集型、高协同合作性、高创新性等特点。我们对大宗商品供应链企业应该从行业和产业链环节两个角度来进行概念界定。从行业的角度来看,大宗商品供应链企业是指市场上新出现的具有高技术含量、高附加值、强竞争力的行业;从所处产业链的环节上来看,大宗商品供应链企业处于某个产业链的高端环节。如果对该产业进行细分,我们把这些高端环节也可以看作是该产业的细分行业。大宗商品供应链企业是与低端制造业相比而言的一种高端制造业供应链企业,是工业化发展的高级阶段,是具有高技术含量和高附加值的产业。低端制造业是工业化初期的产物,而高端制造业则是工业化后期和后工业化时期的产物。大宗商品供应链企业的显著特征为:高技术、高附加值、低污染、低排放、较高竞争优势。高端制造业与传统制造业的最大区别在于:传统制造业依靠的是传统工艺,技术水平低,劳动效率低,劳动强度大,大多属于劳动力密集和资金密集型产业。而高端制造业的供应链企业,即大宗商品供应链企业依靠的是高新技术和高端装备的竞争优势,最容易取代传统制造业。而传统制造业与高端制造业的最大差距在于科技实力,高端制造业可以帮助传统制造业进行产品转型升级、工艺更新改造、企业形象提升等,是制造业发展的必然结果。

从上述相关概念的界定中我们发现,大宗商品供应链企业应该是知识密集型企业或高端制造业的供应链企业,知识密集型企业与高端制造业之间存在着很多共性的特点,如高技术含量、高知识性、高附加价值、高创新性、高互动性等特点。我们认为,知识密集型大宗商品供应链企业是高端制造业供应链企业的上位概念,即知识密集型大宗商品供应链企业不仅包括高端制造业大宗商品供应链企业,而且还包括高端服务业大宗商品供应链第三方机构。

从文献研究中,我们还发现 Han,Kim 和 Srivastava (1998 年),Hurley 和 Hult (1998 年),Li 和 Calantone (1998 年),Madhavan 和 Grover(1998 年)等学者从不同角度强调了企业的技术创新和应用能力会影响企业的转型升级。因此,我们以知识密集型企业的典型代表大宗商品供应链企业为研究对象,焦点放在如何提高企业知识吸收能力,从而提高企业协同创新能力,乃至转型升级绩效。首先,根据王宣人(2010 年)关于企业知识吸收能力的测度(即知识获取能力、知识消化能力、知识整合能力、知识利用能力)和关于企业创新绩效的测度(即财务绩效、顾客关系、竞争地位、市场开拓),确立了大宗商品供应链企业的知识吸收能力测度和转型升级绩效测度;其次,根据 Han,Kim 和 Srivastava(1998 年),Hurley 和 Hult(1998 年),Li 和 Calantone(1998 年),Madhavan 和 Grover(1998 年)等学者关于企业与顾客市场协同创新、技术协同创新、信息协同创新等能力的测度,确立了大宗商品供应链企业与顾客协同创新能力的测度。

第二节 大宗商品供应链企业协同创新实证研究

我们为了对大宗商品供应链企业的协同创新进行实证研究,研究模型及技术路线,如图 5-1 所示,选择的研究模型及技术路线是以规范研究方法和实证研究方法相结合的原则,在文献考察资料梳理和分

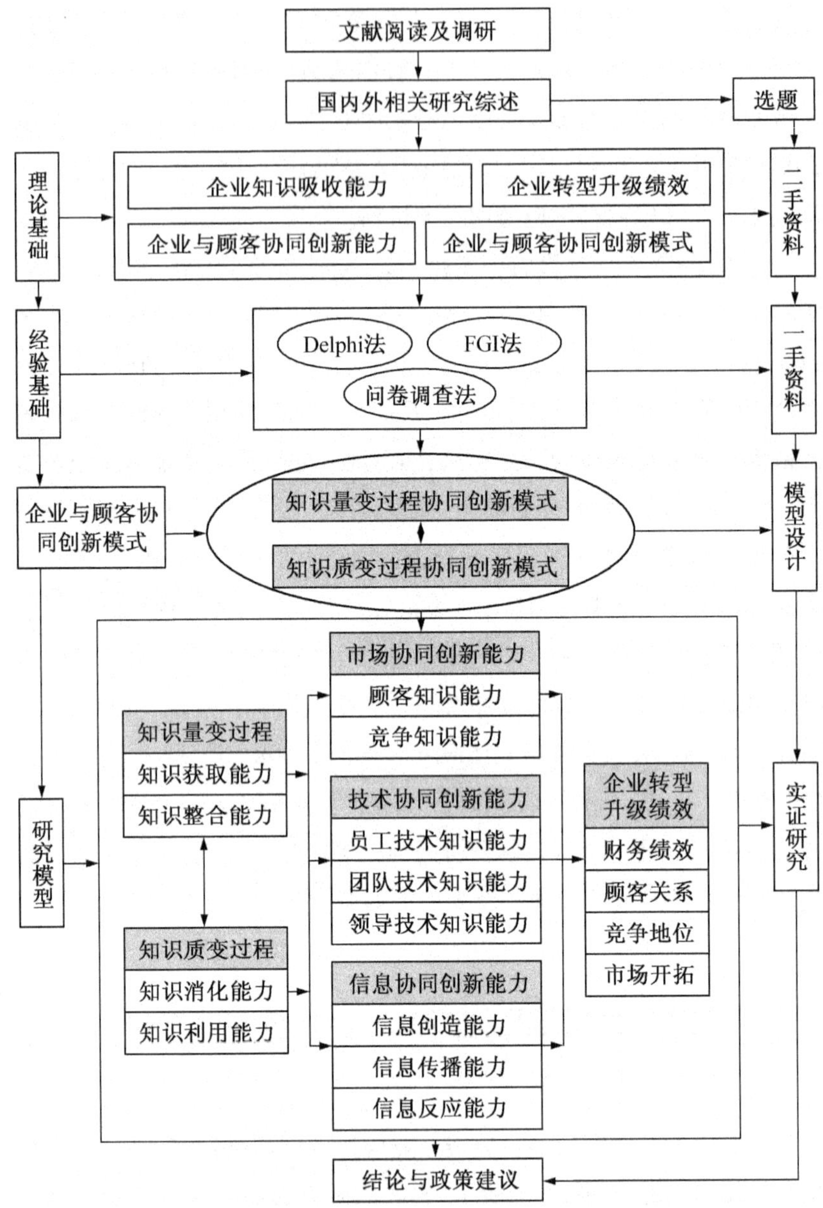

图 5-1　研究模型及技术路线

析的基础上,运用归纳分析方法对大宗商品供应链企业及其第三方机构(主要是金融机构)的知识吸收能力、协同创新能力、协同创新模式、转型升级绩效等相关理论的研究成果及最新动态进行综述;运用演绎方法对本作品的研究方向进行疏导,并提出了研究的基本思路和技术路线;利用专家意见法和焦点小组访谈法,以及问卷调查方法来获得二手资料无法解释的一手经验性数据资料,并在此基础上针对研究概念框架里涉及的各类变量进行测度分析;借助 SPSS13.0 统计软包对变量测度分析中有效度和信度的变量之间的关系,以相关分析和因果关系分析的形式进行了实证研究。宁波 50 家大宗商品供应链企业及其相关第三方机构的信息,如表 5-1 所示。

表 5-1 宁波 50 家大宗商品供应链企业及其相关第三方机构

企业名称	所属行业
1. 华成阀门有限公司	阀门制造企业
2. 建新赵氏集团有限公司	汽车零配件制造企业
3. 宁波帅特龙车辆部件有限公司	汽车零配件制造企业
4. 宁波圣龙集团有限公司	汽车零部件制造企业
5. 杉杉投资控股有限公司	服装制造业
6. 宁波培罗成集团有限公司	服装制造业
7. 宁波明光投资控股集团	服装制造业
8. 宁波盛光包装印刷有限公司	包装印刷业
9. 宁波海太机械有限公司	机械制造企业
10. 宁波市镇海煌达机械厂	机械制造企业
11. 宁波市镇海科宇达液压机械厂	机械制造企业
12. 宁波鄞州琛达机械厂	机械制造企业
13. 宁波市海曙晨达液压机械厂	机械制造企业

（续表）

企业名称	所属行业
14. 宁波奉化市硕达液压机械厂	机械制造企业
15. 宁波祺达进出口有限公司	机械制造进出口企业
16. 奇迪电器集团有限公司	电器制造企业
17. 沁园集团股份有限公司	电器制造企业
18. 宁波先锋电器制造有限公司	电器制造企业
19. 宁波新海电气股份有限公司	电器制造企业
20. 浙江朗迪集团股份有限公司	电器制造企业
21. 宁波方太集团有限公司	厨具制造企业
22. 宁波欧琳集团有限公司	厨具制造企业
23. 宁波王龙科技有限公司	化工企业
24. 慈溪市洁达纳米复合材料有限公司	纳米复合材料企业
25. 宁波海天精工股份有限公司	精工产品制造企业
26. 宁波卓力模具有限公司	模具制造企业
27. 宁波华朔模具机械有限公司	模具制造企业
28. 宁波南方塑料模具有限公司	模具制造企业
29. 宁波米勒模具制造有限公司	模具制造企业
30. 宁波微科光电有限公司	光幕制造企业
31. 宁波开源气动工程有限公司	气动元件造企业
32. 宁波鲍斯能源装备股份有限公司	能源装备企业
33. 宁波欣达有限公司	电梯压缩机制造业
34. 宁波康强电子股份有限公司	半导体制造业
35. 宁波隆兴集团有限公司	焊割工具制造业

（续表）

企业名称	所属行业
36. 宁波普天通信技术有限公司	技术支撑软件企业
37. 宁波博威集团有限公司	合金棒线材生产加工企业
38. 浙东建材集团有限公司	钢筋混凝土制造业
39. 宁波南方浦立工具有限公司	电动工具制造业
40. 宁波日月集团有限公司	铸造业
41. 宁波音王集团有限公司	音响制品企业
42. 宁波千普机电液科技有限公司	电液控制技术
43. 宁波一舟投资集团有限公司	军工布线企业
44. 浙江广博集团有限公司	文具制造业
45. 宁波华缘集团有限公司	复合材料开发产业
46. 浙东精密铸造有限公司	工程机械配套企业
47. 宁波甬嘉变压器有限公司	配电变压器企业
48. 宁波碧彩实业有限公司	微波炉电容器企业
49. 宁波牡牛纸业有限公司	造纸业
50. 宁波星箭航天有限公司	高新技术产业

对宁波的大宗商品供应链企业——宁波华成阀门和建新赵氏进行探索性调研分析，可知宁波的大宗商品供应链企业创新之路很艰难。大宗商品供应链企业的创新主要是技术创新、营销创新、管理创新。创新是一个过程，是大宗商品供应链企业把科技成果推向商业化的过程，是系统工程。大宗商品供应链企业提高技术创新能力，要转变思想观念，建立一支高素质和有创新能力的科技团队，充分利用大宗商品供应链企业现有的科技资源，加强技术人员科技创新能力的培养，深化竞争机制，增强科技人员的创新意识，加强科技交流与合作。

大宗商品供应链企业要不断提高原始创新、集成创新、引进-消化-吸收再创新能力,科技上实现自主创新,产品上实现自主知识产权。

任何一个大宗商品供应链企业创新产品的成功,需要科技和市场两方面的能力。任何单方面的能力,都不足以保证企业持续和稳定的产品创新活动。仅有发明创造并不能成为一个成功的创新,只有在此基础上完成设计、制造、营销等一系列的活动,最终使之在市场完成扩散,才算得上是有效创新。创新不仅需要基础研究、应用研究,而且还需要产品开发、制造、营销、配送、服务,以及后续产品的改进与升级等一系列的活动。因此,大宗商品供应链企业的市场营销创新至关重要,iPhone 就是一个市场营销创新的成功个案。

大宗商品供应链企业要提高管理创新能力,要构建创新型企业文化,要培育科技骨干,培养企业的“创新工程师”。有效的创新机制可以让大宗商品供应链企业创新人员得到合理安排利用,人尽其才。大宗商品供应链企业内部研发、生产、营销与综合管理部门存在畅通的联系渠道,有良好的沟通方式,部门间能够开展旨在实现创新的协调和具有良好的激励机制,大宗商品供应链企业与外部在组织、信息、人才等方面都有良好的交换方式和制度。

为了获得实证研究分析所需的一手资料,我们面向 50 家宁波的大宗商品供应链企业及其相关第三方机构先后采用了专家意见法(Delphi)和焦点小组座谈(FGI),以及问卷调查方法进行了实地调研。在实施问卷调查之前,我们先后采访了政府部门专家代表宁波市港航管理局局长,企业界专家代表宁波杉杉集团总裁助理、宁波盛光集团董事长、宁波华成阀门董事长、宁波建新赵氏集团董事长,听取了这五位专家对本次调研设计内容的意见。然后,针对宁波杉杉集团总裁助理王其冬先生、宁波盛光集团总经理助理潘晓霞女士、宁波华成阀门人事部经理薛莹女士、宁波建新赵氏集团人事主管何惠女士等,就关于大宗商品供应链企业与顾客协同创新，企业转型升级等细节性问题进行了座谈。

我们的抽样调研分为两个阶段进行的：第一阶段为小规模实验性(Pilot)调研；第二阶段为大规模的抽样调研。第一阶段我们只针对宁波市5家大宗商品供应链企业进行了小规模实验性(Pilot)调研，发放问卷60份，回收60份，剔除2份废卷，第一阶段有效问卷为58份。根据这58份一手资料进行小规模实验性(Pilot)调研分析结果与我们事先所设计的调研思路基本吻合。为此我们又进行了第二阶段的大规模抽样调研。

在第二阶段的大规模抽样调研中，我们扩充了问卷调查数量另外又选择了45家大宗商品供应链企业发放问卷共200份，回收132份，剔除21份废卷，有效问卷为111份，加上第一阶段5家大宗商品供应链企业问卷调查的58份有效问卷，本次抽样调查研究分析所采用的有效问卷共169份，被调查的大宗商品供应链企业及其相关第三方机构，共计50家。抽样调研对象的样本特性，如表5-2所示。

表5-2　抽样调研对象的样本特性

企业类型/企业规模	阀门	模具	厨具	机械	汽车零配件	电器	服装	印刷	合计
大型民营企业	0	13	11	10	10	4	20	0	68
中小型民营企业	30	7	39	10	0	5	0	10	101
合计	30	20	50	20	10	9	20	10	169
职位/企业规模	**高层管理**	**中层管理**	**一线管理**	**合计**					
大型民营企业	7	37	24	68					
中小型民营企业	2	62	37	101					
合计	9	99	61	169					

一、大宗商品供应链企业专家对协同创新和转型升级的观点

我们通过探索性研究获取了关于大宗商品供应链企业协同创新和转型升级的一手资料。一手资料获取途径有三种：

(1) 通过对宁波的杉杉、盛光、建新赵氏、华成阀门等典型的大宗商品供应链企业进行实地调研,包括现场焦点小组座谈(FGI)、现场参观以及考察等;

(2) 访谈这些典型的大宗商品供应链企业的高层专家,采用提问的方式听取他们对本次调研关键内容的意见(Delphi)和看法;

(3) 设计问卷调查表来对 50 家宁波的大宗商品供应链企业的职工进行了抽样调查。

表 5-3 一手资料获取的途径

	调研类型	被访者职位、调研内容及时间
一手资料搜集方法	焦点小组座谈(FGI)	被访谈者为宁波的杉杉、盛光、建新赵氏、华成阀门等典型的大宗商品供应链企业团队负责人和人事主管;调研内容为企业知识吸收能力、企业与顾客协同创新、大宗商品供应链企业特征以及企业的转型升级等；时间为 2016 年 6 月—11 月,共座谈 4 次,耗时 6 小时
	专家意见法(Delphi)	被访谈者为宁波的杉杉、盛光、建新赵氏、华成阀门等大宗商品供应链企业的董事长、总经理以及总裁助理;调研内容为大宗商品供应链企业转型升级与大宗商品供应链企业成功原因间的必然联系;时间为 2016 年 9 月–11 月,共访谈 3 次,耗时 3 小时
	问卷调查法	被访谈者为 50 家宁波的大宗商品供应链企业的职工,采用概率和非概率抽样法,共发放问卷 260 份,回收有效问卷 169 份；调研内容请参看表 5-4 的问卷调查表内容;时间为 2016 年 7 月–9 月,共调查 2 次,耗时 1 个月

一手资料获取的途径，如表 5–3 所示。根据一手资料获取途径，我们针对宁波的大宗商品供应链企业的问卷调查表及搜集一手定性调研资料，如问卷调查和纪实 1—纪实 3 所示，为焦点小组座谈(FGI)和专家意见法(Delphi)内容，以及相关一手资料的编码条目。

大宗商品供应链企业协同创新及转型升级问卷调查

您好！占用您的宝贵时间我们深感歉意，非常感谢您参与我们的问卷调查。此问卷仅为调查宁波的大宗商品供应链企业知识吸收、协同创新以及转型升级而准备，至于贵公司所提供的信息，我们在此保证绝不对外泄露。问卷调查资料只作为调研分析之用，不存在任何商业用途。整个问卷中涉及的问题均没有对错之分，请您根据实际情况填写，无须署名。谢谢您的合作！

联系电话：13567927921；13819815569

E-mail：862020117@qq.com

I. 以下是有关大宗商品供应链企业知识吸收能力的问题。请对所选问题答“√”。

知识获取能力	非常不同意　一般　非常同意
1. 员工仅靠企业内部文件及网站平台的记载来完全理解企业内部知识很难	①　②　③　④　⑤
2. 企业内部知识的传递主要通过前辈员工的言传身教	①　②　③　④　⑤
3. 员工必须通过实践才能完全了解企业内部知识	①　②　③　④　⑤
4. 员工很难用语言清楚地表达企业内部知识	①　②　③　④　⑤

（续表）

知识整合能力	非常不同意 一般 非常同意
5. 团队通过培训及过去的项目积累大量文件资料	① ② ③ ④ ⑤
6. 企业的知识结构非常完整	① ② ③ ④ ⑤
7. 团队研发的新产品中包含很多相互关联的知识	① ② ③ ④ ⑤
8. 团队鼓励成员了解和掌握多样化知识	① ② ③ ④ ⑤
9. 团队研发的新产品中所包含的知识专业化水平很高	① ② ③ ④ ⑤
10. 团队鼓励成员就某一知识领域进行深入研究	① ② ③ ④ ⑤
11. 团队对市场需求的了解十分深入	① ② ③ ④ ⑤
知识整合能力	非常不同意 一般 非常同意
12. 企业员工对顾客和竞争对手的了解十分深入	① ② ③ ④ ⑤
13. 员工所拥有的企业内部知识只适用于本企业	① ② ③ ④ ⑤
14. 员工很难把从企业学到的知识传递到其他企业	① ② ③ ④ ⑤
15. 企业内部知识非常匹配本企业员工的具体需要	① ② ③ ④ ⑤
16. 企业员工之间有紧密联系，以便更好地利用企业内部知识	① ② ③ ④ ⑤
17. 企业在创新过程中，各个团队会抽出员工组成跨团队组织	① ② ③ ④ ⑤
18. 企业员工之间经常分享关于市场和技术方面的知识	① ② ③ ④ ⑤
19.企业员工之间有很高的合作和协调能力，能够迅速反映市场	① ② ③ ④ ⑤
20. 企业高层管理员工提倡各个团队成员就市场知识的获取和利用进行交流与合作	① ② ③ ④ ⑤
21. 来自各个团队成员的员工在企业主要战略决策中起重要作用	① ② ③ ④ ⑤
22. 企业每一个员工经常参加与顾客协同创新会议	① ② ③ ④ ⑤

（续表）

知识利用能力	非常不同意 一般 非常同意
23. 企业各个团队成员经常访问顾客的相关项目团队	① ② ③ ④ ⑤
24. 企业各个团队成员经常接待顾客相关项目团队成员	① ② ③ ④ ⑤
25. 企业有一些程序可以用来获取顾客和竞争对手的知识	① ② ③ ④ ⑤
26. 企业善于从已有的知识中挖掘新的知识	① ② ③ ④ ⑤
27. 企业可以通过对一些项目的反馈结果来提高后续项目的绩效	① ② ③ ④ ⑤
28. 企业可以获取行业内最新的产品中所包含的知识	① ② ③ ④ ⑤
29. 企业善于从大量知识中迅速过滤出有价值的知识	① ② ③ ④ ⑤
30. 企业善于把顾客及竞争对手的知识转化为自己的知识	① ② ③ ④ ⑤
31. 企业善于把企业内部知识转化为员工个人知识	① ② ③ ④ ⑤
32. 企业善于把员工个人知识转化为企业内部知识	① ② ③ ④ ⑤
33. 企业有技术诀窍来协助参与新产品研发的团队成员间进行有效沟通交流	① ② ③ ④ ⑤
34. 企业有能力将参与协同创新的顾客的知识资源协调整合起来	① ② ③ ④ ⑤
35. 企业整合知识资源后的能力超出了每个单独企业的能力	① ② ③ ④ ⑤
36. 企业的知识整合创造出了超出每个单独企业所预期的新的商机	① ② ③ ④ ⑤
37. 企业有能力应用以往项目积累下来的经验和教训	① ② ③ ④ ⑤
38. 当企业遇到难题时，很快可以找到解决问题所需要的知识	① ② ③ ④ ⑤
39. 企业善于利用知识来解决新的问题及挑战	① ② ③ ④ ⑤
40. 企业充分利用新的知识	① ② ③ ④ ⑤
41. 企业很快将知识应用于关键性的市场竞争中	① ② ③ ④ ⑤

Ⅱ. 以下是有关大宗商品供应链企业转型升级绩效的问题。请对所选问题答“√”。

企业转型升级绩效	非常不同意 一般 非常同意
42. 协同创新提高了企业的利润	① ② ③ ④ ⑤
43. 与竞争对手相比,企业的协同创新是成功的	① ② ③ ④ ⑤
44. 企业的协同创新满足了市场需求	① ② ③ ④ ⑤
45. 协同创新使企业的市场份额增加	① ② ③ ④ ⑤

Ⅲ. 以下是有关大宗商品供应链企业市场协同创新能力的问题。请对所选问题答“√”。

顾客知识能力	非常不同意 一般 非常同意
46. 企业为了解顾客的现实及潜在需要定期会见顾客的代表	① ② ③ ④ ⑤
47. 企业掌握了大量关于顾客需要的知识	① ② ③ ④ ⑤
48. 企业利用专家访谈、焦点小组座谈、问卷调查等方式定期搜集顾客相关信息	① ② ③ ④ ⑤
49. 企业对顾客信息进行系统处理分析	① ② ③ ④ ⑤
50. 顾客信息具体体现在企业的产品设计内容里	① ② ③ ④ ⑤
51. 企业定期通过顾客来测试和评价自己的产品	① ② ③ ④ ⑤
52. 企业适时获知顾客的苦衷	① ② ③ ④ ⑤
53. 企业定期研究顾客对本企业产品设计内容的需求变化	① ② ③ ④ ⑤
竞争知识能力	**非常不同意 般 非常同意**
54. 企业定期探索搜集竞争对手的产品设计内容及战略的相关信息	① ② ③ ④ ⑤
55. 企业对竞争对手的相关信息情报进行全面系统分析	① ② ③ ④ ⑤

（续表）

56. 企业设计的产品中隐含着竞争对手的产品信息情报	① ② ③ ④ ⑤
57. 企业掌握了有关竞争对手优劣势的大量知识	① ② ③ ④ ⑤
58. 企业定期针对竞争对手的产品进行研究	① ② ③ ④ ⑤

Ⅳ. 以下是有关大宗商品供应链企业技术协同创新能力的问题。请对所选问题答“√”。

员工技术知识能力	非常不同意 一般 非常同意
59. 企业员工掌握了大量新技术领域的相关知识	① ② ③ ④ ⑤
60. 企业的产品技术研发费用占总产值的比例较高	① ② ③ ④ ⑤
61. 企业的产品技术研发力度要比竞争对手的更强	① ② ③ ④ ⑤
62. 企业现有的产品技术要比主要竞争对手的更为先进	① ② ③ ④ ⑤
63. 企业拥有其他竞争对手所没有的核心技术	① ② ③ ④ ⑤
团队技术知识能力	**非常不同意 一般 非常同意**
64. 企业各个团队成员共同参与产品创新研发项目	① ② ③ ④ ⑤
65. 为研发创新产品项目，企业各个团队成员之间定期进行正式沟通	① ② ③ ④ ⑤
66. 企业各个团队成员定期共享顾客信息	① ② ③ ④ ⑤
67. 企业各个团队成员定期共享竞争对手的产品设计及产品战略的相关信息	① ② ③ ④ ⑤
68. 在测试和评价企业的创新产品过程中，企业各个团队参与人员能够齐心协力	① ② ③ ④ ⑤
领导技术知识能力	**非常不同意 一般 非常同意**
69. 企业的创新产品研发团队领导，一人同时掌握多个领域的专业技术知识	① ② ③ ④ ⑤
70. 在确立产品创新目标时，企业的创新产品研发团队各成员间能够达成共识	① ② ③ ④ ⑤

（续表）

71. 对创新产品的构想和审核，以及创新产品概念的分析过程中，企业的创新产品研发团队成员之间配合默契	① ② ③ ④ ⑤
72. 企业的创新产品研发团队领导的话语权高	① ② ③ ④ ⑤
73. 在研发创新产品项目时，企业的创新产品研发团队能够把市场知识和技术知识有效地结合起来	① ② ③ ④ ⑤

Ⅴ. 以下是有关大宗商品供应链企业信息协同创新能力的问题。请对所选问题答“√”。

信息创造能力	非常不同意 一般 非常同意
74. 为了解市场对产品的未来预期，企业至少一个季度一次访谈顾客代表	① ② ③ ④ ⑤
75. 企业员工为提供更好的产品，直接访问顾客	① ② ③ ④ ⑤
76. 为测试和评价产品质量，企业至少一个季度一次调研目标顾客市场	① ② ③ ④ ⑤
77. 企业不惜采用非正式的手段来搜集行业信息情报	① ② ③ ④ ⑤
信息传播能力	非常不同意 一般 非常同意
78. 企业产品营销团队成员经常跟其他团队成员商讨关于市场未来预期的话题	① ② ③ ④ ⑤
79. 企业定期阅览有关市场信息和情报的资料	① ② ③ ④ ⑤
80. 当企业的主要顾客和市场发生重大变化时，企业所有团队将立刻得知此消息	① ② ③ ④ ⑤
81. 有关顾客满意的信息资料将发送到企业所有团队	① ② ③ ④ ⑤
82. 当企业的某一员工发现关于顾客举报竞争对手的信息时，这一信息将迅速传递到本企业的所有员工	① ② ③ ④ ⑤

（续表）

信息反应能力	非常不同意 一般 非常同意
83. 企业非常关注接受本企业产品的顾客市场新动态	① ② ③ ④ ⑤
84. 企业定期检讨本企业为研发创新产品所付出的努力是否迎合市场需要	① ② ③ ④ ⑤
85. 企业对顾客的不满情绪非常敏感	① ② ③ ④ ⑤
86. 若有好的产品营销计划，企业将适时地实施	① ② ③ ④ ⑤
87. 企业迅速应对竞争对手的产品价格构成变化	① ② ③ ④ ⑤
88. 当顾客对产品质量不满意时，企业将及时加以完善	① ② ③ ④ ⑤
89. 当顾客要求改善产品时，企业的相关团队将通力合作加以补救	① ② ③ ④ ⑤

Ⅵ.以下是有关大宗商品供应链企业基本信息的问题。请对所选问题答“√”。

（1）贵公司属于。

① 阀门；② 模具；③ 厨具；④ 机械；⑤ 汽车零配件；⑥ 电器；⑦ 服装；⑧ 印刷；⑨ 其他

（2）您在公司的职位。

①高层管理人员；② 中层管理人员；③ 一线管理人员

（3）贵公司属于。

① 大型民营企业；② 中小型民营企业

纪实1　宁波的大宗商品供应链企业焦点小组座谈（FGI）纪实

访 谈 者： 沈哲、金文姬、潘一龙、张昕玉、吴玉婷

被 访 者： 王其冬（杉杉集团）

潘晓霞（盛光集团）

何　惠(建新赵氏集团)

薛　莹(华成阀门)

访谈题目:大宗商品供应链企业自主创新与转型升级

访谈提纲:

① 企业的知识吸收能力(知识获取能力、知识整合能力、知识消化能力、知识利用能力);

② 企业与顾客市场协同创新能力;

③ 企业与顾客技术协同创新能力;

④ 企业与顾客信息协同创新能力。

主要访谈内容:

提问:请问贵公司是通过何种途径来加强员工的知识获取能力?

回答:一般来说我们都是通过前辈们的言传身教来获取公司内部知识的,但是也有在实践中了解公司一部分的知识,有些知识也只有在实践中才能真正领悟,再有就是通过公司的网站,我们每周都会更新公司网站的信息,员工可以通过网站来了解公司一些动态知识。

提问:贵公司的产品或服务中所包含的知识专业化水平高吗?

回答:要说高的话也不高,应该是介于中间吧,现在公司的规模还没完全扩大,所以专业的人才也没多少,这就决定了我们的产品或服务的知识专业化水平还不够高。

提问:贵公司在产品创新过程中有注重各部门之间的交流吗?有没有去了解过竞争对手的创新模式?

回答:我们非常注重各部门之间的交流,虽然各部门表面是分工明确的,但是实质上他们是一个联系紧密的整体,在平时的工作中,各部门都是在竞争与合作的基础上开展工作的。

对于竞争对手,我们肯定是密切关注的。我们有去了解过他们的创新模式，但是我们并没有照搬，而是从自身条件出发，探究出自己的创新模式。

提问：在遇到问题的时候贵公司是否能够利用现有知识来找到解决问题的途径？或者能否从解决问题的过程中发现新知识？

回答：既然会出现问题，肯定是因为现有知识不能满足现有状况，因此我们必须找出新的解决方式来处理所出现的问题，而这时，这些新的解决方式便成了我们公司新的知识吸收方式。

提问：从您的角度看，你认为贵公司与顾客协同创新给你们带来了哪些好处？贵公司的协同创新是成功的吗？

回答：我们与顾客协同创新提高了公司的利润，满足了市场需求，使公司的市场份额变大，相对于竞争对手而言，我们的协同创新虽然没有特别的成功，但同我们过去的创新形式相比较，我们的协同创新无缝是成功的。

提问：贵公司重视对顾客需求的了解吗？会根据顾客需求来调整服务的内容吗？

回答：我们公司对于顾客的需求是非常重视的，没有顾客，我们公司也就不可能存在。因此，我们会定期对顾客的需求做一个系统的了解，并根据顾客需求来调整产品服务内容。

提问：对于竞争对手的产品服务，贵公司有去了解并取其精华过吗？

回答：竞争对手的产品服务我们肯定是去了解过的，知彼知己才能百战不殆嘛，看到别人比我们做得好的我们肯定会去学习的。但是我们也不是一味地学习盲目仿效，也要从我们公司自身条件出发，有些不适合我们公司的产品服务，哪怕对方做得再出色，我们也不会去学习模仿的。

提问：请问您所在的公司里面领导技术知识能力与团队技术知识

能力的相比较如何?

回答:我个人认为这与公司规模是相关的,这要考虑到管理成本的因素。在小型公司里面由于业务量少,管理人员大多身兼数职。而当公司的规模逐渐扩大,业务量也逐渐增加,随之而来的任务也越来越繁重,这时候就需要具有团队技术知识能力的人才。我们公司由前几年的具有领导技术知识能力人才为主导转变为现在的具有团队技术知识能力的人才为主导。

提问:当顾客对贵公司的产品服务表示出不满意时,贵公司的各部门是否会通力合作加以改进?

回答:前面我也提到过,我们公司的各个部门都是在相互合作的基础上开展工作的,都是密切联系在一起的整体。如果顾客不满意关乎的是整个公司的声誉,而不是个人的荣辱。公司受损,每个员工都会受到影响,所以当收到顾客不满意的信息后,各部门便会通力合作加以改进,一切以整体利益为目标。

提问:当顾客与市场发生重要变化时,贵公司一般会如何处理?

回答:顾客和市场对公司而言都是很重要的两个因素,当顾客与市场发生重要变化时,公司在得知消息的第一时间会通知到下面各部门,由各部门通力合作应对变化。

提问:贵公司会为了解市场对你们的产品服务的未来预期而做一些访谈吗?

回答:做访谈是很费时间的,所以只有当对方的负责人和我们的人员都有空的时候才能做,我们一般是不定期的做访谈的,当市场或者顾客需求发生变化的时候我们就会立即找机会做访谈,但是一年我们肯定会做一次访谈,而访谈的目标人员一般就是我们的顾客。

纪实2　宁波的大宗商品供应链企业专家意见法(Delphi)纪实

访 谈 者：沈哲、金文姬、潘一龙、张昕玉、吴玉婷

被 访 者：郑学明(杉杉集团)

吕烈平(华成阀门)

钱静光(盛光集团)

赵国行(建新赵氏集团)

访谈题目：大宗商品供应链企业的知识转移、科技元素以及协同创新

访谈提纲：

① 大宗商品供应链企业的知识吸收方式

② 大宗商品供应链企业与顾客的协同创新模式

③ 大宗商品供应链企业的转型升级

主要访谈内容：

提问：您认为企业在知识吸收过程中遇到了哪些问题？

回答：在员工的能力培训、调动员工的积极性以及培养员工对企业文化的认同感方面存在一定问题。目前，企业普遍缺乏高技能、高素质的员工，而且，员工不懂得在实践中总结和更新自己所拥有的知识，这在一定程度上不利于企业信息的组合，从而也制约了企业的转型升级。

提问：您认为如何了解顾客需求并切实可行地解决顾客疑难问题呢？

回答：我们专注于满足顾客的需求，正如专注于我们的产品服务一样。在与顾客的合作过程中，我们并不仅仅只是让顾客购买我们的产品服务，而是让他们进入到我们的产品服务规划中来，进入到我们研发工作的每一个环节，进入到我们的产品制造过程和工艺流程再造，进入到我们售后服务质量工程，以及整个价值链的全程及关键

节点。

提问：我们都知道技术创新对于企业的发展有着至关重要的作用，那么，您是如何把握这一关键因素的呢？

回答：我们注重在技术研发方面的投资力度，培养自己的科研团队，并且在我们的战略规划中，我们会考虑到技术发展的趋势并预测其未来的发展状况。同时，我们也会注重技术方面的创新，不断根据市场的需求和变化，促成企业技术的更新换代和转型升级。

提问：大宗商品供应链企业在其转型升级中有哪些相关因素呢？

回答：科技在企业发展中占据着举足轻重的地位，为企业的转型升级奠定了技术基础，而优秀的人才、专业知识以及正确的经营理念都是企业发展的关键因素，此外，顾客是企业稳固地位与开拓市场的必要条件。这三者相辅相成，都是企业发展和转型升级必不可少的重要元素。

提问：您认为宁波大宗商品供应链企业都有哪些发展优势呢？

回答：宁波有其得天独厚的区位优势，大宗商品供应链企业在这里有较好的市场灵活性及灵敏度，开放的经济环境有利于增加其活力，同时政府的大力支持，也为其发展创造了一个良好的政策环境。

纪实3　相关一手资料的编码条目

本研究主要采用了数据编码和归类的方法对资料进行分析和整理，其目的在于从大量的定性的资料中提炼主题，进而论证理论研究部分所提出的问题。

我们对一手资料进行了编码，我们采用PD(Primary Data)表示，然后以渐进的方式对资料进行整理分析。根据研究的主要问题——对大宗商品供应链企业的理解，企业的转型升级，企业与客户协同创新和企业知识吸收能力，对数据资料进行分析，把所提及的各项事例编码成相应的条目。

对大宗商品供应链企业的理解

PD–1 王其冬(杉杉集团总裁助理)从字面上来理解,大宗商品供应链金融是有实力、核心竞争力强,有先进的技术和稳定商业模式的企业。

PD–2 王其冬(杉杉集团总裁助理)在我看来大宗商品供应链企业就是在创造价值的同时,引领时尚。

PD–3 王其冬(杉杉集团总裁助理)但是在现在的大环境下,作为大宗商品供应链企业来说怎么样去控制风险是最重要的,也就是在最困难的时候不倒下,面对的风险主要包括:市场风险、财务风险、生产运营风险、道德风险、金融风险、汇率风险等等。

PD–4 王其冬(杉杉集团总裁助理)杉杉在控制风险上做得是比较好的:第一杉杉有三个平台,分别是杉杉集团、杉杉股份和杉杉金融,在每一个平台都有适合自己的风险控制体系;第二有内部控制部门,并进行评级,来监控风险,达到防范风险的目的;第三是和日本的企业进行合作,最主要的就是看重了日本企业的风险控制的技术。而且杉杉的目标不是只做一时的企业,而是要做百年的企业,所以在风险控制上尤其重要,在我眼中的大宗商品供应链企业应该是这样的。

PD–5 潘晓霞(盛光包装印刷有限公司总经理助理)在我看来,大宗商品供应链企业其实不一定是规模很大的企业,就拿盛光来说吧,比起其他大型的企业来说,盛光的规模不是很大,但是对于一个大宗商品供应链企业来说,在一定区域内,在某个行业或是产业中是位于前列的,起到一个领头羊作用的企业。

PD–6 潘晓霞(盛光包装印刷有限公司总经理助理)对于大宗商品供应链企业一定要不断地超越现在,面对困难的时候,有自己一套生存的法则,同时在技术上要不断地创新,不论是自主研发,还是引进外国先进技术，一定要进行技术的革新，并且企业和顾客一定要进行一个良好的沟通，生产或是能够提供满足顾客需求的产品和服务。这样才能真正地成为大宗商品供应链企业。

PD-7　黄江伟(甬商品牌研究院首席专家)大宗商品供应链企业是相对于大宗商品供应链核心企业来说的，所谓大宗商品供应链核心企业就是我们所能看到的，而大宗商品供应链企业就是我们没有看到的，不为大家所熟知的。大宗商品供应链企业指的就是那些默默无闻，但却在大宗商品供应链领域取得很大成就的企业。这些企业通常采取“闷声发大财”的营销模式，占有很高的市场荣誉，却常常被社会媒体等忽略。

PD-8　黄江伟(甬商品牌研究院首席专家)我们的部分企业，尤其是装备制造业、B2B的企业，它更多的是在做一些OEM及出口外贸业，并不是直接的品牌持有者，因此，它的产销经营并不为大家所熟悉。例如我们服务的慈星纺机企业，它在全球已经排在第三位了，但是大家对它也不熟悉。这就是所谓该行业的大宗商品供应链核心企业。

PD-9　黄江伟(甬商品牌研究院首席专家)在新的时代背景下，其实要求很多的大宗商品供应链企业慢慢地要从鲜为人知中走出来。成为大宗商品供应链企业存在一个缺点，那就是如果企业长期不被社会市场媒体所认可，那么在这个品牌竞争中的话语权就降低了。

PD-10　王重良(宁波碧彩实业有限公司董事长)作为一个成功的大宗商品供应链企业，其实要做好配角，这也是一种定位，在这方面，我们还不打算折腾，但是在配角的技术创新上，我们也绝不差钱。

大宗商品供应链企业的转型升级

PD-1　王其冬(杉杉集团总裁助理)大宗商品供应链企业要进行转型升级，首先是要有预见性，要看得远。

PD-2　王其冬(杉杉集团总裁助理)要转型升级知识很重要，见识更重要，同时还要有胆识。杉杉集团每年重要的决策会议，我们都会请一些大学的教授、博士和顶尖的经济学家来参加，目的就是要带给企业一些新的理念和新的知识，提高企业知识吸收能力。

PD-3　王其冬（杉杉集团总裁助理）转型升级一定要有见识。以前，服装是没有什么品牌的，消费者也知道这件衣服是从哪个工厂生产出来的，根本不谈什么牌子的，但是我们郑董事长很有见识，决定让服装也用品牌，就花了 6 万元去做广告，在那个时候服装也是没有在做广告的，广告公司还说服装要做什么广告啊。我们董事长就回了一句，你们有不能拿来做广告的东西吗？广告公司回答没有。所以当时就拿 6 万元做广告，这 6 万元是工资没有发才能凑起来的，董事长也像员工发誓，这个钱用的肯定是值得的，请大家放心，在今天看来，确实如此。

PD-4　王其冬（杉杉集团总裁助理）服装产业可以说是一个日不落产业，宁波的服装企业大大小小就有 3000 多家，所以意识到这点，我们公司也开始在新材料方面下功夫，就是做锂电池材料，从 1999 年开始，经过了 10 几年的发展，锂电池的正极、负极、隔膜、电解液等我们都可以做，同时也做出一个战略决策，把总部迁到了上海，所以这一块是我们转型战略重要的一块。

PD-5　王其冬（杉杉集团总裁助理）转型升级其次就是一定要有胆识。现在我们还涉入动力汽车这一块，如果这一块做起来了，相信对公司的转型升级会有推波助澜的作用，通过六大板块（服装、商业地产、金融、国际贸易、锂电池、动力汽车），实现企业的混合多元化，推动企业转型升级。

PD-6　王其冬（杉杉集团总裁助理）现在服装产业正处于一个十分困难的阶段，即成本上升的压力。公司通过把一些工厂转移到了安徽、柬埔寨等成本相对来说较低的地区，想尽一切办法来控制成本。现阶段转型升级对于我们公司来说是刻不容缓的。

PD-7　潘晓霞(盛光包装印刷有限公司总经理助理)现在我们公司对转型升级非常重视,也是未来企业要做大做强的趋势。

PD-8　潘晓霞(盛光包装印刷有限公司总经理助理)由于我们公司从事行业的特殊性,技术和人才是盛光事业发展的核心力量,在公司进入转型的关键时刻,盛光将在储备人才和提高包装印刷技术方面倾注更大的努力。

PD-9　潘晓霞(盛光包装印刷有限公司总经理助理)说到企业的转型,2006 年收购了大红鹰彩包,通过对这些中小型印刷企业的收购,在扩大公司规模的同时,也能使得我们的产品朝多元化方向发展。

PD-10　潘晓霞(盛光包装印刷有限公司总经理助理)公司的转型当然还离不开自身的科技研发，比如我公司研发了高速纸张计数系统、八百万像素抓拍系统和积极开展校企合作,慢慢地、有条不紊地进行企业的转型之路。

PD-11　潘晓霞（盛光包装印刷有限公司总经理助理）公司要转型,还得走精细化生产之路,把产品做得更精更细,这样会有利于企业的转型和升级。

PD-12　黄江伟(甬商品牌研究院首席专家)目前很多传统业务相对来讲比较稳定,有比较好的现金流或者商业接轨的企业多凭借战略投资这一方式谋求新的领域。比如说雅戈尔,我服装做得很好,我看到房地产的机会,那我去投房地产;我看到金融投资的机会了,那我去投资金融。那以奥克斯为例,我家电做得很好,我看到了资本市场的机会,看到了文化产业的机会,看到了旅游市场的机会,那么就进入到了这样一个领域。这是转型升级的一个方面,也就是主动的、多元化的战略投资。

PD-13　黄江伟(甬商品牌研究院首席专家)此外,也有很多企业在其现有的基础上进行产业链上下游整合,这也是企业转型升级的一种有效方式。例如我们现在服务的一家名叫正泰汽车的企业,它原来是做汽车零配件的。当它把汽车零配件生产的很好了以后,就开始往产业链的上游走,进入到整车生产,之后它又往高端走,生产新能源汽车。这就是一个成功的产业链整合的例子。

PD–14　黄江伟(甬商品牌研究院首席专家)同时,企业也可以通过捕获新的机会使自己发展壮大。宁波有很多这样的企业,去年全国评的 10 个跨国并购的案例 3 个就在宁波,像慈星、一舟他们就是通过国际并购来实现自己的转型升级。收购欧美一些没落的知名品牌,有助于企业实现从制造商向品牌商的转变。

PD–15　王利平（浙江广博集团董事长）投机取巧的时代已经过去,度过冬天的有效办法是全面创新、聚焦主业,提高产品附加值。握紧拳头才能有效出击,赢得市场的主动权。

PD–16　王重良(宁波碧彩实业有限公司董事长)为了更加牢固掌控市场话语权,我们开工投产了电容器原材料公司,这意味着碧彩将主动掌控产业链的上游环节,全面提升企业综合实力。

PD–17　王祥贵(音王集团董事长兼总裁)多元化、多层次、多品牌战略能在优势互补的过程中提升企业的核心竞争力和在全球的影响力。

PD–18　赵国行(建新赵氏集团董事长)我们注重在技术研发方面的投资力度,培养自己的科研团队,并且在我们的战略规划中,我们会考虑到技术发展的趋势并预测其未来的发展状况。同时,我们也会注重技术方面的创新,不断根据市场的需求与变化,促成企业技术的更新与升级。

大宗商品供应链企业与客户协同创新

PD–1　王其冬(杉杉集团总裁助理)在锂电池这一块:做到与客户

及时的信息沟通。在质量和成本上有一个良好的互动,怎样去研发,怎样发货,在前期就会有一个很好的沟通和互动。

PD-2　王其冬(杉杉集团总裁助理)跟政府互动,与政府协同创新。因为政府也有责任要招商引资,宁波的政府是比较开放的,让企业去赚钱,所以政府的观念对我们来说很重要,看是不是一个服务型的政府。所以与政府进行协同后,会更加便于企业与客户进行协同,并创造价值。

PD-3　王其冬(杉杉集团总裁助理)在贸易方面:从原来的分销商向运营商转变,把服务、渠道、质量、货代等都给顾客安排好,而运营商在当今也越来越受到企业的重视。通过这个转变,使得客户与企业的关系变得更加的密切。

PD-4　潘晓霞(盛光包装印刷有限公司总经理助理)盛光切实地贯彻以顾客为中心的经营理念,不论是产品还是服务都以顾客为中心,至精至诚。

PD-5　潘晓霞(盛光包装印刷有限公司总经理助理)盛光通过为客户提供优质印品和一流的服务,保证企业持续发展和不断壮大,确保客户的利益并承担相应的社会责任。我们特别关注顾客的诉求,尽量满足客户的要求,通过不断地引进国外先进的技术来满足顾客不同层次的需求。

PD-6　潘晓霞(盛光包装印刷有限公司总经理助理)现阶段,我认为不仅仅是要企业与客户进行协同创新,还要让整个供应链上的各个环节都要进行协同创新。

PD-7　潘晓霞(盛光包装印刷有限公司总经理助理)盛光很注重与老顾客的联系,与其建立长期的业务关系,当然也积极的开拓新的顾客,并与其保持密切的联系,及时掌握顾客的需求,从而在迅速变化的市场中占领先机。

PD-8　潘晓霞(盛光包装印刷有限公司总经理助理)盛光秉持以顾客为先的原则。首先为顾客提供最有竞争力的解决方案,比如有包装印刷解决方案、快速印刷解决方案、大型商业印刷解决方案、商标印刷解决方案等,快速、灵活、全方位的满足不同客户的要求;其次是提供最周到、最便捷的服务,时时为客户着想;最后构建双赢共胜的战略伙伴关系。我们本着双赢的原则,这样才能有更加长久的合作,反过来可以促进企业快速的发展,能更有效率的服务于顾客。

PD-9　潘晓霞(盛光包装印刷有限公司总经理助理)本着更好地为客户服务和提高效率的原则,公司还引进了6S(整理、整顿、清扫、清洁、素养、安全)管理,更加科学的来管理一些客户资料和信息。

PD-10　李立新(利时集团股份有限公司董事长)企业要和客户合作来创造价值,就要给客户生存空间,而给客户生存空间就等于给自己企业生命。也许第一次与客户的交易是亏的,但是只要你有诚心,能够舍得放弃一些眼前的利益,才能换回利时所需。

PD-11　张国萍(宁波康楠服饰有限公司董事长)在现阶段,与客户的关系十分的重要,特别是第一次接洽的客户,不是考虑订单和利润,而是服务,考虑如何适应客户。

PD-12　黄江伟(甬商品牌研究院首席专家)在当今的消费市场与环境中,顾客的主动性,顾客的选择性以及顾客之间互相的影响都在不断增加。因此,企业也在不断转换与顾客的角色定位。从原先纯粹地为顾客提供产品和服务转变为听取顾客的需求。

PD-13　黄江伟(甬商品牌研究院首席专家)以前我们注重的是推销,现在我们讲究营销;以前我们关注的是满足顾客的需求,现在我们希望超出顾客的需求。典型的像苹果公司,它并不是把产品研发搞好,再去推销,而是基于顾客的要求进行生产与改良。

PD-14　王利平(浙江广博集团董事长)冷静就是不冷静,冷静思考、冷静决策，行动中保持冷静，做好每一天，为客户创造价值，这是广博的商业风格。如果哪天我们做企业的不冷静，结果就是冷冷清清。

PD-15　何惠（建新赵氏集团人力资源总监）我们公司对于顾客的需求是非常重视的，没有顾客，我们公司也就不可能存在了，因此，我们会定期对顾客的需求做一个了解，并根据顾客需求来调整服务内容。

PD-16　吕烈平（宁波华成阀门总经理）我们专注于满足我们顾客的需求，正如我们专注于我们的服务产品一样，在与顾客的合作交流当中，我们并不仅仅只是让顾客购买我们的服务产品，而是让他们进入到我们的产品规划，进入到我们的研发，进入到我们的制造，进入到我们的售后服务，以至进入到整个价值链的全部环节中去。

大宗商品供应链企业知识吸收能力

PD-1　王其冬（杉杉集团总裁助理）原来，员工和团队的知识主要依靠企业家的能力，知识要不断地被分享、传递和掌握，并且使知识制度化、文字化，而且要有一定的延续性，形成文档。

PD-2　王其冬（杉杉集团总裁助理）我们公司采取了以老带新的模式，通过这个模式来传承企业的知识，并且定期对员工、经理进行培训。

PD-3　王其冬（杉杉集团总裁助理）团队的知识要进行集体决策，我们公司成立了决策委员会，成员由董事会的成员组成，还有一些是职业经理人，现在有 10 个人，在集体决策的同时使得知识流程化和规范化。

PD-4　王其冬（杉杉集团总裁助理）从文化的层面来看，我们的理念是正直、创新、奉献和责任，但是做到知识的制度化、文字化、规范化、流程化还不够，最重要的是要做到把人留住，然后慢慢地分享。从运营的层面来看，我们公司在实施知识转移的过程中会各有千秋。

PD-5　潘晓霞（盛光包装印刷有限公司总经理助理）我们公司的

知识传播和分享是通过培训来实现的，第一是岗前培训，主要涉及制度、安全、法律知识等方面的内容；第二是适应性培训，由于新员工的加入，一开始对公司的情况或是业务不是很熟悉，所以我们公司采取了以老带新的模式，就是一个在公司工作几年的老师傅带一个新来的员工，进行一对一的辅导；第三是车间主管的培训，对车间主管培训以后，然后通过车间主管向工人们进行培训和指导。

PD-6　潘晓霞（盛光包装印刷有限公司总经理助理）我们公司会定期组织一些企业的活动，进行经验的交流和思想的切磋，以这种形式使得知识能在员工与员工之间，高层与员工之间，高层与高层之间得到很好的传承和分享。

PD-7　黄江伟（甬商品牌研究院首席专家）当今社会，越来越多的企业意识到人才的重要性。例如我们以前讲人事资源部，现在称其为人力资源部，那就是把人作为一种资源来看待。

PD-8　黄江伟（甬商品牌研究院首席专家）成长型企业需要打造学习型团队，因此，打造学习型组织深受很多企业重视。许多企业设立了自己的企业化培训机构，以提高员工的素质，锻炼他们的能力，培养他们的企业意识，形成个体与团体共同的企业文化。

PD-9　黄江伟（甬商品牌研究院首席专家）目前很多企业借助网络这一平台，使企业资源、知识的共享与传递更加方便迅捷，同时，企业注重引进各项技术，不断提高员工的技术能力，促进自身的发展。

PD-10　薛莹（华成阀门人力资源总监）一般来说我们都是通过前辈们的言传身教来获取公司内部知识的，同时我们会在实践中消化和领悟这些知识，再有就是通过公司的网站，我们每周都会更新公司网站的信息，员工可以通过网站来了解公司一些动态。

PD-11　何惠（建新赵氏集团人力资源总监）我们非常注重各部门之间知识的交流，虽然各部门表面是分工明确的，但是实质上他们是一个联系紧密的整体,在平时的工作中,各部门都是在竞争与合作的基础上开展工作的,知识就在竞争和合作的过程中得到分享和传承。

二、大宗商品供应链企业职工对协同创新的理解

从问卷调查结果我们发现,基于知识吸收能力的宁波的大宗商品供应链企业与顾客技术水平协同创新能力有待于进一步提高,具体描述如下:

1. 企业的知识结构—领导技术知识能力

企业的知识结构是否完整与企业领导的技术知识能力有着密切联系,如图 5-2 所示。有 53%的企业认为自身所在企业的知识结构只是一般完整。也有 8%的企业认为他们企业的知识结构并不完整。因此,企业的领导技术知识能力有较大的提升空间。

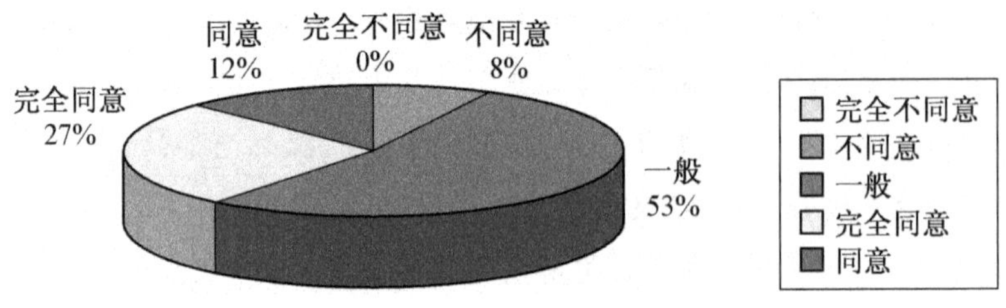

图 5-2 企业知识结构体系认知度

2. 企业的知识整合能力

企业是否有能力将参与创新的合作伙伴的知识资源协调整合起来与企业的知识整合能力有着密切的联系,如图 5-3 所示。有 24%的企业完全没有能力将创新的合作伙伴的知识资源整合起来。也有 29%的企业认为他们没有能力将其整合起来。其余的也仅仅只有 11%的企业认为他们有能力将其整合起来。因此,绝大多数企业的知识整合能

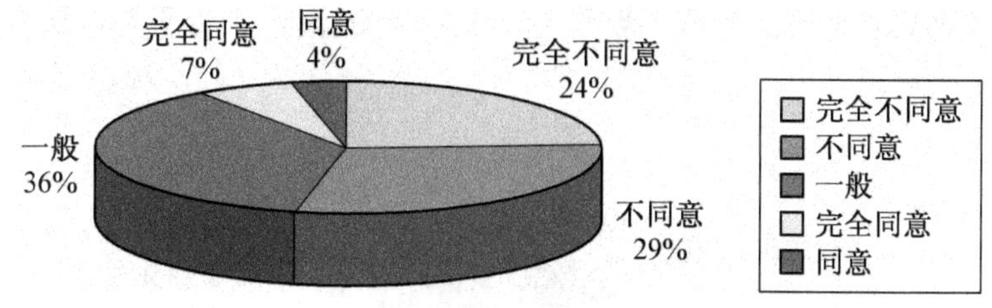

图 5-3 企业知识整合能力认知度

力有相当大的空间可以提升。

3. 企业对顾客需求的认知能力

企业是否掌握了有关顾客需要的大量知识与企业对顾客需求的认知能力有着密切的联系,如图 5-4 所示。有 11%的企业完全没有掌握对顾客需求的认知能力,也有 27%的企业对顾客需求的认知能力只有一般。因此,部分企业还需要对顾客的需求做进一步的了解以提升企业对顾客需求的认知能力。

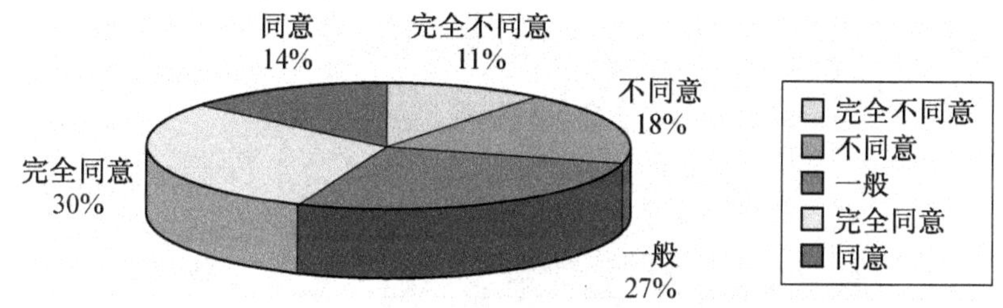

图 5-4 企业对顾客需求的认知能力

4. 企业的竞争知识能力

企业能否对竞争企业的相关信息进行有效系统分析与企业的竞争知识能力有着密切的关系,如图 5-5 所示。目前部分企业已经逐步加强了对竞争企业的相关信息的处理与分析,但仍然有 12%的企业没有对竞争企业的相关信息进行系统分析,也有 36%的企业对竞争企业的信息只有简要的分析。因此,对于这一部分企业,在竞争知识能力方面仍需要提升。

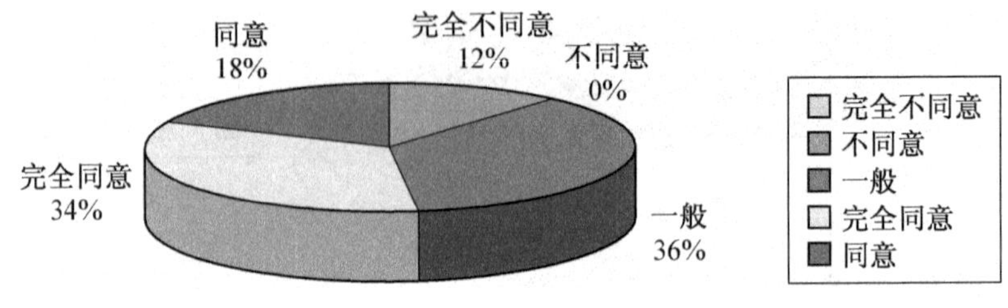

图 5-5　企业对竞争者知识能力认知度

5. 企业员工技术知识能力

企业员工是否掌握了大量新技术领域的相关知识是员工的技术知识能力的重要体现,如图 5-6 所示。有 12%的企业认为自己的员工完全没有掌握企业新技术领域的相关知识。也有 25%的企业员工没有掌握企业新技术领域的相关知识。因此,绝大部分企业还需要重视这一领域的发展,以提升企业员工技术知识能力。

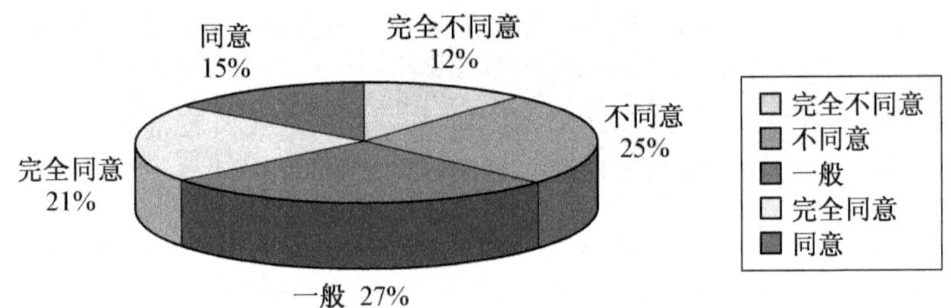

图 5-6　企业员工技术能力认知度

6. 企业的信息反应能力

企业的创新产品服务研发努力是否迎合市场需要与企业信息反应能力有着密切的关系,如图 5-7 所示。目前有很大一部分企业已经逐步加强了创新产品服务与市场需求的呼应。但仍然有 4%的企业完全没有定期检讨其创新产品服务是否迎合市场的需求,也有25%的企业只有偶尔检讨其创新产品服务是否迎合市场需求。因此,对于这些企业还需要加强定期检讨其创新产品服务,来不断完善信息反应能力。

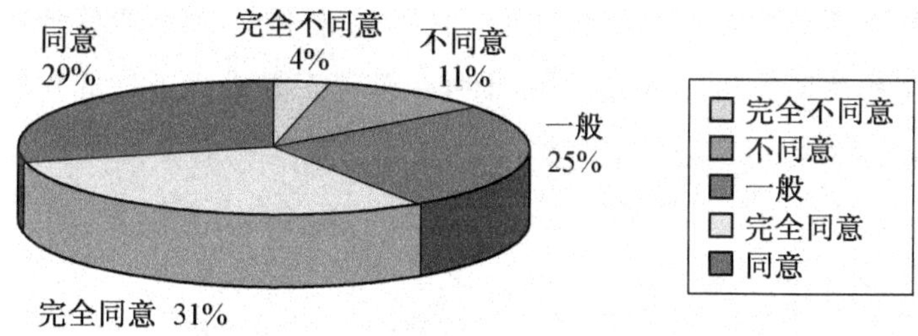

图5-7 企业信息反应能力认知度

三、大宗商品供应链企业的知识吸收、协同创新以及转型升级之间因果关系

为了验证上述图5-1所示的实证研究模型的研究概念框架中所涉及的变量之间的因果关系,进一步确认宁波的大宗商品供应链企业的协同创新模式,即知识量变过程的协同创新模式和知识质变过程的协同创新模式,我们首先对研究模型中的13个理论变量(知识获取能力、知识整合能力、知识消化能力、知识利用能力、顾客知识能力、竞争知识能力、员工技术知识能力、团队技术知识能力、领导技术知识能力、信息创造能力、信息传播能力、信息反应能力、企业转型升级绩效)进行了概念的自定义,也就是说对这13个理论变量设置了测量变量(见问卷调查表)。而这些测量变量都是通过对文献考察结果中得到的量表尺度进行探索性因子分析和确认性因子分析之后,加以调整而获得的。我们把文献研究中得到的13个理论变量,通过变量的效度和信

度分析萃取出其中的 10 个理论变量。在这一过程中我们发现原来文献研究所得到的理论变量中，顾客知识能力和竞争知识能力合并成一个理论变量，我们把它称作市场创新知识能力；竞争知识能力、员工技术知识能力、团队技术知识能力、信息创造能力等合并成一个变量，并把它称作团队成员技术知识能力，之后对这 10 个理论变量分别进行了效度和信度分析。首先，对 4 个外生理论变量进行了效度和信度分析，其次，对另外 5 个外生理论变量进行了效度和信度分析，再次，对 1 个内生理论变量进行了效度和信度分析，其各自分析结果，如表 5-4、表 5-5、表 5-6 所示。

表 5-4　理论变量（4 个外生变量）的效度和信度分析结果

<table>
<tr><th>理论变量</th><th>测量变量序号</th><th>因子 1</th><th>因子 2</th><th>因子 3</th><th>因子 4</th><th>KMO 值</th><th>Bartlett 检验</th></tr>
<tr><td rowspan="3">知识获取能力</td><td>1</td><td>0.501</td><td>0.483</td><td>0.055</td><td>−0.181</td><td rowspan="14">0.874</td><td rowspan="14">χ^2 = 5325.529

P = 0.000</td></tr>
<tr><td>2</td><td>0.459</td><td>−0.187</td><td>0.083</td><td>0.309</td></tr>
<tr><td>4</td><td>0.634</td><td>0.287</td><td>−0.105</td><td>−0.085</td></tr>
<tr><td rowspan="5">知识整合能力</td><td>5</td><td>0.055</td><td>0.885</td><td>−0.177</td><td>−0.033</td></tr>
<tr><td>7</td><td>−0.064</td><td>0.794</td><td>0.261</td><td>−0.223</td></tr>
<tr><td>8</td><td>−0.218</td><td>0.686</td><td>0.300</td><td>−0.101</td></tr>
<tr><td>9</td><td>0.158</td><td>0.780</td><td>−0.088</td><td>0.123</td></tr>
<tr><td>10</td><td>−0.017</td><td>0.859</td><td>0.009</td><td>0.024</td></tr>
<tr><td rowspan="6">知识消化能力</td><td>12</td><td>0.158</td><td>0.050</td><td>0.629</td><td>0.097</td></tr>
<tr><td>13</td><td>0.425</td><td>−0.237</td><td>0.665</td><td>−0.106</td></tr>
<tr><td>15</td><td>0.185</td><td>0.164</td><td>0.654</td><td>−0.193</td></tr>
<tr><td>16</td><td>0.135</td><td>0.177</td><td>0.645</td><td>−0.023</td></tr>
<tr><td>19</td><td>−0.033</td><td>0.166</td><td>0.713</td><td>−0.067</td></tr>
<tr><td>22</td><td>0.111</td><td>−0.059</td><td>0.562</td><td>0.129</td></tr>
</table>

（续表）

理论变量	测量变量序号	因子 1	因子 2	因子 3	因子 4	KMO 值	Bartlett 检验
知识利用能力	23	0.215	–0.044	–0.077	0.644	0.874	χ^2 = 5325.529 P = 0.000
	24	0.091	–0.253	–0.062	0.841		
	26	–0.123	–0.157	0.043	0.857		
	27	–0.100	0.101	0.359	0.563		
	28	0.038	–0.061	0.185	0.742		
	29	0.158	0.251	–0.220	0.704		
	30	0.217	0.137	0.232	0.413		
	31	0.319	0.137	0.054	0.471		
	33	–0.095	–0.111	0.358	0.594		
	34	–0.009	–0.108	0.140	0.812		
	35	0.026	0.146	–0.153	0.661		
	36	–0.055	–0.190	–0.091	0.879		
	39	–0.006	0.270	–0.088	0.747		
	40	–0.056	0.201	–0.027	0.783		
	41	0.002	–0.032	0.315	0.512		
Cronbach'α		0.613	0.895	0.818	0.942		

表 5–5　理论变量（5 个外生变量）的效度和信度分析结果

理论变量	测量变量序号	因子 1	因子 2	因子 3	因子 4	因子 5	KMO 值	Bartlett 检验
市场创新知识能力	51	0.853	–0.060	0.006	0.167	–0.096	0.870	χ^2 = 5517.136 P = 0.000
	52	0.557	0.347	–0.086	0.157	0.050		
	55	0.730	0.029	–0.267	–0.065	0.080		
	56	0.579	0.064	0.235	–0.185	0.234		

（续表）

理论变量	测量变量序号	因子 1	因子 2	因子 3	因子 4	因子 5	KMO 值	Bartlett 检验
团队成员技术知识能力	57	0.114	0.665	−0.053	−0.206	0.066	0.870	χ^2 = 5517.136 P = 0.000
	58	0.121	0.647	0.056	−0.159	−0.021		
	59	0.111	0.712	−0.014	−0.077	0.006		
	62	−0.032	0.738	0.173	−0.149	0.057		
	65	−0.137	0.712	−0.024	0.017	−0.098		
	66	0.005	0.957	−0.414	−0.030	−0.069		
	67	0.016	0.884	0.132	−0.169	0.066		
	68	−0.137	0.765	0.215	−0.132	0.119		
	74	−0.503	0.653	0.117	0.257	0.146		
	75	−0.055	0.579	−0.141	0.282	−0.175		
领导技术知识能力	70	−0.040	0.173	0.639	0.145	−0.048		
	72	−0.145	0.029	0.794	0.169	0.065		
信息传播能力	78	0.023	−0.153	0.182	0.843	−0.030		
	79	−0.128	−0.098	0.351	0.601	0.176		
	80	0.207	−0.157	0.078	0.763	0.071		
	81	0.076	−0.025	−0.099	0.587	0.188		
信息反应能力	85	0.201	−0.132	−0.112	0.131	0.642		
	86	−0.095	0.017	0.088	0.067	0.774		
	87	−0.168	0.070	0.111	−0.123	0.838		
	88	0.051	−0.058	−0.052	−0.043	0.839		
Cronbach'α		0.795	0.919	0.722	0.773	0.840		

表 5-6 理论变量(1 个内生变量)的效度和信度分析结果

理论变量	测量变量序号	因子 1	KMO 值	Bartlett 检验
企业转型升级绩效	42	0.825	0.811	$\chi^2 = 245.991$ $P = 0.000$
	43	0.807		
	44	0.850		
	45	0.784		
Cronbach'α		0.829		

根据上述对 10 个理论变量的效度和信度分析结果，我们可以把图 5-1 中的研究模型修整为以下研究概念框架,如图 5-8 所示。

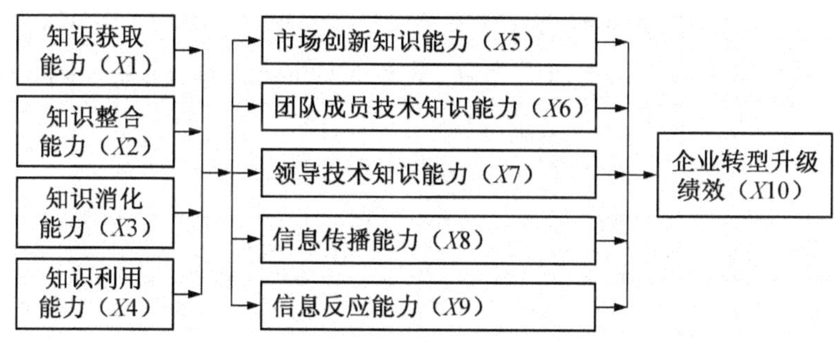

图 5-8 研究概念框架

为确认上图研究概念框架中各个变量之间的因果关系,我们设立了如下 5 个研究假设。

假设 1:企业知识获取能力将会影响企业的市场创新知识、团队成员技术知识、领导技术知识、信息传播、信息反应等能力;

假设 2:企业知识整合能力将会影响企业的市场创新知识、团队成员技术知识、领导技术知识、信息传播、信息反应等能力;

假设 3:企业知识消化能力将会影响企业的市场创新知识、团队成员技术知识、领导技术知识、信息传播、信息反应等能力;

假设 4:企业知识利用能力将会影响企业的市场创新知识、团队成员技术知识、领导技术知识、信息传播、信息反应等能力;

假设 5:企业的市场创新知识、团队成员技术知识、领导技术知识、信息传播、信息反应等能力将会影响企业转型升级绩效。

为验证上述 5 个假设，我们在对研究概念框架中的 10 个理论变量进行相关关系分析(见表 5-7)的基础上,分两个阶段对变量之间的关系进行了回归分析。第一阶段的回归分析是以企业的市场创新知识能力、团队成员技术知识能力、领导技术知识能力、信息传播能力、信息反应能力等作为因变量,以企业的知识获取能力、知识整合能力、知识消化能力、知识利用能力等作为自变量,进行了回归分析;第二阶段的回归分析是以企业转型升级绩效作为因变量,以企业的市场创新知识能力、团队成员技术知识能力、领导技术知识能力、信息传播能力、信息反应能力等作为自变量,进行了回归分析。

表 5-7　变量之间相关关系分析结果

变量	X1	X2	X3	X4	X5	X6	X7	X8	X9	X10
X1	1.00	0.20..	0.37..	0.36..	0.36..	0.37..	0.03	–0.06	0.16.	0.41..
X2	0.20..	1.00	0.34..	0.41..	0.38..	0.66..	0.29..	0.23..	0.18.	0.57..
X3	0.37..	0.34..	1.00	0.63..	0.60..	0.57..	0.58..	0.29..	0.41..	0.57..
X4	0.36..	0.41..	0.63..	1.00	0.55..	0.67..	0.41..	0.25..	0.47..	0.67..
X5	0.36..	0.38..	0.60..	0.55..	1.00	0.59..	0.40..	0.34..	0.36..	0.58..
X6	0.37..	0.66..	0.57..	0.67..	0.59..	1.00	0.54..	0.29..	0.28..	0.72..
X7	0.03	0.29..	0.58..	0.41..	0.40..	0.54..	1.00	0.34..	0.30..	0.49..
X8	–0.06	0.23..	0.29..	0.25..	0.34..	0.29..	0.34..	1.00	0.51..	0.32..
X9	0.16.	0.18.	0.41..	0.47..	0.36..	0.28..	0.30..	0.51..	1.00	0.45..

（续表）

变量	X1	X2	X3	X4	X5	X6	X7	X8	X9	X10
X10	0.41..	0.57..	0.57..	0.67..	0.58..	0.72..	0.49..	0.32..	0.45..	1.00

.. 为 α<0.01 时有意义；. 为 α<0.05 时有意义

变量之间回归分析结果，如表 5-8 所示。

表 5-8　变量之间因果关系假设检验结果

因变量	自变量	Beta 值	t 值	t 值显著性水平	R^2 值	F 值	F 值显著性水平
X5	X1	0.111	1.730	0.085	0.434	31.496	0.000
	X2	0.136	2.107	0.037			
	X3	0.372	4.810	0.000			
	X4	0.220	2.779	0.006			
X6	X1	0.099	1.965	0.051	0.650	76.132	0.000
	X2	0.437	8.572	0.000			
	X3	0.167	2.747	0.007			
	X4	0.348	5.572	0.000			
X7	X1	−0.240	−3.618	0.000	0.398	27.089	0.000
	X2	0.106	1.584	0.115			
	X3	0.572	7.165	0.000			
	X4	0.098	1.197	0.233			
X8	X1	−0.222	−2.811	0.006	0.146	7.008	0.000
	X2	0.140	1.755	0.081			
	X3	0.247	2.599	0.010			
	X4	0.118	1.215	0.226			

（续表）

因变量	自变量	Beta 值	t 值	t 值显著性水平	R^2 值	F 值	F 值显著性水平
*X*9	*X*1	−0.048	−0.651	0.516	0.245	13.332	0.000
	*X*2	−0.031	−0.409	0.683			
	*X*3	0.207	2.317	0.022			
	*X*4	0.369	4.030	0.000			
*X*10	*X*5	0.172	2.751	0.007	0.613	51.674	0.000
	*X*6	0.519	7.878	0.000			
	*X*7	0.084	1.412	0.160			
	*X*8	−0.047	−0.791	0.430			
	*X*9	0.248	4.246	0.000			

从表 5-8 中我们发现，企业的知识获取能力（*X*1）、知识整合能力（*X*2）、知识消化能力（*X*3）、知识利用能力（*X*4）等四个变量，都有效地影响着企业的市场创新知识能力（*X*5）和团队成员技术知识能力（*X*6）；企业的知识获取能力（*X*1）和知识消化能力（*X*3）也有效的影响着企业的领导技术知识能力（*X*7）；企业的知识获取能力（*X*1）和知识整合能力（*X*2），以及企业的知识消化能力（*X*3）也有效的影响着企业的信息传播能力（*X*8）；企业的知识消化能力（*X*3）和知识利用能力（*X*4）也有效的影响着企业的信息反应能力（*X*9）；企业的市场创新知识能力（*X*5）和团队成员技术知识能力（*X*6），以及企业的信息反应能力（*X*9）也有效的影响着企业转型升级绩效。

根据上述的假设检验结果，我们可以得出变量之间因果关系的效应路径，如图 5-9 所示。

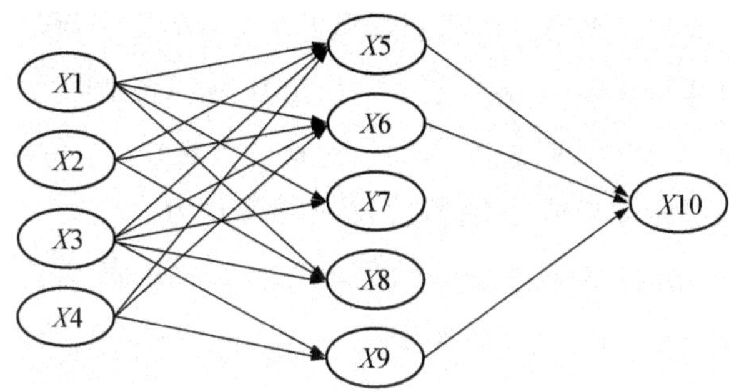

图 5-9 变量之间因果关系的效应路径

第三节 大宗商品供应链企业三种协同创新模式

根据前面的探索性、描述性以及因果关系等研究分析结果，我们认为宁波的大宗商品供应链企业的协同创新模式应分为三种：第一种协同创新模式是注重企业知识量变过程的企业与顾客协同创新模式；第二种协同创新模式是注重企业知识质变过程的企业与顾客协同创新模式；第三种协同创新模式是同时关注企业知识的量变和质变过程的企业与顾客协同创新模式。

企业的知识量变过程是通过强化企业的知识获取能力和知识整合能力来实现的。企业的知识质变过程是通过强化企业的知识消化能力和知识利用能力来实现的。

一、大宗商品供应链企业的三种协同创新模式的特点

1. 大宗商品供应链企业的第一种协同创新模式的特点

(1) 企业在与顾客协同创新时，强调企业的知识获取能力和知识整合能力；

(2) 企业与顾客通过协同创新来提高自身的市场创新知识能力、团队成员技术知识能力、领导技术知识能力、信息传播能力等;

(3) 企业与顾客通过协同创新,主要以企业的市场创新知识能力和团队成员技术知识能力来提高其转型升级能力。

2. 大宗商品供应链企业的第二种协同创新模式的特点

(1) 企业在与顾客协同创新时,强调企业的知识吸收能力和知识利用能力。

(2) 企业与顾客通过协同创新来提高自身的市场创新知识能力、团队成员技术知识能力、领导技术知识能力、信息传播能力、信息反应能力等。

(3) 企业与顾客通过协同创新,主要以企业的信息反应能力来显现其转型升级能力。

3. 大宗商品供应链企业的第三种协同创新模式的特点

(1) 企业在与顾客协同创新时,既要强调企业的知识获取能力和知识整合能力,也要强调企业的知识消化能力和知识利用能力。

(2) 企业与顾客通过协同创新来提高自身的市场创新知识能力、团队成员技术知识能力、领导技术知识能力、信息传播能力、信息反应能力等。

(3) 企业与顾客通过协同创新,主要以企业的市场创新知识能力和团队成员技术知识能力,以及企业的信息反应能力来完善其转型升级能力。

宁波大宗商品供应链企业的盛衰直接关系到宁波这一城市的形象树立和品牌塑造。我们通过本次对宁波50家大宗商品供应链企业及相关第三方机构的实证研究分析,得出三种大宗商品供应链企业与顾客的协同创新模式,即第一种协同创新模式是注重企业知识量变过程的企业与顾客协同创新模式;第二种协同创新模式是注重企业知识质变过程的企业与顾客协同创新模式;第三种协同创新模式是同时关注企业知识的量变和质变过程的企业与顾客协同创新模式。

“十三五”期间,宁波经济实现转型升级的关键就是通过积极扶持高端制造业大宗商品供应链企业与顾客之间的三种协同创新模式,加强大宗商品供应链利润企业与顾客的市场协同创新、技术协同创新以及信息协同创新等能力,最终以提高协同创新绩效来实现转型升级的目的。

从前面的实证研究分析中我们不难发现,其实大宗商品供应链企业的发展不一定像中国的国有企业和外资企业那样非走“做大做强”之路。大宗商品供应链企业可以效仿高端制造业大宗商品供应链企业,在不起眼、不被关注、鲜为人知的特殊及特色领域,做精做优,独领风骚,实现“一带一路”沿线国家大宗商品供应链金融战略关系融资的梦想。当然,这种梦想的实现过程要比实现结果更富有激情和挑战。而实现这一梦想的先决条件是,强化大宗商品供应链企业的知识吸收能力,加速大宗商品供应链企业的知识产业化过程,实现大宗商品供应链企业与顾客的协同创新模式,提高大宗商品供应链企业的市场协同创新、技术协同创新以及信息协同创新等能力,着实提升大宗商品供应链企业转型升级的能力。

二、基于大宗商品供应链企业创新模式

1. 基于大宗商品供应链企业知识吸收能力的协同创新模式改善方案

大宗商品供应链企业要实现转型升级目标,就必须建立与顾客协同创新模式。改善大宗商品供应链企业与顾客协同创新模式的具体方案如下:

(1) 通过提高企业的知识获取、知识整合、知识消化、知识利用等能力来加强企业与顾客的市场协同创新、技术协同创新、信息协同创新等能力;

(2) 通过强化企业的知识获取能力和知识整合能力来改善企业知识量变过程的协同创新模式;

(3) 通过加强企业的知识消化能力和知识利用能力来改善企业知识质变过程的协同创新模式;

(4) 通过综合提升企业知识吸收能力来改善企业基于知识量变和质变过程的协同创新模式。

2. 基于大宗商品供应链企业协同创新模式的转型升级绩效评估标准

大宗商品供应链企业的转型升级要求其与顾客进行行之有效的协同创新,而协同创新领域一般包括:①市场领域;②技术领域;③信息领域。那么,这三个领域的协同创新效果到底如何,我们要根据三种协同创新模式中的四种知识吸收能力来衡量。因为,大宗商品供应链企业的四种知识吸收能力与三种领域的协同创新能力之间存在因果关系。

大宗商品供应链企业的转型升级效果的好坏，要有一个评估标准。我们认为基于协同创新模式的大宗商品供应链企业转型升级绩效评价标准如下：

① 协同创新是否提高了大宗商品供应链企业的利润；②与竞争企业相比,该大宗商品供应链企业的协同创新是否成功;③该大宗商品供应链企业的协同创新是否满足了市场需求;④协同创新是否增加了该大宗商品供应链企业的市场份额。

3. 大宗商品供应链企业转型升级有效路径

仿效高端制造业大宗商品供应链企业协调知识吸收、协同创新以及转型升级关系的经验。

根据前面的探索性和描述性调研分析，以及因果关系实证研究分析的结果，我们认为大宗商品供应链企业要实现转型升级目标，应仿效高端制造业大宗商品供应链企业的协调知识吸收、协同创新以及转型升级三者关系的成功经验，并提出一个总体结论和三个分体结论。总体结论是：大宗商品供应链企业转型升级的有效途径是实现"一带一路"沿线国家大宗商品供应链金融战略关系融资的梦想，而实现这一梦想要依靠大宗商品供应链企业的知识吸收能力来强化企业与顾客的三种协同创新能力，即市场协同创新、技术协同创新以及信息协同创新能力，这三种能力的强化过程需要大宗商品供应链企业与顾客合作创造价值的协同创新模式，最终提高其转型升级的绩效。三个分体结论是：第一，模仿高端制造业大宗商品供应链企业的第一种协同创新模式，即注重知识量变过程的企业与顾客协同创新模式；第二，模仿高端制造业大宗商品供应链企业的第二种协同创新模式，即注重知识质变过程的企业与顾客协同创新模式；第三，模仿高端制造业大宗商品供应链企业的第三种协同创新模式，即同时关注知识的量变和质变过程的企业与顾客协同创新模式。

4. 大宗商品供应链企业协同创新模式的创新性及实践价值

本次实证研究结果是以调查宁波的大宗商品供应链企业及相关的第三方机构为背景，以研究报告的形式为政府机构、企业以及行业协会提供可借鉴参考的理论依据和实际可操作的具体方案，所以不乏创新性和实践意义。

首先，本次调研结果的创新之处在于研究的概念框架中，不仅包含了外生变量（大宗商品供应链企业知识吸收能力）和内生变量（大宗商品供应链企业转型升级绩效），而且还包含了中介变量（市场协同创新能力、技术协同创新能力、信息协同创新能力）。这同以往的研究在外生变量与内生变量之间简单地插入调节变量有着本质的区别。大宗商品供应链企业的转型升级要分两个阶段进行，第一阶段就是要与知识经济时代同步，强化大宗商品供应链企业的知识吸收能力，有效地降低隐性成本；第二阶段就是通过强化大宗商品供应链企业与顾客的协同创新能力来健康有序地促进转型升级。大宗商品供应链企业要从转型升级的第一阶段过渡到第二阶段，中间必须有一个衡量指标，即大宗商品供应链企业与顾客的市场协同创新能力、技术协同创新能力以及信息协同创新能力。本次调研真正做到了大宗商品供应链企业宏观指标（自变量）—中观指标（中介变量）—微观指标（因变量）这三者的有效集成。

其次，本次调研结果的实际应用价值在于关于大宗商品供应链企业转型升级问题，以前的研究分析是把焦点放在产业集群视角上。而本次的研究分析则把焦点放在了大宗商品供应链企业本身的知识吸收能力上，并借助高端制造业大宗商品供应链企业成功经验来衬托出大宗商品供应链企业转型升级的有效途径，具有实际可操作性的应用价值。这是因为宁波经济的发展目前主要还得要依靠一大批传统优势产业，而这些传统优势产业正在面临着巨大的转型升级的压力。知识经济、循环经济以及低碳经济都要求传统企业要尽快向现代企业转型升级，而这三大经济背景则要求宁波的大宗商品供应链企业应着力于企业自身的知识吸收能力和与顾客的协同创新能力及模式，这具有应用层的现实意义。本次调研结果的贡献之处就在于提出了“大宗商品供应链企业基于四种知识吸收能力的三种协同创新模式的提高大宗商品供应链企业与顾客的市场、技术、信息等三种协同创新能力，以及大宗商品供应链企业转型升级绩效的具体方案”的原创思想。

本次调研为实现大宗商品供应链企业知识量变过程协同创新模式、知识质变过程协同创新模式以及知识量变和质变过程协同创新模式提供了富有现实意义的有价值的参考资料,同时也为大宗商品供应链企业与顾客如何提高协同创新能力献计献策,为强化大宗商品供应链企业转型升级能力提供了具体思路。

本次调研是基于传统优势企业向现代知识密集型企业转型升级的研究背景下实施的,所以具有经济发展转型期的划时代现实意义。

本次调研为大宗商品供应链企业详细制定了转型升级的有效路径，并提出了强化大宗商品供应链企业与顾客的协同创新具体方案。即以大宗商品供应链企业知识吸收能力为基础,围绕大宗商品供应链企业与顾客在市场、技术、信息等方面的协同创新能力和知识量变及质变过程的协同创新模式,提出了有效促进大宗商品供应链企业转型升级的具体方案。尤其是引导大宗商品供应链企业在经济发展转型期应借鉴高端制造业大宗商品供应链企业成功经验,实现其转型升级及“一带一路”沿线国家大宗商品供应链金融战略关系融资的梦想。总之,本次调研自始至终围绕着研究内容的先进性、科学性、创新性以及实用性而展开。

第六章
大宗商品供应链金融战略关系协同创新

第一节 大宗商品供应链金融战略关系协同创新基本框架

大宗商品供应链金融是指银行或其他金融机构从整个大宗商品产业链的各种不同维度切入，推出综合授信业务服务，把大宗商品供应链的核心企业、上下游企业及所有与之相关的利益群体作为一个整体，根据大宗商品供应链交易中构成的产品链、价值链、产业链等，以及大宗商品行业特点设计融资方案，将资金有效地注入大宗商品供应链的相关企业，以灵活多样的方式为顾客提供大宗商品供应链金融业务服务的一种创新融资模式。

一个特定的大宗商品的供应链要经过以原材料的采购到半成品、产成品、最终产品等一系列生产环节，最后送到客户手中。将大宗商品供应商、大宗商品生产商、大宗商品采购商、大宗商品分销商、大宗商品用户等连接成一个完整的有机体，任何一个大宗商品供应链企业都可以在大宗商品供应链某个环节获得自己适合的位置，任何一个大宗商品供应链企业都无法脱离大宗商品供应链而独立生存。其中，大型的大宗商品供应链企业往往以自身强大的综合经济实力和良好的品牌形象来吸引一些以大宗商品采购和销售为主营目标的中小型企业，以自身为中心形成一个相对稳定而安全的大宗商品供应链金融生态系统。

大宗商品供应链金融业务服务并不是某一单一的大宗商品供应链金融业务服务,大宗商品供应链金融业务服务改变了过去传统银行或金融机构仅仅针对单一的大宗商品企业主体的授信方式,创新性地从大宗商品供应链的核心企业切入来探究整个大宗商品供应链金融业务服务设计并拓展市场的问题。换句话说,大宗商品供应链金融业务服务就是银行或金融机构在拓展大宗商品供应链金融授信业务服务时,不是只针对大宗商品供应链某个环节的企业来进行,而是要在拟想开展大宗商品供应链金融业务服务的该大宗商品供应链里找出并选择一个处于整个大宗商品供应链运营管理过程中具有举足轻重地位的核心企业，以这个大宗商品供应链核心企业为开展大宗商品供应链金融业务服务的突破口,以该核心企业为出发点,从大宗商品供应链原材料供应到大宗商品生产、分销、采购等为整个大宗商品供应链提供多样化的各种大宗商品供应链业务服务,帮助该大宗商品供应链所有企业整体能够顺利地解决由产品链—价值链—产业链—供应链—需求链等连带关系出问题而导致的企业运营资金困难的瓶颈问题。

大宗商品供应链金融业务服务的特点主要如下：

(1) 大宗商品供应链金融业务服务并不是指某一单一的大宗商品供应链金融业务服务,而是指取代传统的银行或金融机构只针对单一的大宗商品供应链企业主体的授信方式,以大宗商品供应链的核心企业为切入点,从大宗商品原材料供应、大宗商品物流、大宗商品生产、大宗商品分销、大宗商品采购等每个环节的围绕产品链、价值链、产业链等的大宗商品供应链节点环节的现实资金链问题着想,提供灵活多样的大宗商品供应链金融业务服务一种金融工程。

(2) 大宗商品供应链金融业务服务是,从新的维度入手来评估大宗商品供应链上除了核心企业之外的上下游中小型企业的信用风险。这也是创新改革了传统的银行或金融机构孤立地考察大宗商品供应链单一企业静态信用的线性思维模式,促使银行或金融机构从专注于大宗商品供应链上下游中小企业自身信用风险的评估,转向为针对整个大宗商品供应链企业及其大宗商品交易过程中存在的信用风险进行评估。只有这样才能做到从大宗商品供应链整体运营的动态跟踪来真实地考察授信的大宗商品供应链上下游中小企业的资信,更好地维持大宗商品供应链的稳定性,以真实可靠的大宗商品贸易背景开展大宗商品供应链金融业务服务。从而有助于银行或金融机构从大宗商品供应链的产品链、价值链、产业链、供应链、需求链等不同维度来考证大宗商品供应链企业的各自所拥有的核心能力(核心竞争力)或核心价值,真实公正地评价可能引发或导致大宗商品供应链金融业务服务风险,促使更多的大宗商品供应链上下游中小企业能够进入银行或金融机构所提供的金融业务服务范围。

(3) 大宗商品供应链金融业务服务是以大宗商品贸易融资为主线,以大宗商品供应链上下游企业之间真实的物质产品或业务服务为基础,关注大宗商品供应链贸易的可持续发展和大宗商品供应链系统的完整性,都是以大宗商品供应链金融授信合同为依据凭证(直接还款的来源),在大宗商品供应链金融融资授信额度和期限上注重大宗商品供应链企业的物质产品贸易或交易的真实性瞬间。

一、大宗商品供应链金融战略关系协同创新的理论框架

1. 大宗商品供应链金融市场竞争环境理论

当今的市场竞争是由每个企业所属的供应链与其他供应链之间

的竞争,市场竞争格局发生了巨大变化。过去的市场竞争主要是企业之间的市场竞争,其竞争环境比较单一,而如今的这些市场竞争背景已经从单一的线性连接式的市场竞争条件转化为比较复杂的多元化的网络结构市场竞争环境。

由此看来，我们在这里要研究大宗商品供应链金融市场竞争环境,首先要打破以往的常规式,把市场分解成适合市场营销者进行市场营销战略策略而制定的既定营销组合式的理论方法,要提出创新的适合新形势下的,以及适合网络化社会市场竞争背景的战略关系协调组合理论，即针对前面图 3-2 所示的由 4C 不同组合而形成的市场竞争背景,我们要推出与其对应的大宗商品供应链企业战略关系协调组合理论。

那么,适合图 3-2 所示的不同的市场竞争背景的大宗商品供应链金融企业战略关系协调组合理论,如图 6-1 所示。

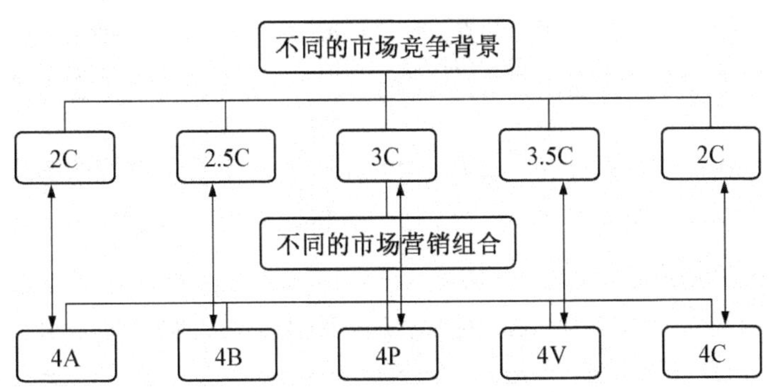

图 6-1　不同市场竞争背景的大宗商品供应链金融企业战略关系协调组合理论

首先,我们从图 6-1 中可以看出,大宗商品供应链企业的不同的市场竞争背景的形成主要竞争市场的 4 个 C（C1 大宗商品供应链企业;C2 大宗商品供应链企业的顾客;C3 大宗商品供应链企业的另一个竞争供应链的企业;C4 是大宗商品供应链企业的创新思维)根据不同的组合方式而成。

其次,从图 6-1 中也可以看出,大宗商品供应链金融企业的不同的战略关系协调组合, 即 4A,4B,4P,4V,4C。其中 4A,4B,4P,4V,4C 分别代表的意思,如表 6-1 所示。

表 6-1 大宗商品供应链金融企业不同的战略关系协调组合

市场营销组合	4A	4B	4P	4V	4C
英文意思	Assortment Affordable Available Announcement	Best Bargaining Buffer-stocking Bombarding	Product Pricing Place Promotion	Variety Value Venue Voice	Customer solution Cost Convenience Communication
中文意思	花色品种 经济实惠 产品可得性 产品新闻发布	最佳品 讨价还价 缓冲库存 大肆宣传导向	产品 定价 渠道 促销	创新产品 价值卓越 第一现场 顾客心声	排忧解难 顾客成本 便利顾客 沟通交流

最后,我们从图 6-1 中又可以看出,大宗商品供应链金融企业的不同的市场竞争背景所对应的大宗商品供应链金融企业的不同的战略关系协调组合,如表 6-2 所示。

表 6-2 大宗商品供应链企业市场竞争背景对应战略关系协调组合

大宗商品供应链企业市场竞争背景				
2C	2.5C	3C	3.5C	4C
大宗商品供应链企业战略关系协调组合				
4A	4B	4P	4V	4C

我们在这里要声明的是，表 6–2 所示的对应关系不是绝对的，理论上我们认为是相互对应关系，实际上与具体的实践环节有着一定的差异，如从 i–Phone 公司的具体实战操作过程中，我们就发现了 i–Phone 公司应对不同的市场竞争背景的不同的战略关系协调组合跟表 6–2 所示的对应连接不一样，如表 6–3 所示。

表 6–3　i–Phone 公司的不同的市场竞争背景的不同的战略关系协调组合

i–Phone 公司的不同的市场竞争背景				
2C	2.5C	3C	3.5C	4C
i–Phone 公司的不同的战略关系协调组合				
4A	4B	4P	(B1;V2;C3;A4)	(B1;V2;C3;A4)

其中，B1；V2；C3；A4 分别是指 4B 的第一个 B；4V 的第二个 V；4C 的第三个 C；4A 的第四个 A。

2. 大宗商品供应链金融战略关系协同创新理论

一个国家或地区大宗商品经济的转型升级需要微观层面的大宗商品供应链企业价值创造过程，而价值创造过程要求大宗商品供应链企业在不同知识层次上进行知识的积累和转移。知识的积累和转移需要价值创造过程中承担不同角色的大宗商品供应链企业与顾客进行战略合作，实现协同创新目的。

(1) 大宗商品供应链金融战略关系协同创新的测度理论。

魏江（2007 年）将知识密集型大宗商品供应链企业的特征概括为：①高知识度；②高技术度；③高互动度；④高创新度。Nonaka (1994v)把知识创造分为 4 个知识转化过程，提出了知识转移过程的 SECI 模型，即知识的社会化、外在化、组合化和内在化。慕继丰等人(2001 年)提出了知识的层次问题，他们认为隐性知识和显性知识既存在于个人层次,也存在于群体层次,个体知识由个体创造并存在于个体中,而社会知识由一个团队的群体行为所创造,并在群体行为中内在化。Nonaka(1994 年)认为:知识转移的社会化过程,即由隐性知识到隐性知识的过程,这属于个体之间隐性知识的共享,经验共享是这个过程的关键,这种知识的转化是知识的量变过程;知识转移的外在化过程,即由隐性知识到显性知识的过程,这属于个体隐性知识转化为群体显性知识的过程,这是一个将感性知识提升为理性知识的过程,这种知识的转化是知识的质变过程;知识转移的组合化过程,即由显性知识到显性知识的过程,这属于大宗商品供应链企业团队的显性知识转化为大宗商品供应链企业自身的显性知识的过程,这种知识的转化是知识的量变过程;知识转移的内在化过程,即由显性知识到隐性知识的过程,这属于知识通过社会化、外在化、组合化等过程,进一步内在化为个体隐性知识的过程,这种知识的转化是知识的质变过程,这种知识一旦成为大宗商品供应链企业的思维模式或创新模式时,将给大宗商品供应链企业带来巨大的无形资产。

Prahalad & Ramsawamy(2004 年),Gibbert,Leibold & Probst(2002 年)等学者认为:大宗商品供应链企业与顾客合作创造价值是一种新型的价值创造模式,大宗商品供应链企业与顾客地位对等,共同参与到价值创造中去,合作的领域包括企业价值创造的各个方面,有设计、生产、物流乃至市场营销等环节;以顾客为导向的价值创造模式虽然以顾客为大宗商品供应链企业经营的核心,但实质依然是大宗商品供应链企业主导价值创造过程,两者地位是主从关系。Bettencourt(1997 年)认为:从信息来源看,大宗商品供应链企业与顾客合作的信息来源主要依靠顾客角色转换后,作为顾问、促销者和大宗商品供应链企业内部资源,主动向大宗商品供应链企业提供信息,大宗商品供应链企业向顾客提供技术以及合作方面的信息,顾客向大宗商品供应链企业提供相应的咨询、体验和创造等方面的信息,信息流向是交互式双向的;从核心能力打造看,通过大宗商品供应链企业与顾客携手整合相互资源,共同创造价值,实现大宗商品供应链企业与顾客的双赢合作;从大宗商品供应链企业目标导向看,大宗商品供应链企业与顾客合作是大宗商品供应链企业引导顾客最终实现互利合作创造,通过建立可以合作的平台,整合顾客与顾客之间的资源和大宗商品供应链企业与顾客之间的资源来实现资源的有效利用,实现的途径是增强顾客在参与价值创造过程中的成就感和兴趣;从顾客承担的角色看,大宗商品供应链企业与顾客合作过程中,顾客是主动参与者,不仅因顾客信息主动传递给企业,可以避免企业主观分析失误导致的损失,而且信息沟通更加便利,节省了大宗商品供应链企业研发费用,降低了市场营销成本,同时,顾客通过物流、设计、生产等价值链环节与大宗商品供应链企业共同创造价值,缩减大宗商品供应链企业成本,并且滋生出自我成就感;从大宗商品供应链企业承担的角色看,大宗商品供应链企业与顾客合作创造价值模式是大宗商品供应链企业完成价值创造的一部分,其余由顾客来完成,大宗商品供应链企业往往建立以兴趣为基础的合作平台,在此基础上形成更为紧密的大宗商品供应链企业与顾客关系,以及大宗商品供应链企业与大宗商品供应链整体之间的关系。

Ari(2005 年)利用芬兰 7 个不同行业中 217 家企业的调研数据,就关于知识处理过程对大宗商品供应链企业创新绩效的影响进行了研究。王宣人(2010 年)以随机抽取来自知识密集型大宗商品供应链企业的 200 名员工,其中包括管理人员,对知识转移与创新能力的关系进行了调研,重点研究了知识转移对企业创新能力的影响。国外学者热衷于研究知识转移与创新能力关系的同时,国内学者主要以知识转移为中介变量,就大宗商品供应链企业内外因对创新能力的影响进行了研究,但对知识转移与创新能力的直接关系研究甚少。因此,在这里我们主要以知识密集型大宗商品供应链企业的典型代表战略性新兴企业为研究对象，重点放在如何改善大宗商品供应链企业的知识转移效果，从而提高大宗商品供应链企业与顾客的协同创新能力，并根据王宣人(2010年)有关大宗商品供应链企业知识转移的测度，即知识获取能力、知识消化能力、知识整合能力、知识利用能力和有关大宗商品供应链企业创新绩效的测度，即财务绩效、顾客关系、竞争地位、市场开拓，对知识密集型大宗商品供应链企业的知识转移和协同创新的测度进行了具体界定，即把知识转移过程分为员工知识共享、团队知识系统化、员工知识概念化、大宗商品供应链企业知识可操作性四个环节，把大宗商品供应链企业与顾客的协同创新能力分为财务绩效、顾客关系、竞争地位、市场开拓四个内容。

(2) 大宗商品供应链金融战略关系协同创新模式理论。

我们为了解知识密集型大宗商品供应链金融企业知识转移与协同创新之间是否存在关系，针对知识密集型大宗商品供应链企业的典型代表——宁波长阳科技企业进行了探索性个案调查分析，如图6–2所示。从中发现：宁波长阳科技企业为进入世界高端供应链，面向国内外市场针对宁波长阳科技企业大宗商品供应链的上游和下游顾客企

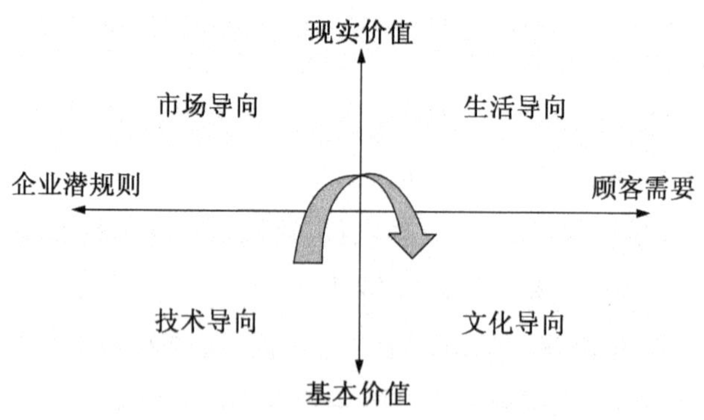

图6–2　大宗商品供应链金融的价值导向规划

业，以企业潜规则——顾客需要为横向标准，以基本价值——现实价值为纵向标准，统筹制定了宁波长阳科技企业大宗商品供应链金融的具体价值导向规划。

基于上述图 6-2 所示的大宗商品供应链金融的价值导向规划内容，宁波长阳科技企业又提出了大宗商品供应链金融战略关系协同创新的网络模式，如图 6-3 所示。

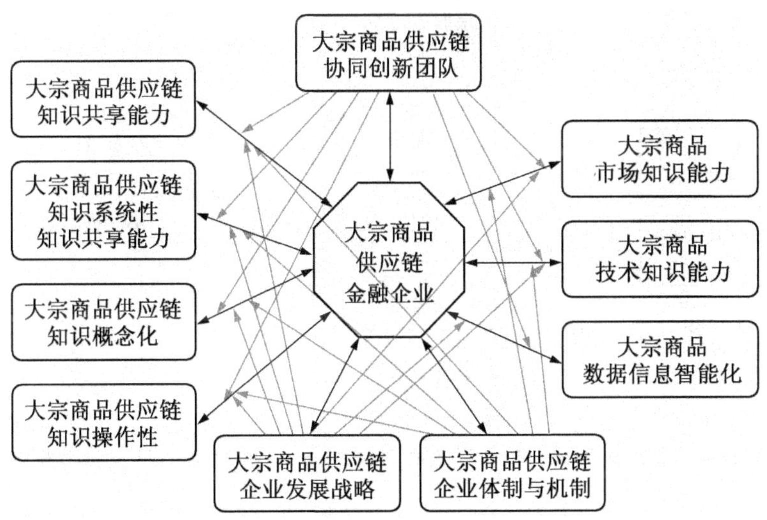

图 6-3 大宗商品供应链金融战略关系协同创新的网络模式

第二节 大宗商品供应链金融战略关系协同创新模式

为进一步确认图 6-3 所示的大宗商品供应链金融战略关系协同创新的网络模式的可行性，我们还根据 Han，Kim 和 Srivastava（1998 年），Hurley 和 Hult（1998 年），Li 和 Calantone（1998 年），Madhavan 和 Grover（1998）等学者关于大宗商品供应链企业的市场、技术、信息等知识的测度，确定了知识密集型大宗商品供应链企业市场知识、技术知识、信息知识等三种测度，称之为衡量大宗商品供应链企业文化与技术集成效果的指标——创新知识能力，并结合上述大宗商品供应链金融战略关系协同创新的测度理论，建立了大宗商品供应链金融战略关系协同创新能力实证研究概念框架，如图 6–4 所示。

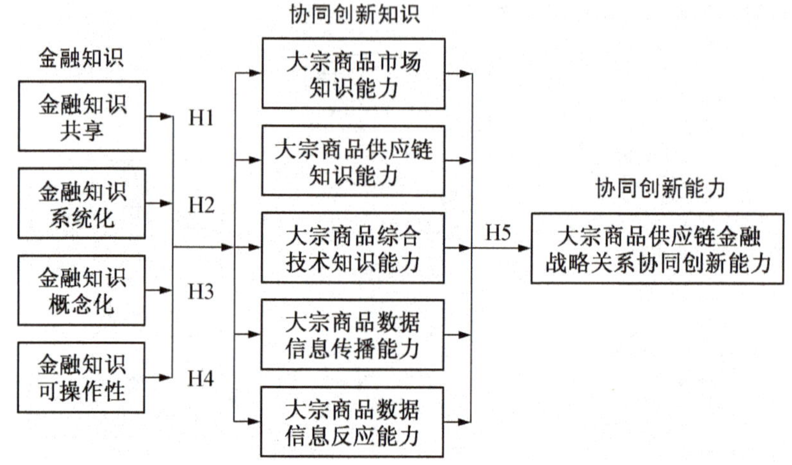

图 6–4　大宗商品供应链金融战略关系协同创新能力实证研究概念框架

图 6–4 中的 H1、H2、H3、H4、H5 分别指假设 1、假设 2、假设 3、假设 4、假设 5。

假设 1：大宗商品供应链金融知识共享将会影响大宗商品供应链企业的市场知识、供应链知识、综合技术知识、数据信息传播、数据信息反应的能力；

假设 2：大宗商品供应链金融知识系统化将会影响大宗商品供应链企业的市场知识、供应链知识、综合技术知识、数据信息传播、数据信息反应的能力；

假设 3：大宗商品供应链金融知识概念化将会影响大宗商品供应链企业的市场知识、供应链知识、综合技术知识、数据信息传播、数据信息反应的能力；

假设 4：大宗商品供应链金融知识可操作性将会影响大宗商品供应链企业的市场知识、供应链知识、综合技术知识、数据信息传播、数据信息反应的能力；

假设 5：大宗商品供应链企业的市场知识、供应链知识、综合技术知识、数据信息传播、数据信息反应的能力将会影响大宗商品供应链金融战略关系协同创新能力。

为验证上述 5 个假设，我们选择了宁波 30 家战略性新兴企业的职工发放问卷共 210 份，回收 187 份，剔除 18 份废卷，有效问卷为 169 份，样本特性，如表 6–4 所示。

表 6–4　样本特性

企业类型 / 企业规模	生物类	节能环保	新材料	物联网技术	新能源	高端装备制造业	合计
大型企业	20	6	31	9	9	5	80
中小型企业	20	9	31	9	12	8	89
合计	40	15	62	18	21	13	169
企业类型 / 企业性质	生物类	节能环保	新材料	物联网技术	新能源	高端装备制造业	合计
国有企业	9	6	10	16	10	3	54
民营企业	26	7	47	8	7	9	104
外资企业	2	1	6	1	1	0	11
合计	37	14	63	25	18	12	169
职位 / 企业规模	高层管理		中层管理		一线管理		合计
大型企业	19		39		26		84
中小型企业	16		40		29		85
合计	35		79		55		169

（续表）

企业性质 \ 职位	高层管理	中层管理	一线管理	合计
国有企业	10	26	19	55
民营企业	8	46	50	104
外资企业	0	4	6	10
合计	18	76	75	169

我们在对实证研究概念框架中的 10 个变量进行相关关系分析（见表 6–5）的基础上，分两个阶段对变量之间的关系进行了回归分析。第一阶段的回归分析是各自以企业的市场知识能力、创新技术知识能力、信息传播能力、信息反应能力等作为因变量，以企业的员工知识共享能力、团队知识系统化、员工知识概念化、企业知识可操作性等作为自变量，进行了回归分析；第二阶段的回归分析是以企业与顾客的协同创新能力作为因变量，以企业的市场知识能力、创新技术知识能力、综合技术知识能力、信息传播能力、信息反应能力等作为自变量，进行了回归分析。

表 6–5 变量之间相关关系分析结果

变量	*X*1	*X*2	*X*3	*X*4	*X*5	*X*6	*X*7	*X*8	*X*9	*X*10
*X*1	1.00	0.21..	0.36..	0.39..	0.38..	0.35..	0.05	–0.07	0.15.	0.43..
*X*2	0.21..	1.00	0.33..	0.40..	0.36..	0.65..	0.29..	0.26..	0.17.	0.51..
*X*3	0.36..	0.33..	1.00	0.63..	0.61..	0.59..	0.57..	0.28..	0.40..	0.59..
*X*4	0.39..	0.40..	0.63..	1.00	0.55..	0.66..	0.42..	0.26..	0.49..	0.65..
*X*5	0.38..	0.36..	0.61..	0.55..	1.00	0.58..	0.41..	0.35..	0.38..	0.53..
*X*6	0.35..	0.65..	0.59..	0.66..	0.58..	1.00	0.55..	0.27..	0.29..	0.71..

（续表）

变量	$X1$	$X2$	$X3$	$X4$	$X5$	$X6$	$X7$	$X8$	$X9$	$X10$
$X7$	0.05	0.29..	0.57..	0.42..	0.41..	0.55..	1.00	0.33..	0.31..	0.47..
$X8$	–0.07	0.26..	0.28..	0.26..	0.35..	0.27..	0.33..	1.00	0.50..	0.39..
$X9$	0.15.	0.17.	0.40..	0.49..	0.38..	0.29..	0.31..	0.50..	1.00	0.40..
$X10$	0.43..	0.51..	0.59..	0.65..	0.53..	0.71..	0.47..	0.39..	0.40..	1.00

.. 为 $\alpha < 0.01$ 时有意义；. 为 $\alpha < 0.05$ 时有意义。

变量之间的回归分析结果，如表 6–6 所示。

表 6–6　变量之间因果关系假设检验结果

因变量	自变量	Beta 值	t 值	t 值显著性水平	R^2 值	F 值	F 值显著性水平
$X5$	$X1$	0.115	1.731	0.081	0.433	31.361	0.000
	$X2$	0.126	2.115	0.037			
	$X3$	0.373	4.830	0.000			
	$X4$	0.230	2.759	0.007			
$X6$	$X1$	0.095	1.935	0.050	0.636	75.152	0.000
	$X2$	0.432	8.552	0.000			
	$X3$	0.165	2.737	0.006			
	$X4$	0.338	5.532	0.000			
$X7$	$X1$	–0.230	–3.623	0.000	0.388	26.080	0.000
	$X2$	0.105	1.563	0.125			
	$X3$	0.582	7.173	0.000			
	$X4$	0.099	1.195	0.253			

（续表）

因变量	自变量	Beta 值	t 值	t 值显著性水平	R^2 值	F 值	F 值显著性水平
$X8$	$X1$	−0.212	−2.831	0.007	0.156	7.110	0.000
	$X2$	0.150	1.775	0.081			
	$X3$	0.259	2.487	0.013			
	$X4$	0.138	1.219	0.234			
$X9$	$X1$	−0.044	−0.631	0.503	0.245	13.332	0.000
	$X2$	−0.033	−0.429	0.663			
	$X3$	0.205	2.318	0.032			
	$X4$	0.356	4.131	0.000			
$X10$	$X5$	0.182	2.851	0.006	0.615	51.324	0.000
	$X6$	0.506	7.690	0.000			
	$X7$	0.082	1.431	0.162			
	$X8$	−0.043	−0.741	0.410			
	$X9$	0.258	4.236	0.000			

根据上述图 6–4 所示的大宗商品供应链金融战略关系协同创新能力实证分析结果，我们得出如下的大宗商品供应链金融战略关系协同创新模式。

(1) 知识量变过程是知识密集型大宗商品供应链金融企业通过强化金融知识共享能力和金融知识系统化来实现的。知识质变过程是知识密集型大宗商品供应链金融企业通过强化金融知识概念化和金融知识可操作性来实现的。

(2) 知识密集型大宗商品供应链金融金融企业的协同创新模式应分为三种：第一种模式是注重大宗商品供应链金融企业知识量变过

程的大宗商品供应链金融企业与顾客协同创新模式；第二种模式是注重大宗商品供应链金融企业知识质变过程的大宗商品供应链金融企业与顾客协同创新模式；第三种模式是同时关注大宗商品供应链金融企业知识的量变和质变过程的大宗商品供应链金融企业与顾客协同创新模式。

(3) 知识密集型大宗商品供应链金融企业的第一种协同创新模式的特点为：①大宗商品供应链金融企业在与顾客协同创新时，强调大宗商品供应链金融企业金融知识共享能力和金融知识系统化；②大宗商品供应链金融企业与顾客通过协同创新来提高自身大宗商品供应链企业的市场知识、供应链知识、综合技术知识、数据信息传播、数据信息反应等能力；③大宗商品供应链金融企业主要以市场知识能力和创新技术知识能力来提高大宗商品供应链金融企业与顾客的协同创新能力。

(4) 知识密集型大宗商品供应链金融企业的第二种协同创新模式的特点为：①大宗商品供应链金融企业在与顾客协同创新时，强调大宗商品供应链金融企业金融知识概念化和大宗商品供应链金融企业金融知识可操作性；②大宗商品供应链金融企业与顾客通过协同创新来提高自身大宗商品供应链企业的市场知识、供应链知识、综合技术知识、数据信息传播、数据信息反应等能力；③大宗商品供应链金融企业主要以数据信息反应能力来显示出大宗商品供应链金融企业与顾客的协同创新能力。

(5) 知识密集型大宗商品供应链金融企业的第二种协同创新模式的特点为：①大宗商品供应链金融企业在与顾客协同创新时，既要强调大宗商品供应链金融企业金融知识共享能力和金融知识系统化，也要强调大宗商品供应链金融企业金融知识概念化和金融知识可操作性；②大宗商品供应链金融企业与顾客通过协同创新来提高自身大宗商品供应链企业的市场知识、供应链知识、综合技术知识、数据信息传播、数据信息反应等能力;③大宗商品供应链金融企业与顾客主要以市场知识能力和创新技术知识能力,以及大宗商品供应链金融企业的数据信息反应能力来完善大宗商品供应链金融企业与顾客的大宗商品供应链金融战略关系协同创新能力。

根据上述研究结论我们又归纳得出如下几点大宗商品供应链金融企业的应对策略:

(1) 基于知识转移的知识密集型大宗商品供应链金融企业与顾客协同创新模式的改善方案。

改善知识密集型大宗商品供应链金融企业与顾客协同创新模式的具体方案如下:①通过提高大宗商品供应链金融企业的金融知识共享能力、金融知识系统化、金融知识概念化、大宗商品供应链金融企业金融知识可操作性等知识转移能力来加强大宗商品供应链金融企业市场知识、供应链知识、综合技术知识、数据信息传播、数据信息反应等能力;②通过强化大宗商品供应链金融企业金融知识共享能力和金融知识系统化来改善大宗商品供应链金融企业知识量变过程的协同创新模式;③通过加强大宗商品供应链金融企业金融知识概念化和大宗商品供应链金融企业金融知识可操作性来改善大宗商品供应链金融企业知识质变过程的协同创新模式;④通过综合提升大宗商品供应链金融企业知识转移能力来改善大宗商品供应链金融企业基于知识量变和质变过程的战略协同创新模式。

(2) 基于协同创新知识的知识密集型大宗商品供应链金融企业与顾客协同创新效果的评价标准。

知识密集型大宗商品供应链金融企业与顾客协同创新领域一般包括:①市场领域;②技术领域;③信息领域。那么,这三个领域的协同创新效果到底如何,我们要根据三种战略协同创新模式中的四种知识转移能力来衡量。因为，知识密集型大宗商品供应链金融企业的四种知识转移能力与三种领域的协同创新效果之间存在因果关系。

知识密集型大宗商品供应链金融企业与顾客协同创新效果的好坏，要有一个评价标准。我们认为基于协同创新知识的知识密集型大宗商品供应链金融企业与顾客协同创新效果的评价标准为：①战略协同创新是否提高了大宗商品供应链金融企业的利润；②与大宗商品供应链金融竞争企业相比，该知识密集型大宗商品供应链金融企业的战略协同创新是否成功；③该知识密集型大宗商品供应链金融企业的战略协同创新是否满足了市场需求；④战略协同创新是否增加了该知识密集型大宗商品供应链金融企业的市场份额。

(3) 协调知识密集型大宗商品供应链金融企业知识转移与协同创新关系的方案。

总体方案是：知识密集型大宗商品供应链金融企业要依靠知识转移能力来强化大宗商品供应链金融企业与顾客战略协同创新知识，即市场知识、供应链知识、综合技术知识、数据信息传播、数据信息反应的能力，这五种能力的强化过程需要知识密集型大宗商品供应链金融企业与顾客合作创造价值的三种战略协同创新模式，最终提高其战略协同创新效果。

阶段性方案是：①注重知识量变过程的大宗商品供应链金融企业与顾客战略协同创新模式；②注重知识质变过程的大宗商品供应链金融企业与顾客战略协同创新模式；③同时关注知识的量变和质变过程的大宗商品供应链金融企业与顾客战略协同创新模式。

第三节　大宗商品供应链金融战略关系协同创新实践

随着经济全球化发展的进程加快,大宗商品供应链金融市场的竞争也变得越来越激烈。因此,大宗商品供应链金融企业为了在激烈的市场竞争环境中取得稳定的市场竞争地位,就必须有企业自身的核心能力,才能获得和竞争对手相当的竞争优势。那么,如何发展和建立并保持以资源和能力为基础的核心能力呢?这一问题已经成了大宗商品供应链金融企业和国内外大宗商品供应链金融领域的学者们的关注点。核心能力是伴随资源和能力产生的一种新的概念,作为大宗商品供应链金融企业要参与的市场竞争范围比较广泛,其核心的竞争力应来源于大宗商品供应链金融企业所拥有的融资能力、营销能力、组织结构能力、研发能力、技术能力、管理能力等,但有些能力大宗商品供应链金融企业则难以掌控,所以就如何提高和发展大宗商品供应链金融企业的核心能力问题成了大宗商品供应链金融企业的当务之急。

大宗商品供应链金融是一套基于高新先进技术的金融业务服务,它是大宗商品供应链金融融资流程,这一流程将大宗商品交易中的大宗商品供应链上下游企业与核心企业联系起来,以降低融资成本,提高大宗商品供应链金融业务服务效率。大宗商品供应链金融融资流程通常以整合和包装并有效利用大宗商品供应链金融中产生的所有相关数据化信息,结合大宗商品供应链金融企业成本的分析和针对各种大宗商品供应链金融的策略,优化资本的可用性成本。

在过去应付账款方面大宗商品供应链金融企业的融资业务服务的最基本的合法形式被称为保理。保理基本上是一种贷款和贷款安排，其中金融机构或第三方以某种材料，从大宗商品供应商那里购买应收账款，经常被认为是荒谬的，相对于义务的面值的折扣。然而，这不仅仅是因果关系，早期支付折扣或存货转移。它还是平衡信用、融资选择、库存管理和其他供应链变量，以优化营运资金等。

为了最大限度地从大宗商品供应链金融战略关系和解决方案中受益，一家公司将需要大量的技术能力。大宗商品供应链金融框架是由大宗商品供应链金融的三大金融业务服务功能，即投资、会计、财务等构成的复杂的体系，如图 6–5 所示。它要求将电子采购和电子支付软件发送采购订单，跟踪好收据，接收发票，并尽可能自动化结算流程。它需要库存管理和跟踪解决方案来适当跟踪和管理整个供应链中的库存。它需要协作和事件跟踪软件来跟踪供应链事件，并允许早期检测和解决潜在的问题。它需要现金流管理和建模工具，以确保在大宗商品供应链的每个环节节点上做出正确的财务决策。所有这些技术

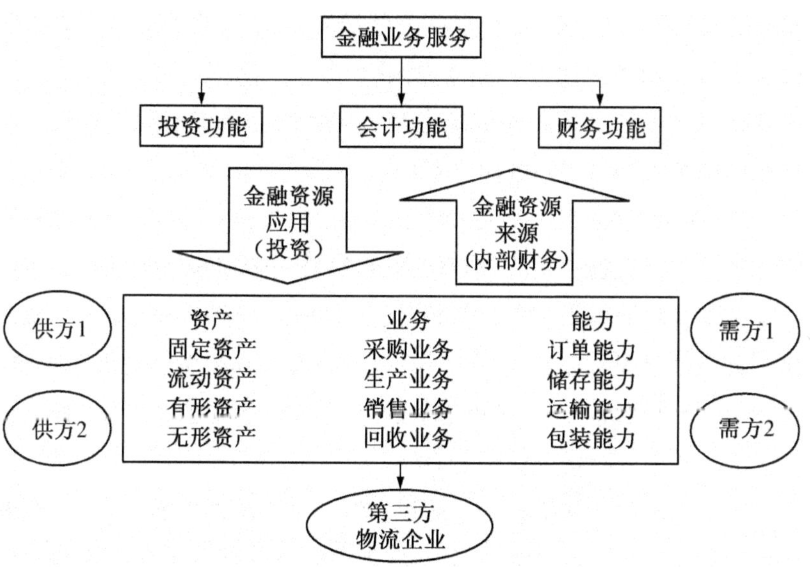

图 6–5　大宗商品供应链金融框架

都需要高度集成。例如,与交易和支付有关的数据化信息需要从公司的电子采购和电子支付系统自动流入公司的应收账款和应付账款系统,然后最终流入现金流量模型和营运资金优化工具。

随着大宗商品供应链金融衍生品市场的发展和资产证券化技术的成熟,结构性金融成为一种新的金融范式,并与间接融资和直接融资一起构成了三大大宗商品供应链金融范式。

核心能力理论从提出至今只有30几年的时间,人们对核心能力的含义的理解还比较模糊。为了更清晰而正确地理解这一关键概念,我们不妨将核心能力拆分为"核心"和"能力"两部分来去解读分析。

从"核心"这一维度来看,就好比一个果实,要看到果核,就必须把水果切开来,但是无论我们切不切开水果,是否看得到果核,这个果核都是存在的。事物的核心也是如此。这里包含一个简单的道理:核心是一个大宗商品供应链金融企业的内在要素,它统率着整个事物的成长和成熟,离开了这个核心,外层要素就没有了依附,而且这些要素也就失去了使他们整合为一个整体的"联结方式",所以,大宗商品供应链金融企业的核心必须是能够统率整个大宗商品供应链组织的全部要素和内部结构的那些关键性的东西。

从"能力"这一维度来看,能力是一种状态,或者说现在拥有的资源的潜力。因此,把"核心"和"能力"组合在一起来理解大宗商品供应链金融企业核心能力,就是大宗商品供应链金融企业的核心要素被应用于大宗商品供应链企业活动,使这些潜力得到激发,然后可以反映出其内在状态和水平,这些核心要素就是我们经常提及的大宗商品供应链金融企业的独特资源和能力。

大宗商品供应链金融企业的核心能力是一种内在的能力。大宗商品供应链金融企业可以在大宗商品供应链企业活动中体现出各自特别的竞争力,不同的大宗商品供应链企业活动表现出来的核心能力形态可能是不同的。比方说,核心能力在研究开发活动中可以体现出大宗商品供应链金融企业在技术创新领域的核心竞争能力;大宗商品供应链金融企业在制造业生产成本控制活动中体现出大宗商品供应链企业的制造业成本管理能力。

核心能力理论强调核心能力的提高。大宗商品供应链金融企业如果想要长期在市场上取得优势就必须依靠自身的核心能力。核心能力由资源和能力引申而来。能力(如物力、人力、财力),资源(如营销能力、研发能力、技术创新能力、相关服务能力等),这些都是大宗商品供应链金融企业自身特有的,跟竞争者企业是有差别的。因此,大宗商品供应链金融企业的长期竞争优势更加惹人关注。

一般来说,根据大宗商品供应链金融企业各种活动功能的不同,大宗商品供应链金融企业的核心能力其表现形态较多地反映在组织洞察力、技术创新能力、市场营销能力、成本管理能力,以及代表大宗商品供应链金融企业形象的企业凝聚力及财务运作能力等方面。特别要说明的是,通常所说的大宗商品供应链金融企业的核心能力是指该大宗商品供应链金融企业核心能力的表现形态,这两者往往是混在一起的,在实际表述上也并不要求刻意去区别核心能力和其表现形态之间的关系。最后,当核心能力的表现形态转化为大宗商品供应链金融企业所需要的价值特性时,就外在地表现为大宗商品供应链金融企业所提供制造业产品或服务的竞争力。

一、大宗商品供应链金融战略关系协同创新实践过程

下面我们就针对宁波的大宗商品供应链企业的实际调研结果来探析大宗商品供应链金融战略关系协同创新实践的过程。

位于宁波市的浙江捷贸通电子商务有限公司,简称“找煤网”。这

一家企业的“找煤网”交易平台一上市就受到了各个风投企业的青睐，经过了几轮投资，使“找煤网”拥有了如今在煤炭电商行业中的较高地位，也吸引了不少同行企业的关注。2015 年的 9 月“找煤网”APP 上线，2015 年 11 月份煤炭网正式开始尝试做撮合加自营服务，2016 年 3 月正式成功上线了“找煤商城”，通过这个商场“找煤网”给大宗商品供应链上游用户和下游用户提供了免费撮合、物流服务、融资服务等。2016 年 4 月“找煤网”又推出了煤金融大宗商品供应链金融业务服务。煤金融是煤炭行业首家专门帮助煤炭企业和投资者相连接的一个平台。“找煤网”依旧是服务商，服务的对象是煤炭企业和投资者。提供业务服务的内容有仓单质押、订单融资、保理业务等大宗商品供应链金融业务服务。

这些年来，由于低碳环保理念的推行，煤炭行业不太景气，各大银行为了减少自己的坏账损失及风险，限制了对煤炭企业发放贷款。而煤金融的推出为煤炭企业提供了资金渠道，也有利于投资者们提高盈利水平。煤炭板块指数，如图 6–6 所示。

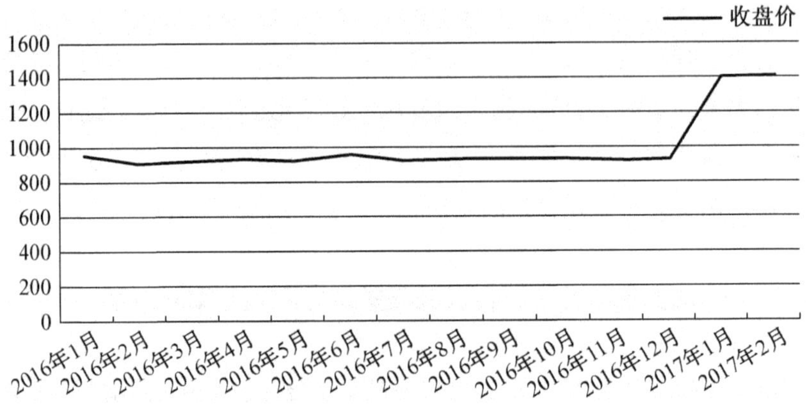

图 6–6　煤炭板块指数

（资料来源：东方财富通，HK2 煤炭）

从图 6-6 我们可以看出，煤炭价格在 2016 年的一整年中价格平稳，在 2017 年有所上升。这一煤炭价格的走势有利于"找煤网"的深入发展，让主攻煤炭的"找煤网"为大宗商品供应链金融企业提供了较好的行业背景优势。

以下内容是我们以浙江捷贸通电子商务有限公司（"找煤网"）为切入点企业，对宁波的大宗商品供应链金融战略关系协同创新实践的过程所做的一项调研分析报告的简介。

我们首先对浙江捷贸通电子商务有限公司（"找煤网"）进行了 FGI 焦点访谈，如下。

"找煤网"FGI 纪实

浙江捷贸通电子商务有限公司（FGI）焦点访谈纪实

访 谈 者：沈哲、金文姬、潘一龙、张昕玉

被 访 者：崔耸（浙江捷贸通电子商务有限公司董事长）

赵文娟（浙江捷贸通电子商务有限公司公关关系总监）

访谈题目：基于核心能力的宁波大宗商品供应链金融战略关系协同创新实践

访谈提纲：

① 大宗商品供应链金融企业的市场竞争背景；

② 大宗商品供应链金融企业的战略关系协调组合；

③ 大宗商品供应链金融战略关系协同创新能力。

主要访谈内容：

提问：您如何看待大宗商品供应链企业的市场竞争背景？

回答：大宗商品供应链企业的上下游用户数量要足够多。虽然供过于求的状况会有变化，首先产量足够多会导致一个问题，那就是严重的供货需求短缺问题，如上游供应商企业的供货商非常少，或者下

游需求方企业的用户非常少,会导致供需不平衡,所以我认为大宗商品供应链企业的上下游用户足够多是首要的必要条件。中间层级也要多,刚才讲到必要,中间没有层级上下游直接对接,对交易平台就没有任何意义,我认为中间环节在 B2B 行业里面是永远存在的,只是作为电商如何把多余的中间环节取消掉。当然这个前提是中间环节比较多,比如大宗商品行业里面有大大小小的中间服务商等等,每一个大宗商品里面必然有其中间服务商存在的价值,只是说这个中间服务商其价值在哪里呢?中间服务商提供了资金流还是物流,或者是提供上游企业的某些控制节点,又或者是某个用户企业使该大宗商品供应链企业有了一个清醒的营运思路。我认为这就是该大宗商品供应链企业所感知到的市场竞争背景,我们并不需要把所有的大宗商品供应链中间环节都取消掉,我们只是取消其中大宗商品供应链多余的中间环节。

提问:您认为贵公司在服务、技术、融资等方面中,哪些方面做得比较好?

回答:我认为服务方面做得更好一些。一是咨询服务完善,我们把大宗商品(主要是指煤炭)上游用户和下游用户的真实的需求和真实的供货信息提供给大家,而且是完整的、真实的信息提供给用户企业,这个是能真正的吸引到很多用户企业的关键所在,不是说我们作为平台方把咨询卡在我们手上。当我们把所有的咨询完整地体现在我们的用户企业身上的时候,这是我们很好的一种引流方式。二是给核心用户企业带来价值增值,给核心用户企业创造真正体现价值的空间,可以是帮用户企业买到更物廉价美的货,也可以是帮用户企业提供他所需要的资源或者信息。

提问:您认为差异性战略和专一化战略您更倾向于哪种?

回答:我个人可能更倾向于专一化战略,整个 2B2 的产业链非常长,从电商平台来讲,我不认为在电商平台刚刚起步的情况下,可以把非常多的用户和客户都服务好,我们应该首先要明白:第一是给谁服务;第二是核心用户企业在哪里;第三是如何为核心用户企业提供专一的服务。

提问:您是如何理解大宗商品供应链金融企业的战略关系协调组合的呢?

回答:当然,我先要熟悉大宗商品供应链金融企业的战略关系协调组合理论,因为这是我通过你们头一次听到的新的理论,尤其是针对变化多端的市场竞争背景,确实很需要这种理论来指导我们的具体实践,如我们根据自身在市场竞争背景中所处的位置,怎样设计我们的产品服务,并同我们的上下游客户企业如何进行交易、协商、谈判、议价等一系列必要的业务工作,如何让我们的上下游客户企业了解我们在经营什么业务,提供什么服务,最终可以在合适的场所,理想的时间, 由专业化服务能力强的职员来与我们的上下游客户企业进行磋商,达成共识,建立战略关系。

提问:同其他的煤炭供应链金融机构相比,贵公司有哪些优势?

回答:"找煤网"的"煤金融"可以做到以下三点:第一,资金可前置。对于满足条件的客户,汽运装车或火车上板时,"找煤网"可前置垫付融资款项;第二,高质押率。一般情况下融资比例可做到70%以上,一定条件下,这个比例最高可达90%以上;第三,付款高效。最快可以当天放款。

提问:贵公司是否关注大宗商品供应链金融战略关系协同创新能力的提高?

回答:这个问题提的好,我们也在苦恼这一问题,即如何先强化我们的金融知识(包括金融知识共享、金融知识系统化、金融知识概念化、金融知识可操作性等内容),如何再通过协同创新知识(包括大宗商品市场知识、大宗商品供应链知识、大宗商品综合技术、大宗商品数据信息传播、大宗商品数据信息反应等能力)的逐步提升,最终提高大宗商品供应链金融战略关系协同创新能力。

从上述的焦点访谈内容中,我们可以对“找煤网”得出如下几点认识:第一,我们可以看出“找煤网”对大宗商品供应链金融整个体系具有一定的了解;第二,我们可以看出“找煤网”的大宗商品供应链金融服务方面做得相对较好,有完善的咨询服务,为客户提供了真实有效的信息,给核心用户创造了价值增值的空间机会;第三,我们可以看出,“找煤网”采用了专一化战略,主攻煤炭,为此选择了表6–3所示的(B1;V2;C3;A4)大宗商品供应链金融战略关系协同组合;第四,“找煤网”知道自己在资金方面的竞争优势,并以此来规划设计了自身的大宗商品供应链金融发展战略,进行了改革创新;第五,我们可以看出,“找煤网” 是如何先强化大宗商品供应链金融企业的包括金融知识共享、金融知识系统化、金融知识概念化、金融知识可操作性等内容的金融知识,并通过包括大宗商品市场知识、大宗商品供应链知识、大宗商品综合技术、大宗商品数据信息传播、大宗商品数据信息反应等能力在内的协同创新知识的逐步提升,最终使得大宗商品供应链金融战略关系协同创新能力的具体思路清晰明了。

浙江捷贸通电子商务有限公司(“找煤网”)的企业层战略的根基在于其在煤炭行业的地位,实行专一化战略,主攻煤炭这一品类的大宗商品领域。“找煤网”提供的不同业务服务有其共同的特点,那就是为煤炭产品提供大宗商品供应链金融服务。“找煤网”选择专一化战略,其煤炭的专业化程度就会强于任何竞争对手,形成竞争对手难以模仿的核心竞争力。

浙江捷贸通电子商务有限公司(“找煤网”)的业务层战略是在业

务层上实行的是多元化战略。“找煤网”不仅仅是一个普通的煤炭大宗商品交易平台，它还制定了多种物流运输方式和物流优惠策略。另外，“找煤网”还利用自身的平台优势为找煤网的会员提供一套全方位的大宗商品供应链金融融资服务，即“煤金融”。“找煤网”提供煤炭供应链金融的解决方案，“煤金融”有三种大宗商品供应链金融业务服务：仓单质押、订单融资、应收款保理等业务服务。“找煤网”利用自己的融资能力，可以有效地发挥资金的活力来创造出更大的价值。

我们为了进一步了解大宗商品供应链金融战略关系协同创新实践情况，于2017年1月到3月针对在宁波获得大宗商品供应链金融业务服务的10家大宗商品供应链企业进行了为期两个月时间的问卷调查。共发放了150份问卷，回收了115份问卷，剔除22份无效问卷，剩下的有效问卷有93份，问卷回收率为76.67%，有效率为80.87%。此次抽样问卷调查的人员样本特性和企业组织样本特性，如表6–7，表6–8所示。

表6–7　人员样本特性

性别＼职位	普通职员	高层管理	负责人	合计
男	33	12	2	47
女	37	9	0	46
合计	70	21	2	93

从表6–8抽样问卷调查结果中我们可以看出，抽样问卷调查对象的男女比例基本持平，且大部分为企业的普通员工，从中我们也大概可以判断也宁波获得大宗商品供应链金融业务服务的大宗商品供应链企业的人员比例结构。

表 6–8　企业组织样本特性

企业年限 / 企业规模	0—2 年	3—5 年	6—10 年	10 年以上	合计
10 人以下	1	0	0	0	1
10—20 人	5	2	1	0	8
20—300 人	21	36	2	0	59
300 人以上	2	12	8	3	25
合计	29	50	11	3	93

从表 6-9 的抽样问卷调查结果中我们可以得出，被调查的在宁波获得大宗商品供应链金融业务服务的大宗商品供应链企业组织的成立年限都不是很长，可见在宁波获得大宗商品供应链金融业务服务的大宗商品供应链企业是近几年开始发展起来的，但是企业规模 20—300 人的企业占绝大多数，可见在宁波获得大宗商品供应链金融业务服务的大宗商品供应链企业的发展及从业人员数增加相对较快。

在宁波获得大宗商品供应链金融业务服务的大宗商品供应链企业所处的供应链位置，如图 6–7 所示。

从图 6–7 我们可以看出，被抽样问卷调查的企业中大宗商品供应

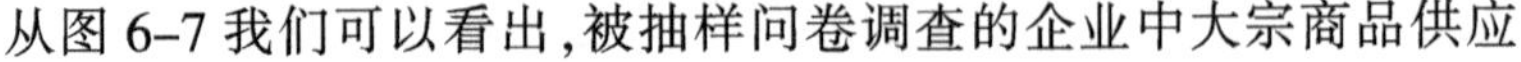

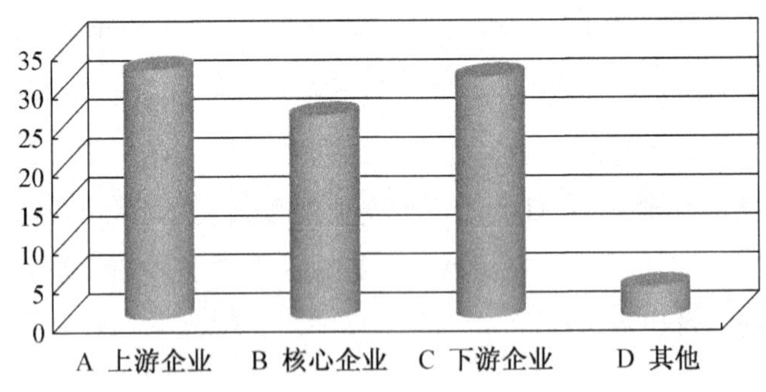

图 6–7　大宗商品供应链金融服务对象企业所处的供应链位置

链金融服务对象企业位于上游企业的所占比最多，其次是下游企业，最后才是核心企业。从中我们可以做出初步判断：宁波的大宗商品供应链企业得到供应链金融业务服务的企业构成符合大宗商品供应链金融理论要求，这将有利于宁波大宗商品供应链金融战略关系协同创新发展。

在抽样问卷调查过程中我们发现，最能代表大宗商品供应链企业竞争力指标的不是大宗商品供应链金融融资能力指标，而是市场占有率指标，如图 6-8 所示。

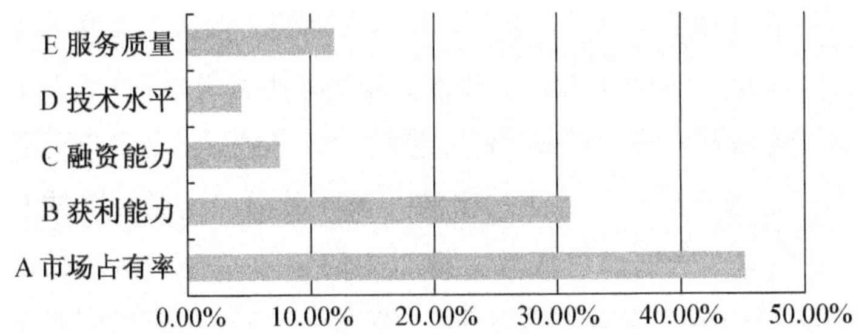

图 6-8　最能代表大宗商品供应链企业竞争力的指标

从图 6-8 中呈现出的最能代表大宗商品供应链企业竞争力的指标比例我们可以得到这样的一个启发：在线性思维基础上的大宗商品供应链金融战略关系融资绩效所衡量的指标主要是大宗商品供应链企业的融资能力和技术水平。然而，我们的调研结果正好与线性思维大宗商品供应链金融战略关系融资绩效衡量标准相反。因为，基于指数思维的大宗商品供应链金融战略关系融资绩效所衡量的指标重要度顺序为：市场占有率、获利能力、服务质量、融资能力、技术水平，这正好与我们的抽样问卷调查结果相吻合。由此可见，在宁波这一大宗商品供应链金融业务服务行业相对发展迅速的城市，已经出现了通过大宗商品供应链金融战略关系协同创新实践来实现基于指数思维的大宗商品供应链金融战略关系融资的迹象。

大宗商品供应链金融服务对象企业的战略规划，如图 6–9 所示。

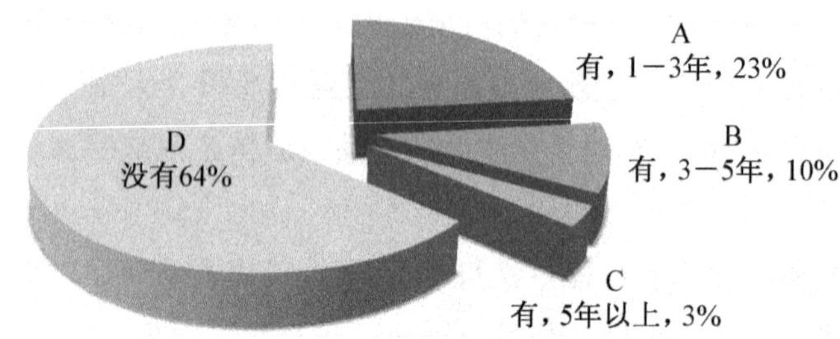

图 6–9 大宗商品供应链金融服务对象企业的战略规划

从图 6–9 中我们发现，在宁波获得大宗商品供应链金融业务服务的大宗商品供应链企业大部分都还没有制定战略规划。这说明大宗商品供应链金融行业是一个战略性新兴行业，有很大发展空间及辉煌未来。这些被抽样问卷调查的宁波大宗商品供应链企业其成立年限(尤其是获得大宗商品供应链金融服务的年限)很短，所以目前还处在走一步学一步，“摸着石头过河”的阶段，有待于尽快通过大宗商品供应链金融战略关系融资服务理论为指导，在实践中不断的积累先进经验。

可想而知，以大宗商品供应链金融战略关系协同创新实践为核心内容的本书的现实意义重大。在宁波获得大宗商品供应链金融业务服务的大宗商品供应链企业追求的战略形式，如图 6–10 所示。

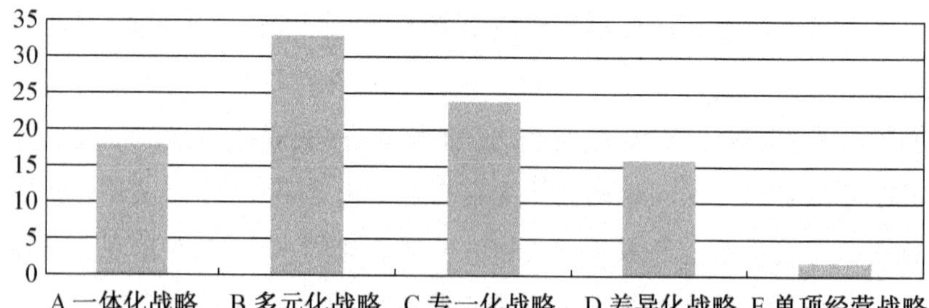

图 6–10 大宗商品供应链金融服务对象企业追求的战略形式

从图 6–10 中我们可以看出，很少有企业选择单一的经营战略模式。在宁波获得大宗商品供应链金融业务服务的大宗商品供应链企业中，选择多元化战略的企业是最多的，其他的几种战略相差无几。

在宁波获得大宗商品供应链金融业务服务的大宗商品供应链企业对其竞争者相关知识掌握情况，如图 6–11 所示。

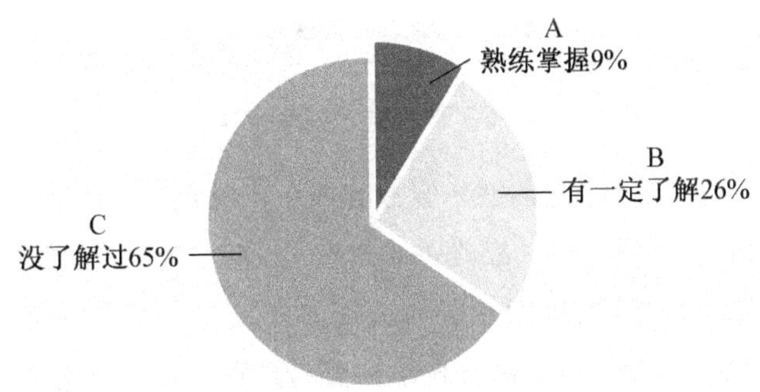

图 6–11　大宗商品供应链金融服务对象企业了解竞争者相关知识情况

从图 6–11 中我们可以发现，在宁波获得大宗商品供应链金融业务服务的大宗商品供应链企业对其竞争者相关知识的掌握欠缺，这说明宁波的大宗商品供应链金融服务对象企业急需要以大宗商品供应链金融战略关系协同创新实践为核心内容的大宗商品供应链金融战略关系融资服务理论作为指导丛书，在了解竞争者的同时，也为大宗商品供应链金融战略关系协同创新实践而求索真理。

我们根据上面的针对在宁波获得大宗商品供应链金融业务服务的大宗商品供应链企业的抽样问卷调查结果分析内容，提出如下的大宗商品供应链金融战略关系协同创新实践的两方面建议：

第一，从大宗商品供应链企业核心能力方面考虑的建议。

大宗商品供应链金融服务形态，如图 6–12 所示。

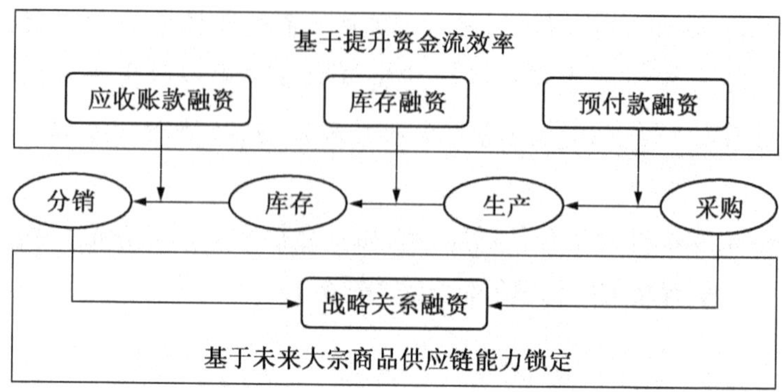

图 6-12 大宗商品供应链金融服务形态

大宗商品供应链金融创新服务有四种产品模式：应收账款融资、库存类融资、预付款融资、战略关系融资。以应收款融资、库存融资、预付款融资等为代表的自偿性贸易融资方式在大宗商品供应链金融中具有建设性的作用。由于这类自偿性贸易融资方式有着比较成熟的运作模式，银行能够将风险控制在一定比例内，所以这三种自偿性贸易融资方式得到了较为广泛的运用。然而，战略关系融资作为大宗商品供应链金融融资服务的一种创新形态，超越了传统以往的银行融资方式。战略关系融资以提高大宗商品供应链价值的创造能力为导向，以长期的合作为基础。大宗商品供应链企业要在大宗商品供应链金融创新服务领域获得其核心竞争能力应该在传统的基于线性思维模式的大宗商品供应链金融业务服务上有所突破，真正实现基于指数思维的大宗商品供应链金融业务服务的战略关系融资。“找煤网”作为一个优秀的宁波大宗商品供应链金融企业，也还没有形成战略关系融资，其融资模式仍然是应收账款融资、库存类融资、预付款融资。这跟当今的大宗商品供应链金融企业要求我们具备战略关系融资这一核心能力，才能获得竞争优势的理念还是有一定差距的。所以大宗商品供应链金融企业应该要往战略关系融资方向发展，获得自己的融资核心能力，从而转化成市场竞争优势。

大宗商品供应链金融战略关系融资的业务流程,如图 6–13 所示。

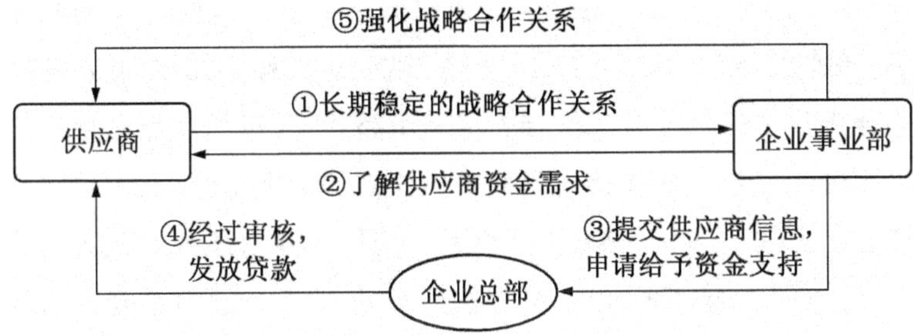

图 6–13 大宗商品供应链金融战略关系融资的业务流程

大宗商品供应链企业的总部设立财务审核部门,大宗商品供应链企业各事业部根据供应商需求向总部财务审核部门提出申请,然后由大宗商品供应链企业总部直接对供应商进行支持。这种融资方式的独特之处在于,融资并不以某个单独交易为依据,而是以双方的长期合作为基础,甚至不涉及质押物品。在这一融资过程中大宗商品供应链企业关注的问题是通过给供应商提供融资,提升供应商的质量,从未提升大宗商品供应链的价值创造能力,改善大宗商品供应链整体生态系统,从根本上塑造大宗商品供应链企业的市场竞争优势。

第二,从大宗商品供应链企业战略方面考虑的建议。

宁波大宗商品供应链金融企业应当根据自己的核心能力采取适合自己的大宗商品供应链企业层战略。比如大宗商品供应链企业对某一产品或某一客户群非常了解,可以采取专一化战略,就像“找煤网”的产品只与煤炭相关。如果大宗商品供应链企业的产品不是单一的,比如宁波网盛生意宝就参与多个领域,其中包括能源类,钢铁类,有色金属类,橡胶类,农产品类,就应该采取差异化战略,提供大宗商品供应链产品或服务的差异化,形成一些在整个行业领域中具有独特性的东西。把握大宗商品供应链企业层战略的正确方向,需要和大宗商品供应链企业的核心能力相结合,不能墨守成规、盲目选择。

宁波大宗商品供应链企业应当根据下游市场采取适合的业务层战略。有些市场适合多种产品和服务,就应该选择多元化战略;有些市场适合将独立的部分有机地结合成一个整体,其市场就更适合实施一体化战略。想要有效连接大宗商品供应链的上下游企业,有效实施基于核心能力的一体化战略,大宗商品供应链企业必须要有优秀的管理人才,足够的资金来源,以及高超技术水平,优良的服务质量。这样才能使大宗商品供应链企业可以得到更好地发展。在垂直整合方面,将原大宗商品供应链企业的核心竞争力进行具体分析。大宗商品供应链企业在融入自己不熟悉的领域时需要一个过程,如何把自己原有的核心能力转移到新的领域中,就显得十分重要。而多元化战略必定会分散大宗商品供应链企业的资源,所以如果需要选择多元化战略的时候需要把握好一个度,基于自己的核心能力做出正确的选择。

二、大宗商品供应链企业战略关系协同创新实践过程

下面我们就针对宁波的危化品供应链企业的实际调研结果来探析危化品供应链企业的安全领导力与安全行为的战略关系协同创新实践过程。

1. 相关文献评述

安全是危化品供应链企业的管理重点,是危化品供应链企业可持续发展的根本保证。近年来,人为的不安全因素导致了越来越多的安全事故。为此我们以 30 家宁波危化品供应链企业为样本,对其安全领导力与安全行为之间战略关系协同创新相关问题进行了调研,并通过实证研究提出了若干战略关系协同创新研究诉求点:一是危化品供应

链企业工作人员个人因素对战略关系协同创新安全氛围的差异性影响,可以为危化品供应链企业管理人员提供借鉴和参考,着重关注那些对战略关系协同创新安全氛围感较差的工作人员;二是战略关系协同创新安全领导力可以在很大程度上影响危化品供应链企业的战略关系协同创新安全氛围;三是战略关系协同创新安全领导力直接影响危化品供应链企业工作人员战略关系协同创新安全行为;四是战略关系协同创新安全氛围正面影响危化品供应链企业工作人员战略关系协同创新安全行为。

大多数关于战略关系协同创新安全领导力的研究是根据领导理论来分析安全领导力对安全行为或安全绩效的作用。如 O′Dea 和 Flin (2003 年) 以安全领导力和安全态度行为维度和度量组合来研究领导行为与企业工作人员之间开放式沟通关系对企业安全绩效所起的关键作用。Zohar 和 Luria(2003 年)的研究得出,安全行为可以通过企业领导与工作人员之间积极互动得到改善。Tsung - Chih Wu(2007 年)的研究发现安全领导力对安全氛围和安全绩效起着积极的影响。很多学者关于安全氛围的研究聚焦在安全氛围、安全行为、安全绩效这三者的关系上,它们的研究结果表明,安全氛围不仅与安全行为正相关,而且还跟事故发生率负相关。Sharon Clarke(2013 年)的研究发现,不同类型的战略关系协同创新领导力对企业工作人员安全条例执行力和战略关系协同创新安全参与度有着差异性影响。Chin - Shan Lu 和 Chung - Shan Yang(2010 年)则把不同类型的战略关系协同创新安全领导力适用于安全作业中, 并提出了战略关系协同创新安全领导力的维度和度量组合表,该组合表中包括安全激励、安全政策、安全关心这三种维度和度量组合内容。Donald P.Dingsdag,Herbert C.Biggs, Vaughn L.Sheahan(2008 年)等学者就战略关系协同创新安全领导力和企业战略关系协同创新安全文化发表了各自的观点,其中有关战略关系协同创新安全领导力促进企业战略关系协同创新安全文化的形成这一观点是一致的。

通过上述战略关系协同创新安全领导力和战略关系协同创新安全行为相关问题的文献评述,我们可以从基本层面上理解战略关系协同创新安全领导力和战略关系协同创新安全行为的概念和各种维度度量以及它们的不同组合。以此我们得出如图 6-14 所示的危化品供应链企业战略关系协同创新安全领导力、安全氛围、安全行为三者的概念框架,并基于这个概念框架提出了如下研究假设:

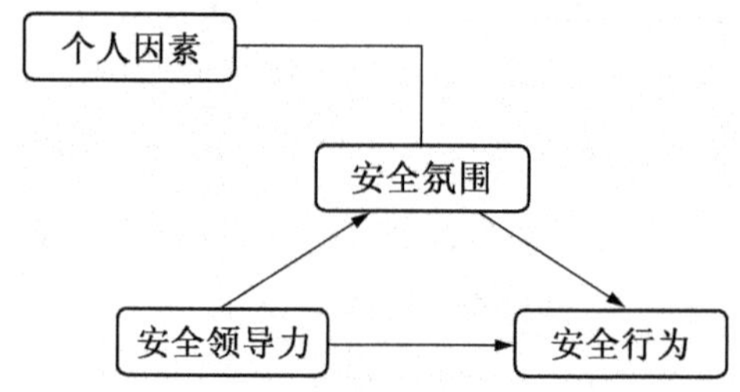

图 6-14　战略关系协同创新安全领导力、安全氛围、安全行为三者的概念框架

H1:不同的个人因素对安全氛围的影响出现差异;

H2:安全领导力对安全氛围起着显著影响;

H3:安全领导力对安全行为起着显著影响;

H4:安全氛围对安全行为起着显著影响;

H5:安全领导力通过安全氛围影响安全行为。

2. 变量的维度及度量分析

我们的研究主题是危化品供应链企业的战略关系协同创新安全管理,因而问卷发放对象选择了危化品供应链企业的工作人员,并将被调查者填写的问卷作为原始的数据来源。我们面向宁波 30 家危化品供应链企业的工作人员,共发放 235 份问卷,回收问卷 207 份,其中有效问卷188份，有效回收率为90.8%。对危化品供应链企业战略关系协同创新安全领导力、安全行为、安全氛围等变量的信度和效度分析结果都出现显著意义。

我们此次调研的主要目的在于将被调查对象的个人基本资料作简单的统计分析，具体整理结果，如表6-9所示。从工龄来看，1年以下和1~5年的所占比重较大，分别为43.1%和30.3%，16年及以上的占到13.8%，说明宁波危化品供应链企业为适应战略关系协同创新安全管理需要，正积极扩大组织规模，做好人才储备。从学历来看，本科以下的工作人员占绝大多数，为77.7%，本科学历人数占到了21.3%，这也反映了危化品供应链企业劳动密集型的特点。从每年安全培训次数来看，被调查对象中有40.4%的人只受过1次或者根本没有受过安全方面的培训，从整体数据来看，危化品供应链企业应该加强工作人员的战略关系协同创新安全教育工作，提高工作人员的战略关系协同创新安全防范意识。

表6-9　个人因素变量

个人因素	属性	频数	百分比
工龄	1年以下	81	43.1%
	1~5年	57	30.3%
	6~10年	17	9.0%
	11~15年	7	3.7%
	16年及以上	26	13.8%
性别	男	109	58.0%
	女	79	42.0%
教育水平	专科	84	44.7%
	本科	40	21.3%

（续表）

个人因素	属性	频数	百分比
教育水平	硕士及以上	2	1.1%
	其他	62	33.0%
每年安全培训次数	1 次或没有	76	40.4%
	2~5 次	63	33.5%
	6~10 次	25	13.3%
	10 次以上	24	12.8%

对被调查对象关于各变量维度的回答有一个整体性的了解，我们对问卷回答的情况进行了描述性统计分析，并做了相应的比较，如表 6-10~表 6-12 所示。

表 6-10　安全领导力各维度的描述统计量

维度	项目数	*N*	极小值	极大值	均值	标准差
企业安全指导力	11	188	1	5	3.7838	0.81394
企业安全关注度	6	188	1	5	3.7757	0.79982
企业安全控制力	9	188	1	5	3.7459	0.80043

表 6-11　安全行为各维度的描述统计量

维度	项目数	*N*	极小值	极大值	均值	标准差
工作人员安全执行力	4	188	1.25	5	3.7620	0.86227
工作人员安全参与度	4	188	1.25	5	3.7434	0.79874

表 6–12　安全氛围各维度的描述统计量

维度	项目数	N	极小值	极大值	均值	标准差
安全制度规范性	6	188	1	5	3.5647	0.85147
企业安全态度	8	188	1	5	3.5313	0.78438
工作人员安全责任感	8	188	1	5	3.5306	0.75182
工作人员安全作业能力	8	188	1.13	5	3.6742	0.77309

我们从表 6–10 中可以看出，危化品供应链企业战略关系协同创新安全领导力的三个因素总体处于中等稍微偏上的水平，表明领导层在安全服务方面给予了一定的关注，但程度还不够，需要进一步加强。从表 6–11 可以看出，危化品供应链企业工作人员的战略关系协同创新安全行为也处于中等稍微偏上水平，说明工作人员的安全业务水平一般，亟待提高。从表 6–12 中可以看出，危化品供应链企业战略关系协同创新安全氛围的这四个因素总体处于中等稍微偏上水平，其中，工作人员战略关系协同创新安全作业能力略微高于其余三个因素，说明工作人员能够较好的注意作业过程的安全，但仍有很大的提升空间。

为分析个人因素对危化品供应链企业战略关系协同创新安全氛围的影响，我们分别就工龄、性别、教育水平、每年得到安全培训的次数在战略关系协同创新安全氛围各维度进行了方差分析，如表 6–13~表 6–16 所示。

表 6-13　不同工龄工作人员在安全氛围各维度方差分析

维度	变异来源	平方和	自由度	均方	*F* 值	显著性
企业安全制度规范性	组间	351.966	3	87.992	3.556	0.008
	组内	4528.688	184	24.747		
	总体	4880.654	187			
企业安全态度	组间	309.137	3	77.284	2.005	0.096
	组内	7054.113	184	38.547		
	总体	7363.250	187			
工作人员安全责任感	组间	291.348	3	72.837	2.059	0.088
	组内	6473.397	184	35.374		
	总体	6764.745	187			
工作人员安全作业能力	组间	611.161	3	152.790	4.274	0.002
	组内	6541.712	184	35.747		
	总体	7152.872	187			

表 6-14　不同性别工作人员在安全氛围各维度的 t 检验

维度	性别	*N*	均值	标准差	*t* 值	显著性
企业安全制度规范性	男	109	21.5229	5.28204	0.424	0.672
	女	79	21.2025	4.88687		
企业安全态度	男	109	28.7339	6.34012	3.244	0.025
	女	79	27.5823	6.16152		
工作人员安全责任感	男	109	28.8532	5.92832	4.637	0.013
	女	79	27.4051	6.06909		
工作人员安全作业能力	男	109	29.5138	6.02405	0.312	0.755
	女	79	29.2278	6.43498		

表6-15　不同教育水平在安全氛围各维度方差分析

维度	变异来源	平方和	自由度	均方	F值	显著性
企业安全制度规范性	组间	130.076	3	43.359	1.679	0.173
	组内	4750.578	184	25.818		
	总体	4880.654	187			
企业安全态度	组间	104.248	3	34.749	3.881	0.042
	组内	7359.002	184	39.451		
	总体	7363.250	187			
工作人员安全责任感	组间	199.087	3	66.362	3.860	0.038
	组内	6565.657	184	35.683		
	总体	6764.745	187			
工作人员安全作业能力	组间	440.493	3	146.831	4.025	0.008
	组内	6712.379	184	36.480		
	总体	7152.872	187			

表6-16　不同安全培训次数在安全氛围各维度方差分析

维度	变异来源	平方和	自由度	均方	F值	显著性
企业安全制度规范性	组间	28.975	3	9.658	0.366	0.777
	组内	4851.679	184	26.368		
	总体	4880.654	187			
企业安全态度	组间	29.489	3	9.830	0.247	0.864
	组内	7333.761	184	39.857		
	总体	7363.250	187			
工作人员安全责任感	组间	38.765	3	12.922	0.353	0.787
	组内	6725.980	184	36.554		
	总体	6764.745	187			

（续表）

维度	变异来源	平方和	自由度	均方	F值	显著性
工作人员安全作业能力	组间	95.599	3	31.866	0.831	0.478
	组内	7057.274	184	38.355		
	总体	7152.872	187			

从表6–13可以看出，除了危化品供应链企业的战略关系协同创新安全态度和工作人员战略关系协同创新安全责任感外，工龄在战略关系协同创新安全氛围其他维度上都存在显著差异。在对达到显著差异的数据进行进一步事后检验，发现工龄在1年以下和工龄在6~10年的工作人员对于危化品供应链企业战略关系协同创新安全制度规范性和工作人员战略关系协同创新安全作业能力的感应要明显高于工龄在16年以上的工作人员。从表6–14中我们可以看出，男性工作人员在战略关系协同创新安全氛围各因素上的感应要比女性工作人员强，这是因为男女工作人员的差异化使危化品供应链企业战略关系协同创新安全态度和工作人员战略关系协同创新安全责任感这两个因素上有显著差异($\alpha < 0.05$)。这可能与男性工作人员比女性工作人员参与了更多危化品供应链企业业务服务活动有关。从表6–15数据来看，工作人员的教育水平在危化品供应链企业的战略关系协同创新安全态度、工作人员战略关系协同创新安全责任感、工作人员战略关系协同创新安全作业能力等方面有显著差异。在对达到显著差异的数据进行进一步事后检验，发现本科以上教育水平的工作人员在前面3个维度上的感应程度要高于本科以下的工作人员。从表6–16可以看出，危化品供应链企业工作人员得到的培训次数在战略关系协同创新安全氛围各维度上的感应差异均不存在明显差异($\alpha > 0.05$)。

我们此次调研的危化品供应链企业战略关系协同创新安全领导

力这一维度的度量主要依据 Chin-Shan Lu 和 Chung-Shan Yang(2010年)的领导力维度的度量提出的,该维度的度量之前是由 Bass and Avolio,Cooper,Carrillo and Simon,O'Dea and Flin,Yule,Wu 等学者提出的。危化品供应链企业战略关系协同创新安全氛围这一维度的度量主要参考了 Tsung-Chih Wu 和陈扬提出的安全氛围维度和度量组合表,并选择了"制度与规范""安全态度""工作人员的参与及影响""安全作业的能力"等四种维度。危化品供应链企业战略关系协同创新安全行为这一维度的度量主要参考了 Chin-Shan Lu 和 Chung-Shan Yang 提出的维度和度量组合表,从中选择了战略关系协同创新安全遵守和战略关系协同创新安全参与两个维度。

3. 实证结果分析

此次调研数据我们通过 8 次不同的回归分析得出多变量之间因果关系的实证结果及其分析,如表 6-17 所示。

表 6-17　回归实证结果及其分析

自变量	因变量	有效结果	无效结果	对策分析
安全领导力维度: 安全指导力 安全关注度 安全控制力	安全氛围维度: 安全制度规范性	战略关系协同创新安全指导力和安全控制力对战略关系协同创新安全制度规范性起着积极的作用	战略关系协同创新安全关注度对战略关系协同创新安全制度规范性无作用	加强危化品供应链企业的战略关系协同创新安全控制力和安全指导力会有助于改善危化品供应链企业的战略关系协同创新安全制度规范性
安全领导力维度: 安全指导力 安全关注度 安全控制力	安全氛围维度: 危化品供应链企业战略关系协同创新安全态度	战略关系协同创新安全指导力和安全控制力对危化品供应链企业战略关系协同创新安全态度起着积极的作用	战略关系协同创新安全关注度对危化品供应链企业战略关系协同创新安全态度无作用	加强危化品供应链企业的战略关系协同创新安全控制力和安全指导力会有助于强化危化品供应链企业的战略关系协同创新安全态度

（续表）

自变量	因变量	有效结果	无效结果	对策分析
安全领导力维度：安全指导力 安全关注度 安全控制力	安全氛围维度：危化品供应链企业工作人员战略关系协同创新安全责任感	战略关系协同创新安全指导力和安全控制力对危化品供应链企业工作人员战略关系协同创新安全责任感起着积极的作用	战略关系协同创新安全关注度对工作人员战略关系协同创新安全责任感无作用	加强危化品供应链企业的战略关系协同创新安全控制力和安全指导力会有助于增强危化品供应链企业的工作人员战略关系协同创新安全责任感
安全领导力维度：安全指导力 安全关注度 安全控制力	安全氛围维度：危化品供应链企业工作人员战略关系协同创新安全作业能力	战略关系协同创新安全指导力、安全关注度以及安全控制力对危化品供应链企业工作人员战略关系协同创新安全作业能力起着积极的作用	—	加强危化品供应链企业的战略关系协同创新安全领导力会有助于提高危化品供应链企业的工作人员战略关系协同创新安全作业能力
安全领导力维度：安全指导力 安全关注度 安全控制力	安全行为维度：危化品供应链企业工作人员战略关系协同创新安全执行力	战略关系协同创新安全指导力和安全控制力对危化品供应链企业工作人员战略关系协同创新安全执行力起着积极的作用	战略关系协同创新安全关注度对危化品供应链企业工作人员战略关系协同创新安全执行力无作用	加强危化品供应链企业的战略关系协同创新安全控制力和安全指导力会有助于强化危化品供应链企业的工作人员战略关系协同创新安全执行力
安全领导力维度：安全指导力 安全关注度 安全控制力	安全行为维度：危化品供应链企业工作人员战略关系协同创新安全参与度	战略关系协同创新安全指导力和安全控制力对危化品供应链企业工作人员战略关系协同创新安全参与度起着积极的作用	战略关系协同创新安全关注度对危化品供应链企业工作人员战略关系协同创新安全参与度无作用	加强危化品供应链企业的战略关系协同创新安全控制力和安全指导力会有助于提高危化品供应链企业的工作人员战略关系协同创新安全参与度

（续表）

自变量	因变量	有效结果	无效结果	对策分析
安全氛围维度：安全制度规范性危化品供应链企业安全态度 危化品供应链企业工作人员安全责任感 危化品供应链企业工作人员安全作业能力	安全行为维度： 危化品供应链企业工作人员战略关系协同创新安全执行力	危化品供应链企业工作人员战略关系协同创新安全作业能力和工作人员安全责任感对危化品供应链企业工作人员战略关系协同创新安全执行力起着积极的作用	战略关系协同创新安全制度规范性和企业安全态度对危化品供应链企业工作人员战略关系协同创新安全执行力无作用	加强危化品供应链企业的工作人员战略关系协同创新安全作业能力和工作人员安全责任感会有助于提高危化品供应链企业工作人员的战略关系协同创新安全执行力
安全氛围维度：安全制度规范性危化品供应链企业安全态度 危化品供应链企业工作人员安全责任感 危化品供应链企业工作人员安全作业能力	安全行为维度： 危化品供应链企业工作人员战略关系协同创新安全参与度	危化品供应链企业工作人员战略关系协同创新安全作业能力和企业安全态度对危化品供应链企业工作人员战略关系协同创新安全参与度起着积极的作用	战略关系协同创新安全制度规范性和危化品供应链企业工作人员战略关系协同创新安全责任感对危化品供应链企业工作人员战略关系协同创新安全参与度无作用	加强危化品供应链企业的工作人员战略关系协同创新安全作业能力和企业安全态度会有助于提高危化品供应链企业工作人员的战略关系协同创新安全参与度

此次调研分析中的三种回归方程的自变量、因变量以及调节变量分别为战略关系协同创新安全领导力、安全行为及安全氛围。由此得出三种用来验证的回归模型：首先是战略关系协同创新安全行为因变量对于战略关系协同创新安全领导力自变量的回归模型，该模型用于测量自变量对于因变量的直接作用；其次是战略关系协同创新安全氛围调节变量对于战略关系协同创新安全领导力自变量的回归模型；最后是战略关系协同创新安全行为因变量对于战略关系协同创新安全

领导力自变量及战略关系协同创新安全氛围调节变量的回归模型。如果调节变量在自变量和因变量之间起到完全调节作用，那么在第三种回归模型中自变量对因变量的回归系数将不再显著(相对第一种回归模型而言)；如果调节变量仅起到部分调节作用，那么在第三种回归模型中自变量对因变量的回归系数就仍然是显著的(相对第一种回归模型而言)，具体结果如表6–18所示。

表6–18　三种回归方程及其分析

第一种回归	第二种回归	第三种回归	变量的调节作用
安全指导力和安全控制力对工作人员安全执行力起着积极影响，且两者可以解释工作人员安全执行力的56.5%。 对回归方程方差检验的F统计值达到显著水平，回归方程有效。	自变量安全指导力和安全控制力与调节变量安全制度规范性的回归系数分别为0.571、0.237，且两者均有效，适用于调节作用测试的第二个条件，进而可以进行下一阶段的回归。 自变量安全指导力和安全控制力与调节变量安全态度的回归系数分别为0.271、0.530，且两者均有效，适用于调节作用测试的第二个条件，进而可以进行下一阶段的回归。	第三种回归在控制了安全制度规范性后，自变量安全领导力的三个维度对因变量工作人员安全执行力的影响。调节变量安全制度规范性的回归系数有效，说明安全制度规范性在安全领导力的三个维度与工作人员安全执行力间起着调节作用。 第三种回归中的调节变量安全态度的回归系数有效，说明安全态度在安全领导力的三个维度与工作人员安全执行力间起着调节作用。	因为安全指导力和安全控制力在第三种回归中的回归系数有效，且比第一种回归中的回归系数作用有下降的趋势，所以安全制度规范性在安全指导力和安全控制力与工作人员安全执行力间起到部分调节作用。 因为安全控制力在第三种回归中的回归系数有效，且比第一种回归的回归系数作用有下降的趋势，所以安全态度在安全控制力与工作人员安全执行力间起到部分调节作用。而安全指导力在第三种回归中的回归系数无效，说明安全态度在安全指导力与工作人员安全执行力间起到完全调节作用。

（续表）

第一种回归	第二种回归	第三种回归	变量的调节作用
对回归系数t检验的统计值达到显著水平，回归系数有效，适用于调节作用测试的第一个条件，进而可以进行下一阶段的回归	自变量安全指导力和安全控制力与调节变量工作人员安全责任感的回归系数分别为0.287、0.432，且两者均有效，适用于调节作用测试的第二个条件，进而可以进行下一阶段的回归。 自变量安全指导力和安全控制力与调节变量工作人员安全作业能力的回归系数分别为0.276、0.370，且两者均有效，适用于调节作用测试的第二个条件，进而可以进行下一阶段的回归	第三种回归中的调节变量工作人员安全作业能力的回归系数有效，说明工作人员安全作业能力在安全领导力的三个维度与工作人员安全执行力间起着调节作用	因为安全控制力在第三种回归中的回归系数有效，且比第一种回归的回归系数作用有下降的趋势，所以工作人员安全责任感在安全控制力与工作人员安全执行力间起到部分调节作用。而安全指导力在第三种回归中的回归系数无效，说明工作人员安全责任感在安全指导力与工作人员安全执行力间起到完全调节作用。 因为安全控制力在第三种回归的回归系数有效，且比第一种回归的回归系数作用有下降的趋势，所以工作人员安全作业能力在安全控制力与工作人员安全执行力间起到部分调节作用。而安全指导力在第三种回归的回归系数无效，说明工作人员安全作业能力在安全指导力与工作人员安全执行力间起到完全调节作用
安全指导力和安全控制力对工作人员安全参与度起着积极影响，且两者可以解释工作人员安全参与度的52.2%	自变量安全指导力和安全控制力与调节变量安全制度规范性的回归系数分别为0.571、0.237，且两者均有效，适用于调节作用测试的第二个条件，进而可以进行下一阶段的回归	第三种回归中的调节变量安全制度规范性的回归系数无效（$\alpha=0.138>0.05$），说明安全制度规范性在安全领导力的三个维度与工作人员安全参与度间无调节作用	因为第三种回归中的调节变量安全制度规范性的回归系数无效，所以安全制度规范性在安全领导力的三个维度与工作人员安全参与度间无调节作用

（续表）

第一种回归	第二种回归	第三种回归	变量的调节作用
对回归方程方差检验的F统计值有效，回归方程效果明显。对回归系数t检验的统计值有效，回归系数有效，适用于调节作用测试的第一个条件，进而可以进行下一阶段的回归	自变量安全指导力和安全控制力与调节变量安全态度的回归系数分别为0.271、0.530，且两者均有效，适用于调节作用测试的第二个条件，进而可以进行下一阶段的回归。 自变量安全指导力和安全控制力与调节变量工作人员安全责任感的回归系数分别为0.287、0.432，且两者均有效，适用于调节作用测试的第二个条件，进而可以进行下一阶段的回归。 自变量安全指导力和安全控制力与调节变量工作人员安全作业能力的回归系数分别为0.276、0.370，且两者均有效，适用于调节作用测试的第二个条件，进而可以进行下一阶段的回归	第三种回归的调节变量安全态度的回归系数有效，说明安全态度在安全领导力的三个维度与工作人员安全参与度间起着调节作用。 第三种回归的调节变量工作人员安全责任感的回归系数有效，说明工作人员安全责任感在安全领导力的三个维度与工作人员安全参与度间起着调节作用。 第三种回归的调节变量工作人员安全作业能力的回归系数有效，说明工作人员安全作业能力在安全领导力的三个维度与工作人员安全参与度间起着调节作用	因为安全控制力在第三种回归的回归系数有效，且比第一种回归的回归系数作用有下降的趋势，所以安全态度在安全控制力与工作人员安全参与度间起到部分调节作用。而安全指导力在第三种回归的回归系数无效，说明安全态度在安全指导力与工作人员安全参与度间起到完全调节作用。 因为安全控制力在第三种回归的回归系数有效，且比第一种回归的回归系数作用有下降的趋势，所以工作人员安全责任感在安全控制力与工作人员安全参与度间起到部分调节作用。而安全指导力在第三种回归的回归系数无效，说明工作人员安全责任感在安全指导力与工作人员安全参与度间起到完全调节作用。 因为安全控制力在第三种回归的回归系数有效，且比第一种回归的回归系数作用有下降的趋势，所以工作人员安全作业能力在安全控制力与工作人员安全参与度间起到部分调节作用。而安全指导力在第三种回归的回归系数无效，说明工作人员安全作业能力在安全指导力与工作人员安全参与度间起到完全调节作用

4. 研究结论及具体建议

从上述实证结果分析我们得出如下三个研究结论：

(1) 就工作人员的个人因素对危化品供应链企业安全氛围的影响而论，工龄和性别以及教育水平差异都会影响安全氛围的形成。如危化品供应链企业工作人员中，工龄在10年以下的比10年以上的对安全氛围更加感应；男性比女性对安全氛围更加感应；本科学历以上的比本科学历以下的对安全氛围更加感应。然而，由于危化品供应链企业对工作人员进行安全培训不过是一种形式，没能从本质上重视安全培训，所以安全培训次数的多少没能引起工作人员对安全氛围的感应。

(2) 从安全领导力和安全氛围以及安全行为的不同度量组合来看，安全领导力各维度与安全氛围各维度间存在相关关系，并且安全领导力维度的安全指导力和安全控制力是影响安全氛围各维度的主要因素。同时安全指导力与工作人员安全行为也存在相关关系，并且安全领导力维度的安全指导力和安全控制力是影响安全行为各维度的主要因素。安全氛围与工作人员安全行为也存在相关关系，工作人员安全作业能力、工作人员安全责任感、企业安全态度是影响危化品供应链企业安全行为各维度的主要因素。

(3) 安全氛围在安全领导力与安全行为之间起调节变量作用。如从工作人员安全执行力视角，安全氛围的各维度在危化品供应链企业的安全控制力和安全指导力与工作人员安全执行力间起部分或完全的调节作用；从工作人员安全参与度视角，除了危化品供应链企业的安全制度规范性外，安全氛围的其他维度在危化品供应链企业的安全指导力与工作人员参与度之间起完全调节作用。这说明安全氛围的各维度在安全领导力对工作人员安全行为的影响中起着不同程度的调节作用。

根据上述研究结论我们提出如下具体建议:

(1) 工作人员个人因素对安全氛围的差异性影响可以为危化品供应链企业安全管理人员提供一些线索,即着重关注那些对安全氛围感应弱的工作人员。第一,对危化品供应链企业运输服务人员,因他们工作环境的特殊性,要加强其安全防范意识,刺激对安全氛围的感应;第二,就危化品供应链行业的劳动密集型特点而言,危化品供应链企业不仅要加强对新进工作人员安全防范意识的训练,还要巩固老一代的安全防范意识,不能让老一代产生职业惰性,忽视安全服务的重要性;第三,在女性工作人员可承受的范围内,尽量让女性工作人员参与物流服务活动,并开展针对女性工作人员的安全教育培训,使她们尽快意识到安全服务的重要性;第四,危化品供应链企业的入职教育要重点关注低学历工作人员,对他们投入更多的时间精力进行培训。同时,鼓励高学历工作人员进一步规范自身行为,树立榜样,积极带动其他工作人员;第五,危化品供应链企业应该重新审视安全教育环境,重视安全培训,可以把企业资源投入到安全教育中,这样在传授安全知识的同时,还可以提供一个互动平台,促使工作人员通过传递安全方面的经验和感受,增强对安全氛围的感应。

(2) 通过上述的研究结论我们可以提出:第一,安全领导力可以在很大程度上影响危化品供应链企业的安全氛围。因此,要加强危化品供应链企业的安全领导力,尤其是危化品供应链企业对安全服务的指导力和控制力。危化品供应链企业要努力营造良好的安全氛围,合理分配防护用品保障资源, 协调处理各部门出现的危化品安全隐患。同时,完善危化品供应链企业的安全制度及相关实施条例,规范奖惩机制,形成科学的循环体系,做到公平公正,并能根据需要及时修改相关制度,保持危化品供应链企业对安全作业的掌控能力。第二,安全领导力对工作人员安全行为有直接影响。在安全领域,一个危化品供应链企业的领导行为更容易影响到其下属，他们对工作人员的关心会促进工作人员对危化品供应链企业产生良好的信任感，这体现在工作人员与管理层的有效沟通，了解危化品供应链企业的安全目标及责任制度，有较强的安全防范意识和安全责任感。危化品供应链企业领导应鼓励工作人员参与安全活动，要相信工作人员，并将部分决策权授予工作人员。这样，可以增强工作人员的安全责任感及主人翁意识，同时也可以借助畅通的渠道了解危化品供应链企业安全规章制度及激励机制，使得他们能够自觉遵守安全规范，促成正面的安全行为，从而能更好地遵守安全规范，减少危化品供应链企业的事故发生率。第三，安全氛围对工作人员安全行为有积极影响。工作人员的安全作业能力和安全责任感以及企业安全态度是影响其安全行为的主要因素。因此，危化品供应链企业应鼓励工作人员献计献策，参与企业安全管理，增强工作人员安全责任感；同时，要保证提供足够的类似安全工具设备的资源，以未雨绸缪应对突发事件，提高工作人员的安全作业能力，达成安全作业。危化品供应链企业工作人员的行为一般表现为群体行为，时刻受到周围同事的影响。如果一个危化品供应链企业的大多数工作人员都积极参与安全作业活动，并严格规范安全行为，那么良性循环的安全氛围和安全态度将会影响剩余的工作人员，无形中工作人员的安全态度和安全行为就会得到有效改善，在危化品供应链企业服务过程中也能自觉遵守安全规范要求。

第七章
大宗商品供应链金融生态系统探析

第一节 大宗商品供应链金融生态系统解读

生态系统是指在自然界赖以生存的空间内,客观事物与自然环境之间构成的一种有机整体。在这一有机整体中,客观事物与自然环境之间相互影响、相互制约,并在一定时期内客观事物与自然环境处于相对稳定的动态平衡状态。

前面我们已经涉及大宗商品供应链金融的概念,即大宗商品供应链金融是指金融机构(银行)向大宗商品供应链核心企业提供融资和其他结算、理财等相关业务服务,同时向这些大宗商品供应链核心企业的供应商企业提供贷款相应的便利条件, 或者向大宗商品供应链采购商企业(分销商)提供预付款代付及其存货融资业务服务。换句话解释, 大宗商品供应链金融就是大宗商品供应链相关的金融机构(银行)将大宗商品供应链核心企业和大宗商品供应链上下游企业联系在一起提供灵活多样的大宗商品供应链金融业务服务的一种融资模式。

那么,我们在这里要谈论的是构成大宗商品供应链金融的那些核心要素与大宗商品供应链领域赖以生存的产品链、价值链、供应链网络交易平台、供应链上下游企业及核心企业,以及供应链第三方机构等之间是通过什么关系或纽带维持相互之间的一系列关系 (贸易关系、战略关系等),并达到相对稳定的动态平衡状态的问题。为此,让我们解读一下,在第二章图 2-9 所描述的大宗商品供应链金融的生态系统主要由一级、二级、三级评价测试指标系统构成:一级指标就是大宗商品供应链生态系统;二级指标则是构成一级指标(大宗商品供应链生态系统)主要框架内容的分级指标,即大宗商品供应链金融宏观环境系统、大宗商品供应链金融中观环境系统、大宗商品供应链微观环境系统等次级分解指标内容;三级指标就是构成二级指标内容的相关细则指标,即大宗商品供应链金融制度环境(法律管制因素、规范因素、文化认知因素)和大宗商品供应链金融技术环境(大宗商品供应链金融技术和大数据电子信息技术)、大宗商品供应链交易方、大宗商品供应链交易平台提供商、大宗商品供应链交易风险管理者、大宗商品供应链风险承担者、大宗商品供应链流动性提供者、大宗商品供应链采购商、大宗商品供应链生产商、大宗商品供应链分销商、大宗商品供应链第三方物流企业、大宗商品供应链企业的投资-会计-财务业务服务、大宗商品供应链风险转移、大宗商品供应链的监控管理等细节性指标内容。

过去我们经常谈论的企业管理文化,而如今我们应谈论供应链管理文化。我们知道泛指的文化概念包括三个层次内容,即物化层的文化、制度层的文化、理念层的文化。而企业文化是指一个企业由其价值观、信念、仪式、符号标识、行为准则等一系列企业文化元素,决定企业形象的一种概念。

美国麦肯锡公司推出的企业文化 7S 模型则作为企业文化元素的

解释范式一直沿用至今,如图 7–1 所示。

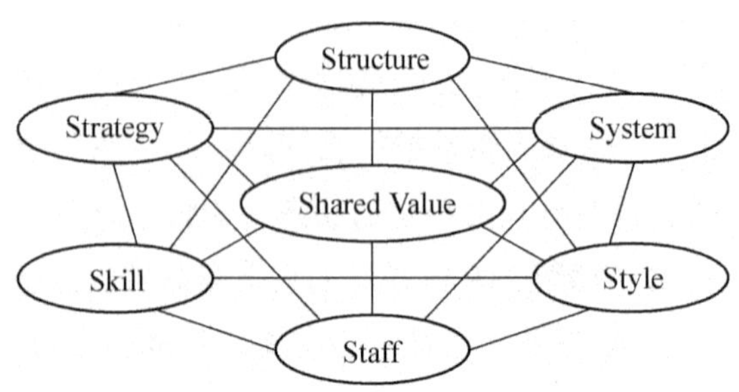

图 7–1 麦肯锡的企业文化 7S 模型理论框架

我们从麦肯锡的企业文化 7S 模型理论框架中可以得出，企业竞争战略成功实施必须考虑的元素有:结构(Structure)、制度(Systems)、风格(Style)、员工(Staff)、技能(Skills)、战略(Strategy)、共同价值观(Shared Values)七个相互关联、相互影响的元素。其中,战略(Strategy)、结构(Structure)和制度(Systems)是企业战略得以成功实施的硬件部分;风格(Style)、人员(Staff)、技能(Skills)和共同价值观(Shared Values)是引导企业战略成功的软件部分。共同的价值观(Shared Values)处于该框架结构的中心位置,是引导企业文化战略成功实施和提升企业竞争力的核心元素。

如果现在要让我们关注供应链管理文化的话,那么,我们认为供应链管理文化必须围绕着供应链的核心企业、上下游企业、第三方机构(第三方物流企业、银行及金融公司、电子商务平台)等各个供应链经营参与方,把供应链作为一个整体来谈论其管理文化问题,这样一来,我们的话题就又回到供应链生态平衡而相对稳定的问题。我们这里要阐述的主要问题是基于供应链管理文化的大宗商品供应链金融生态系统的建立和不断完善且可持续发展的问题。

从图 2–9 我们可以看出,大宗商品供应链金融生态系统的基本框架及其构成元素主要基于泛指文化的三层次理论和企业文化 7S 模型,可就缺乏一个根本的元素,那就是维持大宗商品供应链金融生态系统相对稳定的动态平衡状态的理念层文化或者企业文化 7S 模型中的共同的价值观(Shared Values),因为共同价值观处于该 7S 框架结构的中心位置,是引导企业文化战略成功实施和提升企业竞争力的核心元素。

我们在第六章中阐述了关于大宗商品供应链金融战略关系协同创新问题,恰恰这一问题就是构筑大宗商品供应链金融生态系统的灵魂式核心元素。所以在解读大宗商品供应链金融生态系统(参考图 2-9)的各个级别(一级、二级、三级)指标体系的时候,我们必须围绕着大宗商品供应链金融战略关系融资的创新思维来去理解大宗商品供应链金融生态系统构成元素。在这里我们还要强调一点是要打破以往的传统线性思维模式,积极应对指数思维时代的各种挑战,构筑并不断完善大宗商品供应链金融生态系统。

第二节 大宗商品供应链金融行为主体分析

大宗商品供应链金融,是指金融机构围绕大宗商品供应链中的核心企业,对包括所有大宗商品供应链企业的整个大宗商品供应链运作情况进行授信评估,为大宗商品供应链的上下游企业开展融资业务服务的活动。

大宗商品供应链金融的创新点在于:第一,打破了原有银行只对其中一家企业进行授信的局限性,大宗商品供应链的所有上下游中小企业可以通过核心企业获得授信融资;第二,拓宽了银行融资新渠道,以往大型企业是银行的宠儿,现通过开展大宗商品供应链金融融资业务服务，可以将大型企业绑定在这条大宗商品供应链上，并同时可以对其他大宗商品供应链上下游企业进行融资，为银行提供了融资新渠道；第三，实现了多流合一的目的，即“资金流”“现金流”“物流”多流合一。

就目前供应链金融的发展现状来看，由最新的中国互联网金融行业报告显示，当前中国供应链金融市场规模已超过 13 万亿元，预计到 2020 年，市场规模将可达 14.98 万亿元，存量市场空间惊人，如图 7–2 所示。

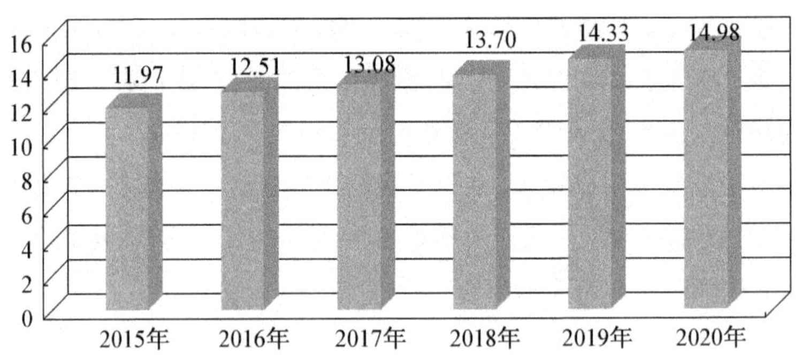

图 7–2　供应链金融市场空间规模预测

（资料来源：前瞻产业研究院 2017）

一、大宗商品供应链金融行为主体

1. 大宗商品供应链金融行为主体之一，金融机构

金融机构作为资金供给方，为融资需求方企业开展授信贷款服务。不同于传统的信贷模式，金融机构不再只是单单对一家企业进行资产实力、经营状况等授信所需信息进行评估。而更多的是将整个大宗商品供应链上相互关联的企业进行整合，提供大宗商品供应链金融综合授信业务服务。在大宗商品供应链金融融资模式中，大宗商品供

应链的核心企业以其雄厚的综合实力担当关键位置，故而，大宗商品供应链的核心企业的运营状况和未来发展前景决定了银行对融资需求方企业的授信额度。以往大型企业是银行的宠儿，现在通过这种模式，可有效解决中小企业融资难的问题，又拓宽了银行融资的新渠道。

2. 大宗商品供应链金融行为主体之二，第三方物流企业

第三方物流企业作为大宗商品供应链金融的融资企业与银行的中介平台，在开展大宗商品供应链金融业务服务过程中起着重要的作用。第一、在融资前筛选信息。金融机构提供融资服务前需要对授信主体的财务信息、经营现状、结算方式等相关信息进行严格的资格审查。第二、评估与监管质押物。越来越多的第三方物流企业将与金融机构合作，他们利用对中小企业所掌握的第一手信息资源，所做出的融资质押物评估报告会更有说服力，将大大降低金融机构融资风险和信贷成本。

3. 大宗商品供应链金融行为主体之三，保险公司

保险公司在大宗商品供应链金融业务服务过程中扮演着保险人的角色，即货物由输出地到输入地的运输过程中，为货主提供一切财产保险。银行为了降低风险，将与保险公司合作，将大宗商品供应链金融中涉及财产的一切不确定风险因素转化为固定财务支出，并转移给投保人。

4. 大宗商品供应链金融行为主体之四，核心企业与授信主体

大宗商品供应链金融中核心企业与中小企业之间的关系构成了“1+N”模式或“M+1+N”“1”即资本实力强的核心企业，“M”“N”即众多规模较小实力不强的中小企业。

在大宗商品供应链金融融资模式中，核心企业“1”以其雄厚的综合实力担当关键位置。故而，核心企业的运营状况和未来前景决定了银行对融资企业“M”“N”的授信额度。该模式的特点在于打破了原有

银行只对大宗商品供应链中的一家企业进行授信的局限性,大宗商品供应链的上下游中小企业都可以通过核心企业获得授信融资,这大大拓宽了银行融资新渠道。以往大型企业是银行的宠儿,而如今通过开展大宗商品供应链金融融资业务服务,可以将大型企业绑定在大宗商品供应链的每个环节节点上,并同时可以对其他企业进行融资,为银行提供了新的盈利空间。具体的流程图,如图 7–3 所示。

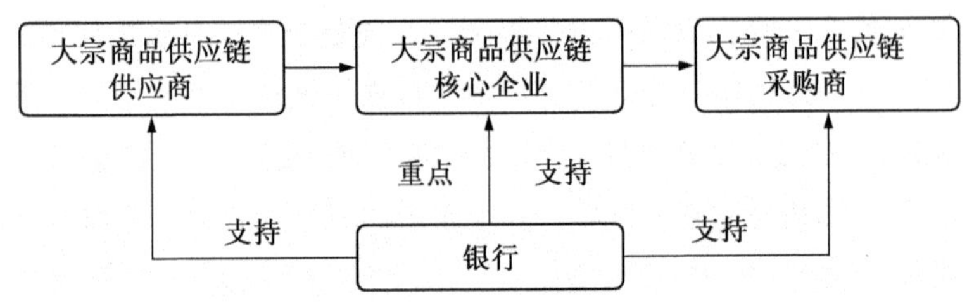

图 7–3　大宗商品供应链金融的具体流程

二、大宗商品供应链金融产品模式

大宗商品供应链金融产品模式主要有：应收账款类融资模式、库存类融资模式、预付账款类融资模式、战略关系融资模式等四种。

1. 应收账款类融资模式

应收账款类融资模式是指大宗商品供应链金融融资企业凭借由核心企业出具的应收账款为依据,向银行申请资金支持的金融业务服务活动。大宗商品供应链上游供货商销售货物给核心企业,如若核心企业未能直接支付货款,那就产生了应收账款,上游企业只有在未来约定时间才能拿到货款。但供货商企业在生产、运输产品的过程中会产生一系列成本,将投入大量资金。故而,需要一种以应收账款为基础的大宗商品供应链金融融资业务服务,以此来弥补资金缺口,保证生产经营顺利进行。

在大宗商品供应链金融融资模式中,核心企业以其雄厚的综合实力担当关键位置。故而,核心企业的运营状况和未来前景决定了银行对大宗商品供应链融资企业的授信额度。银行在开展融资业务服务过程中,一旦出现风险损失,将由核心企业承担责任,这大大降低了银行的信贷风险。现在通过这种应收账款类融资模式,可有效解决中小企业融资难问题,而且还拓宽了银行融资新渠道,可以将大型企业绑定在大宗商品供应链链条上,同时可以对其他企业进行融资,为银行提供了盈利空间。

2. 库存类融资模式

库存类融资模式是指依靠第三方物流企业与大宗商品供应链下游企业之间的联系,凭借着第三方物流企业自身的信用,以帮助解决大宗商品供应链企业融资需求的一种大宗商品供应链金融业务服务。当大宗商品供应链企业出现资金周转困难时,以企业拥有的存货来向银行用作抵押,银行在放款之前必须仔细认真核对该企业提供的用来抵押的存货是否属于该企业存货,这些存货是否具有价值。当企业不能还款时,该存货的变现能力具体如何。银行在库存类融资模式下是将存货以及其产生的收入作为担保的,主要形式有融通仓融资、存货质押融资,以及仓单质押融资等大宗商品供应链金融业务服务。

3. 预付账款类融资模式

预付账款类融资模式是指以大宗商品供应链企业之间签订的合同对双方真实有效作为前提条件和标准,下游企业向大宗商品供应链中的核心企业发出支付请求,以预付账款为依据,预付账款不同于传统的大宗商品供应链金融业务服务,在担保过程中预付账款类融资模式是以在途中的未到达的货物向银行担保, 当货物销售之后再还款,是为购买方提供的基于“未来存货的融资”,它主要包括先票(款)后货融资、保税仓融资等大宗商品供应链金融业务服务。

4. 战略关系融资模式

战略关系融资模式是指基于大宗商品供应链企业之间相互战略伙伴关系和基于大宗商品供应链企业之间长期合作产生的信任而进行的大宗商品供应链金融融资业务服务。这种融资模式的独特之处在于要求资金的供给方与需求方相互间足够信任,通常发生在具有多年合作关系的战略合作伙伴之间。战略关系融资模式更多意义上代表了大宗商品供应链企业供需双方之间已经达到不单单依靠合同契约来进行治理,还要依靠战略关系来进行治理。

第三节　大宗商品供应链金融生态环境探测

大宗商品供应链金融生态环境探测与以往的单个企业的市场竞争环境的探测有着本质的区别。单个企业的市场竞争环境的探测其本身的立足点就是为企业自身独立生存而言的市场竞争环境的探测。因为传统的市场竞争环境是属于那种单个企业与多个企业之间的竞争环境,还没有升级到多个企业形成一个联盟整体可以同其他多个企业联盟进行竞争,传统企业的市场竞争环境还是处于二维或三维空间式市场竞争环境。然而,大宗商品供应链金融的市场竞争环境却不同,它已经升格为网络化的多维空间式的市场竞争环境。

传统的企业与大宗商品供应链金融企业从哲学层面上的思考方式也大相径庭,比如,传统的企业在进行市场竞争环境探测时,往往以顾客导向思路来展开其市场竞争环境探测工作的,可当今企业的市场竞争已不是以往的单个企业的竞争,而是以供应链为整体与另外供应链的竞争。我们知道哲学是世界观和方法论的辩证统一,对于企业来说世界观就是如何看待客观事物所处的生态环境,方法论就是为维护企业的根本利益,为了生存而采用的一系列经营管理方法。传统的企业表面上称其是以顾客导向进行生产经营活动,为此进行所谓从客观实际出发的市场竞争环境探测,但事实证明这些单个企业还是以企业自身的主观意志为主线进行市场竞争环境的探测。比如,SWOT 分析也好 PEST 分析也罢,企业在搜集相关的市场竞争环境的数据信息时,看似从诸如宏观、中观、微观等环境出发搜集数据标本素材,通过采用一系列统计方法进行数据信息的整理分析工作,最终得出相应的市场竞争环境探测结果,但这本质上还是忽略了判断已经发生质变的企业市场竞争环境,一味地还是以二维或者三维空间思维模式(线性思维模式)来对待自身所面对的客观事物,正所谓严重脱离了哲学的基本原理(世界观与方法论有机结合)。也就是说,如今的大宗商品供应链金融企业是属于高端技术且知识密集型的战略性新兴产业,因为大宗商品供应链金融企业所面临的市场竞争环境受到移动互联网、物联网、大数据、云计算、人工智能等技术的深入发展影响,随之而来的人的心智模式和思维方式也受到了前所未有的严峻挑战。大宗商品供应链金融企业的生态环境探测要面对的是知识创造和智能管理的年代,其所处的市场竞争环境也是发生质变的网络化的多层次多结构的一种生态系统。

随着大宗商品供应链行业的发展而兴起的一种金融形态——大宗商品供应链金融,为大宗商品供应链中的中小企业提供了一种全新的融资模式,在降低大宗商品供应链企业融资成本方面,有着非常重要的作用。然而,大宗商品供应链金融生态系统探测中最重要的内容就是一定要同大宗商品供应链金融绩效挂钩。就目前而言,大宗商品供应链金融的研究仍然处于刚起步阶段,对大宗商品供应链金融绩效评价的研究, 还停留在初步的资金成本分析和绩效指标设计阶段,缺乏充分完整的综合评价方法。

在互联网金融和大数据越来越发达的情况下，大宗商品供应链金融为很多大宗商品供应链的中小型企业提供更便捷、更好的大宗商品供应链金融融资业务服务，大大缓解了这些中小企业融资难的问题。JohnT. Mentzer 等（2001 年）指出：大宗商品供应链的核心企业往往为了自身的利益最大化目标，对其大宗商品供应链的上下游中小企业采取预付账款或延长付款等商业信用政策，导致这些大宗商品供应链中小企业的大量资金被占用，从而无法支撑起他们正常的生产经营活动，最终影响到整个大宗商品供应链的正常有序运作。

在这样的市场竞争环境背景下，大宗商品供应链金融渐渐地发展起来，与传统银行的信贷业务相比较，关注点是大宗商品供应链金融。从局限于评价单个企业发展到更关注整个大宗商品供应链企业群，并合理处理大宗商品供应链核心企业及其上下游中小企业的关系，将大宗商品供应链核心企业的信用输入到大宗商品供应链的方式来使那些大宗商品供应链中小企业得到信贷支持。

随着大宗商品供应链金融的不断发展，如何实现有效的大宗商品供应链金融绩效评价显得至关重要，因为，只有客观有效地评价大宗商品供应链金融绩效才能保障大宗商品供应链金融生态环境探测的效果。所以，客观有效地评价大宗商品供应链金融融资业务服务绩效，探究在整个大宗商品供应链每个环节中存在的问题，从而使大宗商品供应链金融生态环境得到进一步改进和优化。

大宗商品供应链金融业务服务的拓展使得大宗商品供应链中的各个企业都积极投入到大宗商品供应链金融业务服务活动之中。虽然我们目前针对大宗商品供应链金融的研究与应用起步相对晚，需要针对大宗商品供应链金融生态系统与其绩效评估进行准确而有效的鉴定，从而使所有大宗商品供应链企业发现自身存在的问题，最终发挥出各自最大的潜能，达到大宗商品供应链金融参与者之间互利共赢的战略关系合作局面。

早在 1998 年,任文超等人就提出了物资银行的设想,将银行不动产贷款为主的信贷模式转变为不动产贷款和动产质押贷款相结合的信贷模式。2000 年复旦大学朱道立教授在主持广东顺德物流基地项目时,首次提出了“融通仓”概念,并组织相关人员开始了相关理论的研究。杨绍辉(2005 年)则分别从商业银行、物流企业以及融资企业角度对大宗商品供应链金融进行了定义,讨论了大宗商品供应链金融融资业务服务与大宗商品供应链企业现金流管理的财务关系、应收账款融资业务服务、存货类融资业务服务的具体操作模式及相互关联产品服务的设计。郑绍庆(2005 年)分析指出了大宗商品供应链中的中小企业融资难的原因,并综合归纳了现有的为解决大宗商品供应链的中小企业提出的各种金融融资渠道,并指出了融通仓在解决部分大宗商品供应链的中小企业融资的需求时是非常有效的,尤其是对那些以生产和销售季节性强的大宗商品的中小企业的短期融资需求。闫俊宏,许祥秦(2007 年)等人研究了大宗商品供应链金融模式,做出了细致的分类,并研究了大宗商品供应链的中小企业如何利用大宗商品供应链金融生态系统进行融资等问题。

就大宗商品供应链金融生态系统与其金融融资业务服务绩效评价的问题,早在 1998 年,任文超(1998 年)等人就提出物资银行的设想,将银行不动产贷款为主的信贷模式转变为不动产贷款和动产质押贷款相结合的信贷模式。大宗商品供应链金融绩效评价理论研究的重点主要包括绩效评价指标体系的构建以及绩效评价方法的选择两部分。

Kaplan 和 Norton (1992 年) 提出了应用平衡计分卡(Balanced Scorecard,BSC)来对大宗商品供应链金融绩效进行了评价。平衡计分卡强调的四个维度有财务维度、顾客维度、内部流程维度、学习与成长维度。Lummus(1998 年)等提出了大宗商品供应链金融关键绩效指标模型(KPI),将大宗商品供应链金融绩效评价指标分为供应、转换、交通运输和需求管理四大部分,并认为利用每项指标的理想值、目标值,以及当前值等,可以改进大宗商品供应链金融绩效状况。其中供应指标包括可靠性和提前期;转换指标包括过程可靠性、加工时间,以及计划完成情况等;交通运输包括订单完成率、补充提前期和运输天数;需求管理包括大宗商品供应链总库存成本和总周转时间。

Roger(1999年)认为大宗商品供应链金融企业顾客服务质量是大宗商品供应链金融融资业务服务绩效评价的最重要内容,并提出了新的绩效测量系统,包括有形的外在绩效、可靠性、响应速度、能力、可信性、安全性,以及可接近性七项内容。Beamon(1999年)为了避免传统绩效评价存在的主要问题,即从资源、产出、柔性这几个方面构建大宗商品供应链金融绩效评价指标,并认为评价大宗商品供应链金融绩效既要考虑定量指标,也要考虑定性指标。

Stefan(2000年)指出:大宗商品供应链金融绩效评价系统的致命问题是难以将大宗商品供应链金融战略关系融资与绩效度量结合起来,他首次将大宗商品供应链上所有关键成员作为一个整体进行了系统性考察,并认为大宗商品供应链金融绩效评价系统的关键组成部分是大宗商品供应链金融生态系统与绩效评价指标体系及其评价方法。Gunasekaran(2001)提出了基于决策层面的包括战略策略、战术手段等不同决策层级的导向性指标架构,架构中又兼顾财务与非财务层面的平衡性作用。

2003年国际供应链协会 (SCC) 在供应链运作参考模型SCOR (Supply Chain Operations Reference)(1996年提出)中提出了度量供应链绩效的11项指标,分别是交货情况、订货满足情况(包括满足率和满足订货的提前期)、完美的订货满足情况、供应链响应时间、生产柔性、总物流管理成本、附加价值生产率、担保成本、现金流周转时间、供应周转的库存天数、资产周转率。这些度量维度也适用于大宗商品供应链金融行业。

马士华是我国较早关注大宗商品供应链金融绩效评价问题的专家，马士华(1997年)认为大宗商品供应链金融评价层次分为内部绩效度量、外部绩效度量、供应链综合绩效度量三个层面。徐贤浩等人(2000年)提出了能反映整个大宗商品供应链金融业务服务流程绩效的评价指标，这些指标包括：产销率指标、平均产销绝对偏差指标、产需率指标、供应链产品出产(或投产)循环期指标、供应链总体运营成本指标、供应链核心产品成本指标、供应链产品质量指标等。

马丽娟、霍佳震(2002年)以大宗商品供应链金融生态系统维持绩效的含义为基础，以供应链管理思想对大宗商品供应链核心企业的内部与外部绩效及其评价体系进行分析研究，以客户价值和供应链价值这两个一级指标为出发点，以产品质量、产品价格、服务水平、承诺水平这四个二级指标地体现为衔接点构建了大宗商品供应链金融生态系统绩效评价指标体系的框架。史丽萍等(2003年)对平衡计分卡、供应链管理及其绩效评价的特点和原则进行了分析研究，提出了从信息技术、供应商关系、内部经营流程、学习成长、顾客关系、财务等六个方面对大宗商品供应链金融生态系统绩效进行了评价。陈志祥(2004年)按照供需协调的物流协调、信息协调、资金流协调、工作协调等四大领域，建立了适合敏捷大宗商品供应链金融生态系统与供需协调绩效评价的分层、分类考核的多目标的绩效评价体系，并且对各指标都建立了相应的量化计算方法。李贵春等(2004年)针对大宗商品供应链金融生态系统动态变化的特点，对模糊综合评价法进行创新，创建了一套动态模糊综合评价法对大宗商品供应链金融生态系统绩效考核方法。其将大宗商品供应链金融生态系统维持绩效水平分为大宗商品供应链金融综合绩效及大宗商品供应链金融上节点企业合作水平两个部分，而又将大宗商品供应链金融生态系统维持的综合绩效分为四部分:敏捷性(时间、柔性)、运营能力、营利能力、顾客满意度。

叶春明等(2005 年)利用平衡计分卡,从财务角度、业务流程角度、未来发展角度、客户服务角度等四个维度切入,构建了大宗商品供应链金融管理绩效指标体系。史文利等(2010 年)在平衡计分卡和层次分析法的基础上,引入了未确知测度模型,增加了客观性和准确性。由于平衡计分卡(SCOR)模型与用平衡计分卡模型来评价大宗商品供应链金融企业绩效具有搜集信息困难、信息重复、不能很好地表现大宗商品供应链金融业务服务特征的缺陷,为此,吴昉等(2012 年)提出了客户导向的大宗商品供应链金融企业围绕着其生态系统构建问题的绩效评价体系及其相关评价指标。

综上所述,我们大概了解了国内外学者针对大宗商品供应链金融生态环境探测的相关论述，并且从中得到了关于大宗商品供应链金融生态环境探测的具体思路,即从财务、顾客、内部流程、学习与成长四个维度出发,制定出大宗商品供应链金融战略关系融资目标,以具体评价大宗商品供应链金融生态环境好坏的大宗商品供应链绩效评价体系来对大宗商品供应链金融生态环境进行探测检验,如表 7-1 所示。

表 7-1　大宗商品供应链金融生态环境探测指标体系

	评价维度（一级指标）	战略关系（导向性指标）	评价指标分类（二级指标）	评价指标细分（三级指标）
平衡计分指标体系	财务	降低业务运作成本和风险，提高整体收益	盈利能力	盈余现金保障倍数
			运营效率	存货周转率
				应收账款周转率
				流动资产周转率
				资产现金回收率

（续表）

	评价维度（一级指标）	战略关系（导向性指标）	评价指标分类（二级指标）	评价指标细分（三级指标）
平衡计分指标体系	财务	降低业务运作成本和风险，提高整体收益	偿债能力	现金流动负债比率
				已获利息保障倍数
			发展潜力	销售增长率
				经济增加值率
	客户	提高产品质量与客户满意程度	产品可靠性	准时交货率
				客户抱怨率
			产品质量	质量合格率
			产品价格	同比价格优势
	内部业务流程	改善业务运作流程,提高整体效率	订单反应速度	订单完成平均周期
				订单延迟率
			订单反应可靠性	订单处理准确率
				订单协同程度
			订单反应适用性	销售预测准确率
				订单风险管理能力
	学习与成长	增强成员协作性，提高持续改革能力	节点互动性	信息跟踪和实时提醒
			员工情况	员工满意度
				员工生产率
				员工保持率

第八章
基于指数思维的大宗商品供应链金融次新股投资策略

第一节　大宗商品供应链金融次新股投资行情分析

一、宏观经济行情分析

2016年我国的宏观经济出现了趋稳迹象,但仍面临较大的经济下行压力。从最新国家统计局发布的CPI和PPI数据来看,中国的经济增长是比较稳定的,2016年一季度和二季度GDP增长率均维持在6.7%,并呈现出阶段性趋稳的态势。

虽然2016年上半年我国经济增长6.7%,比2015年同期回落了0.3个百分点,但是如果将2016年上半年的6.7%所创造的GDP增量按2010年不变价格,反而比2015年上半年多增了230亿元人民币,以及2016年6月份CPI重返2.0、PPI负增长大幅收窄、企业利润增速转正等数据,都可以看出中国的经济是在稳定增长的。不会“硬着陆”,2017年能够实现全年经济社会发展的主要预期目标。

中国政府会继续坚持稳健的货币政策。在稳定宏观经济总量的同时,一方面进行结构性调控、定向调控,把已有的存量货币和增量货币向农业、小微企业、新兴产业、高技术产业倾斜;另一方面,通过结构性经济改革来推进经济结构调整,在运用货币政策的同时进行金融体制改革,努力控制和降低企业的杠杆率。

二、宏观货币政策分析

从宏观货币政策来分析，中国央行维持谨慎货币政策基调不变，“逆回购+MLF+PSL”政策组合成为常态。2016 年以来，中国央行在 2016 年年初通过公开市场操作进行货币回笼,年中之后开始呵护资金面,应对年底资金紧张局面。

2016 年 6 月末广义货币 M2 增速为 11.8%，而 M1 的增速高达 24.6%。二者的差值已经由 2016 年 10 月的 0.5 个百分点，升至 2016 年 6 月的 12.8 个百分点。从 M1 和 M2 的货币剪刀差趋势看,中国企业已经出现“流动性陷阱”现象。对此,将继续保持宏观货币政策基调不变。

据统计，从 2016 年 7 月 13 日开始，中国当年就迎来 5290 亿元 MLF 到期回笼。其中,2016 年 7 月 13 日和 15 日分别有 1270 亿元 3 个月期 MLF1000 亿元 6 个月期 MLF 到期。银行间市场资金面依旧保持宽松格局,主要回购利率稳中微涨。SLO、SLF、MLF、PSL 等新型定向工具频繁使用,有效发挥了引导市场利率、保持流动性总体充裕的作用,预计短期货币市场流动性将保持充裕态势。

三、宏观财政政策分析

从宏观财政政策分析来看,2016 年以来，中国推进的积极的财政政策加力增效,稳健的货币政策灵活适度,生产和需求平稳增长,就业物价形势稳定,经济持续运行在合理区间。

2016 年上半年,全国财政支出超过 8.9 万亿元,强劲增长 15.1%,增速超过同期财政收入 8 个百分点,显示出积极财政政策持续发力。与此同时,随着政策性减收效应进一步显现,财政收支压力也将持续。

2016 年 5 月 1 日,营业税改征增值税试点在中国全面推开。这场改革涉及建筑业、房地产业、金融业和生活服务业四大行业,利于减轻企业负担、增强发展后劲,有利于加快服务业发展、加速新经济发展和新动能的培育、推动经济结构优化升级。“营改增”带来的最大减税效应已经在一些行业显现,尤其是大宗商品供应链行业。2016 年下半年到 2017 年减税效应还将进一步显现。

2016 年中国继续增加财政赤字,加强对保民生、稳增长、推进供给侧结构性改革的作用。到 2016 年下半年财政政策精准发力更加积极,减税降费、PPP 提速落地等成了财政政策加力增效的着力点。

四、证券投资行情分析

从证券投资行情分析来看,自从证券投资市场注册制的改革以来,中国证券投资市场改革一直螺旋推进。启动股票发行制度改革、遭遇股市低迷、暂停 IPO、启动检查、重启改革。而目前一个新的螺旋又进入到前半段,短期内有可能影响投资市场行情,但是由于注册制是一个循序渐进的过程,从长期来看,注册制可以使得更多优质的企业获得战略性股权融资,对实体经济和资本市场都是利好的表现。截至 2016 年 6 月 30 日,证监会受理首发企业达到 894 家,再创历史新高。2016 年 1 月到 5 月,一共有 17 家首发企业退出 IPO 程序,其中有主动撤回的,也有证监会终止审查的。最近新一轮 IPO 大检查寓意:最终目标是重启注册制改革。注册制可以有助于将资金引流到实体经济，有助于“万众创新”，就未来远期而言，注册制将减少为权力寻租买单，减少波动，强化价值投资，这对中小投资者带来的好处显然要大于其损失。

相比核准制而言，注册制下，上市公司门槛降低，使得上市公司数量增加，由于注册制可以让投资者找到市场上的好公司进行投资，资质不好的公司会被自然淘汰，严格的淘汰制度可以激励上市公司提升业绩，保持股价稳定。

五、退市制证券投资制度环境分析

从退市制证券投资制度环境分析来看，证监会正式发布的《关于改革完善并严格实施上市公司退市制度的若干意见》，在列明吸收合并等 7 种主动退市情形外，同时确定了上市公司存在欺诈发行和重大信息披露违法将强制退市的原则。例如，欣泰的退市不仅仅是一个标杆，更是高层监管思路的重大变化，具有重大的现实和历史意义，也是落实证监会的“依法、从严、全面”三大监管思路的经典案例。2016 年两会前，证监会主席刘士余曾说过将忠于法律保护投资者合法权益。IPO 注册制和退市制度，前者规范公司的“进”，后者规范公司的“出”，可以让 A 股市场建立起吐故纳新的机制，提高市场有效性，增强市场活力，更有利于培育理性投资的股市文化，保护投资者的合法权益。

证监会对欣泰电气欺诈发行作出行政处罚，启动强制退市程序，体现了新的监管思路，将有利于优化并购重组市场的生态环境，完善市场制度建设，并通过保护投资者权益恢复市场信心，是中国资本市场的重要里程碑，中国资本市场正迎来“制度红利”，我们有理由相信 A 股市场将成为一个战略关系融资功能完备、基础制度扎实、市场监管有效、投资者合法权益得到充分保护的投资市场。

除此之外，我国积极推进养老金入市的制度环境也给证券投资市场带来一定的影响。2016年5月6日，中国社会保障基金理事会发布公告:《全国社会保障基金条例》于2016年5月1日起正式实施。《全国社会保障基金条例》规定，中国社会保障基金理事会可以接受省级地方人民政府的委托管理运营社会保险基金。根据工作需要，中国社会保障基金理事会增设养老金管理部、养老金会计部，目前两个部门正在筹建中。2016年下半年已经付诸实施。2016年年内养老金入市规模超过1000亿元人民币左右。中国社会保障基金理事会已经启动社保基金于2016年下半年开始部署地方委托管理的养老金投资国内股市。据了解，目前地方养老基金管理机构约有2万亿人民币资金可用于投资。

如果2016年下半年养老金入市是一个明确信号，即国家发展资本市场的决心更加坚定，这可以带动国内资金有序进入A股市场。不仅如此，养老金入市可以带动相关养老产业的发展。另外，96.5%的养老金原来都存在银行，在其入市之后配置股息率较高的银行股应该是必选项。养老金入市对相关银行是一种刺激，可以促进其经营转型。最后，养老金对股市的市场环境要求比较高，其入市可以推动股市相关法律、法规的修订，促使其进入健康发展轨道。

第二节　大宗商品供应链金融次新股投资策略实证研究

结合近几年证券投资市场行情，我们挑选出自中国沪深发布核准制改为注册制之后的50个次新股作为样本，对于选出的次新股样本进行上涨幅度(第一次大幅度放量最高价作为分子)和下降幅度的计算,从实证分析的角度寻找上涨幅度与下降幅度中存在的相关关系,其目标就是找出适合我国沪深大宗商品交易市场的次新股投资策略。

我们总共挑选出50个次新股样本作为研究对象。实证分析的思路是:先通过要求找出所有样本股票的第一次大幅度放量最高价与首次下降幅度.并通过excel计算出各类振幅。再通过回归分析对振幅进行分析,得出结论。最终将按照所得结果对次新股进行买卖交易,所得次新股为股票池中股票样本。

一、选择次新股背景及原因

次新股的内涵是伴随着时间的推移而相应变化的。一般来说一个上市公司在上市后的一年之内如果还没有分红送股,或者股价未被市场主力明显炒作的话,基本上就可以归纳为次新股板块。在临近年末的时候,次新股由于上市的时间较短,业绩方面一般不会出现异常的变化,这样年报的业绩风险就基本不存在,可以说从规避“年报地雷”的角度来说,次新股是年报公布阶段相对最为安全的板块。

次新股一般都是上市时间不久的股票种类,经过发行制度的变革之后,各方面对上市公司的IPO发行把关更加严格,因此能够在证券市场中发行上市的次新股其质地一般都比较优良,其中还有相当一部分公司属于细分行业的龙头公司。

另外,在相对的牛市行情中,次新股的市场定位都比较高,但在弱势环境中,次新股的定位将明显降低,而在市场的系统风险面前,次新股上市之后也可能会出现连续的宽幅震荡走势,股价也将进一步震荡走低,因此总体而言,次新股的估值水平相对偏低而具备了一定的投资价值。

二、收益原理

股票市场是已经发行的股票转让、买卖和流通的场所，包括交易所市场和场外交易市场两大类别。由于它是建立在发行市场基础上的，因此又称作二级市场。二级市场中的股票投资高风险、高收益，为不变的真理。何为高风险呢？由于我国的股票二级市场的涨停板限制，各股振幅只有 10%，从而要取得高收益则要追求高价格，高振幅。基于上述原因，我们选择方向定为次新股。次新股走势图，如图 8-1 所示。如果可以研究出下降幅度与上涨幅度之间存在的关系，则可大致预测出买入点。

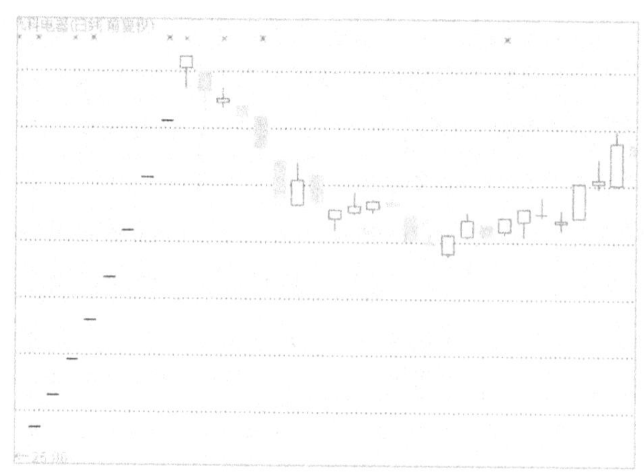

图 8-1　次新股走势图

三、第一次大幅度放量最高价判断

第一次大幅度放量最高价判断说明，如图 8-2 所示。在该股发行价 31.42 之后，该股不断一字板交易成交量几乎没有，当连续 6 个一字板涨停之后,该股交易量大幅度上升,我们将当日最高价作为第一次大幅度放量最高价。

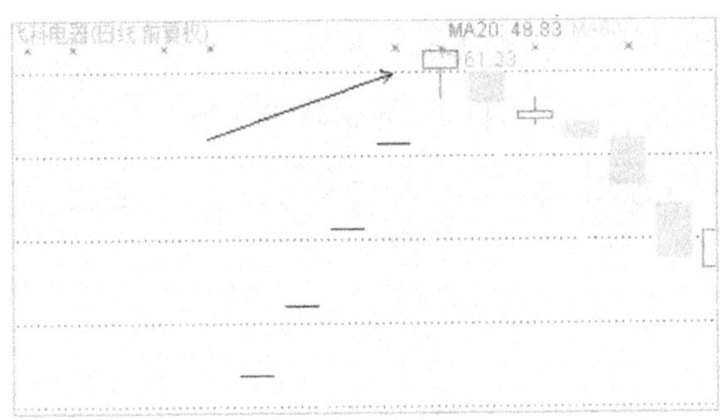

图 8-2 第一次大幅度放量最高价

四、第一次下降最低价判断

第一次下降最低价判断说明,如图 8-3 所示。该股在大幅度上涨之后,股价一再受挫,总体趋势一再下降,当股价下降至画圈的 K 线时才可止跌反弹。我们将画圈 K 线的最低价作为第一次下降最低价。

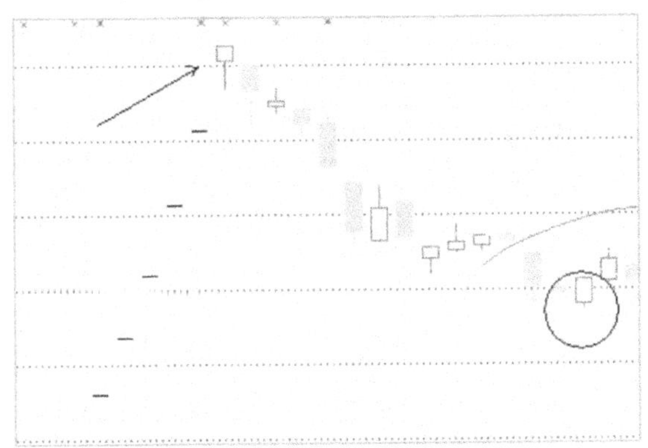

图 8-3 第一次下降最低价

五、所得样本振幅表

最终样本计算结果，如表 8-1 所示。

表 8-1 所得样本振幅表

股票名称	上涨幅度最高价	下降幅度最低价	发行价	下降幅度	上涨幅度
景嘉微	132.11	93.37	16.37	2.37	8.07
奇信股份	66.02	33.94	17.18	1.87	3.84
凯龙股份	156.34	111.60	37.36	1.20	4.18
赛福天	34.12	20.23	6.13	2.27	5.57
嘉澳环保	49.49	42.50	14.11	0.50	3.51
白云电器	28.58	24.87	12.24	0.30	2.33
万里石	28.76	18.14	2.74	3.88	10.50
永和智控	50.42	38.21	17.82	0.69	2.83
安记食品	60.59	48.73	14.39	0.82	4.21
润欣科技	72.93	38.70	8.76	3.91	8.33
海顺新材	89.99	65.38	28.56	0.86	3.15
苏州设计	84.12	60.50	27.40	0.86	3.07
维宏股份	115.84	86.50	26.35	1.11	4.40
新美星	54.01	44.73	17.15	0.54	3.15
雪榕生物	56.80	47.81	22.00	0.41	2.58
华源包装	41.97	37.38	13.87	0.33	3.03
富祥股份	83.35	63.51	18.46	1.07	4.52
千禾味业	30.89	26.67	10.93	0.39	2.83
天创时尚	31.67	22.75	11.51	0.77	2.75
高科石化	42.92	31.83	10.12	1.10	4.24

（续表）

股票名称	上涨幅度最高价	下降幅度最低价	发行价	下降幅度	上涨幅度
建艺集团	63.09	57.71	29.64	0.18	2.13
第一创业	24.67	22.03	12.77	0.21	1.93
博敏电子	53.32	36.46	11.56	1.46	4.61
三德科技	82.67	69.33	10.28	1.30	8.04
微光股份	171.79	149.58	23.41	0.95	7.34
天鹅股份	36.71	32.96	12.86	0.29	2.85
山鼎设计	49.83	33.36	8.13	2.03	6.13
金徽酒	30.60	24.60	13.13	0.46	2.33
道森股份	59.82	45.00	15.67	0.95	3.82
朗迪集团	48.18	36.90	16.89	0.67	2.85
康普顿	64.77	44.51	20.64	0.98	3.14
久远银海	82.96	60.62	13.25	1.69	6.26
东方时尚	50.32	35.76	19.38	0.75	2.60
通宇通讯	51.66	43.00	19.92	0.43	2.59
桃李面包	55.98	32.80	19.26	1.20	2.91
读者传媒	48.89	30.73	18.78	0.97	2.60
思维列控	129.83	80.69	48.16	1.02	2.70
华钰矿业	24.29	21.00	8.52	0.39	2.85
白云电器	26.24	21.00	12.24	0.43	2.14
飞科电器	61.23	43.37	25.96	0.69	2.36
德宏股份	67.11	46.82	19.44	1.04	3.45
汇嘉时代	27.23	22.00	12.69	0.41	2.15
瑞尔特	49.95	35.81	21.59	0.65	2.31
东音股份	59.57	38.92	14.36	1.44	4.15

（续表）

股票名称	上涨幅度最高价	下降幅度最低价	发行价	下降幅度	上涨幅度
苏奥传感	84.60	69.50	32.89	0.46	2.57
中坚科技	53.34	30.93	20.52	1.09	2.60
通合科技	59.66	42.99	13.54	1.23	4.41
乾景园林	28.32	17.57	10.89	0.99	2.60
坚朗五金	54.89	39.65	28.32	0.54	1.94

下降幅度 =（上涨幅度最高价 − 下降幅度最低价）/发行价

上涨幅度 = 上涨幅度最高价/发行价

六、上涨幅度对下跌幅度的影响

对函数非线性回归进行估计，如表 8–2 所示。

表 8–2　模型汇总幅度表

因变量：下降幅度

方程	模型汇总					参数估计值			
	R方	F	df1	df2	Sig.	常数	b1	b2	b3
线性	.736	133.715	1	48	.000	–.320	.357		
对数	.688	105.919	1	48	.000	–.942	1.600		
倒数	.593	69.881	1	48	.000	2.832	–5.722		
二次	.740	66.956	2	47	.000	–.032	.222	.012	
三次	.749	45.757	3	46	.000	–.924	.825	–.105	.007
S	.659	92.600	1	48	.000	1.395	–5.097		
增长	.605	73.440	1	48	.000	–1.241	.274		
指数	.605	73.440	1	48	.000	.289	.274		

自变量为上涨幅度。

模型估计曲线图,如图 8-4 所示。

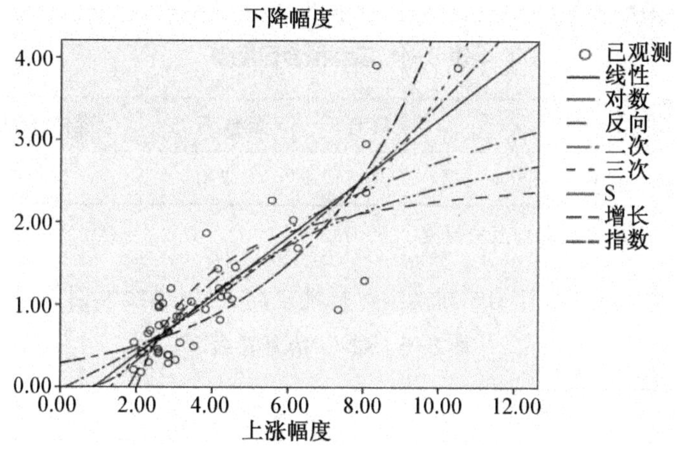

图 8-4　模型估计曲线图

主要通过显著性来考虑拟合优度。线性回归模型中 R2 为 0.736,且 F 检验为各类回归中为最大,F=133.715,可见两者线性相关较强,因此考虑线性关系。

以上述数据为例,对上涨幅度和下降幅度进行相关分析,如表 8-3 所示。

表 8-3　相关性分析表

		下降幅度	上涨幅度
下降幅度	Pearson 相关性	1	.858**
	显著性(双侧)		.000
	N	50	50
上涨幅度	Pearson 相关性	.858**	1
	显著性(双侧)	.000	
	N	50	50

**. 在 .01 水平(双侧)上显著相关。

可见两者线性相关较强,因此考虑线性关系。

对函数线性回归进行估计,如表 8–4~表 8–6 所示。

表 8–4 模型拟合程度表

模型	*R*	*R* 方	调整 *R* 方	标准估计的误差
1	.858a	.736	.730	.42977

预测变量:(常量),上涨幅度。

R 值 0.858 大于 0.5 即模型可行性较高,可以做线性回归

表 8–5 ANONA 检验表

模型	平方和	df	均方	*F*	Sig.
回归	24.697	1	24.697	133.715	.000a
残差	8.866	48	.185		
总计	33.563	49			

预测变量:(常量),上涨幅度。
因变量:下降幅度。

SIG 值为 0,及 P 值小于 0.5,即置信度较好

表 8–6 线性模型拟合表

模型	非标准化系数		标准系数	*t*	Sig.
	B	标准 / 误差	试用版		
(常量)	–.320	.134		–2.388	.021
上涨幅度	.357	.031	.858	11.564	.000

因变量:下降幅度。

即,下降幅度= –0.320 + 上涨幅度 × 0.357。

第三节　基于指数思维的大宗商品供应链金融次新股投资战略决策

一、基于指数思维的初选股票池战略决策

根据前面的实证分析结果，我们筛选出30个次新股中符合下跌预计的股票建立股票池，如表8-7所示。

表8-7　初选股票池

证券代码	证券名称	证券代码	证券名称	证券代码	证券名称
300502	新易盛	300494	盛天网络	300493	润欣科技
300500	苏州设计	002777	久远银海	603936	博敏电子
002783	凯龙股份	603508	思维列控	300497	富祥股份
002780	三夫户外	300501	海顺新材	603999	读者传媒
603800	道森股份	603299	井神股份	603861	白云电器
002785	万里石	603207	千禾味业	300492	山鼎设计
002789	建艺集团	300505	川金诺	603996	中新科技
300506	名家汇	300508	维宏股份	002791	坚朗五金
601020	华钰矿业	002793	东音股份	603666	桃李面包
002778	高科石化	603377	东方时尚	300503	昊志机电

二、基于指数思维的 MACD 指标二次筛选股票池战略决策

MACD 称为指数平滑异同平均线，是从双指数移动平均线发展而来的，由快的指数移动平均线(EMA12)减去慢的指数移动平均线(EMA26)得到快线 DIF，再用 2 乘以(快线 DIF-DIF 的 9 日加权移动均线 DEA)得到 MACD 柱。MACD 的意义和双移动平均线基本相同，即由快、慢均线的离散、聚合表征当前的多空状态和股价可能的发展变化趋势，但阅读起来更方便。当 MACD 从负数转向正数，是买的信号。当 MACD 从正数转向负数，是卖的信号。当 MACD 以大角度变化，表示快的移动平均线和慢的移动平均线的差距非常迅速地拉开，代表了一个市场大趋势的转变。

经过研究讨论我们决定利用 MACD 中的，DEA 与 DIF 距离与 MACD 出现红色或是绿柱大幅减少为二次筛选指标，如图 8-5 所示。

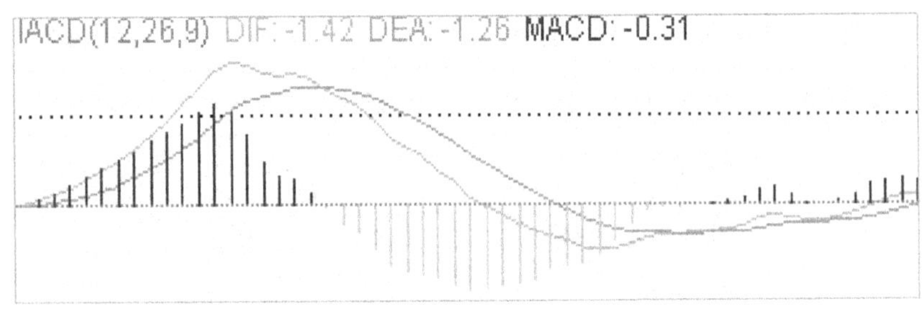

图 8-5 MACD 二次筛选指标

三、基于指数思维的反弹幅度筛选股票池战略决策

涨跌幅是反弹势头强弱的直接体现，强势的个股在反弹时反弹幅度一定也超出其他股票。我们经过研究商讨做出基于指数思维的反弹

幅度筛选股票池战略决策,决定将个股的反弹幅度纳入二次筛选的条件,统计区间由个股的近期低点至满足明确反弹信号当日。

四、基于指数思维的最终股票池战略决策

基于指数思维的最终股票池战略决策结果,如表 8-8 所示。

表 8-8　最终股票池

证券代码	证券名称	证券代码	证券名称	证券代码	证券名称
002783	凯龙股份	603508	思维列控	300497	富祥股份
002780	三夫户外	300501	海顺新材	603999	读者传媒
603800	道森股份	603299	井神股份	603861	白云电器
002785	万里石	603207	千禾味业	300492	山鼎设计
002789	建艺集团	300505	川金诺	603996	中新科技

五、基于指数思维的个股权重战略决策

个股资金分配我们采取了金字塔形分级权重将所选的 18 只股票中按照流通市值由高到低分为 A、B、C 三个小组 (每组股票包含 3 个股票),A、B、C 三个小组分别给予 50%,30%,20%权重的资金,小组内资金等权重购买各种股票,如表 8-9 所示。

表 8-9　权重分布表

分组	A	B	C
权重	50%	30%	20%
小组内 6 只股票由流通市值大小买入			

我们以次新股的买入点作为本次投资的重点研究对象，并通过回归分析得到的结论：下降幅度 = –0.320 + 上涨幅度 × 0.357。算出最终股票池中股票下降幅度进行买入。买入时刻为当日大盘收盘前 10 分钟。

注：再买入同时确认当天大盘走势为震荡或是上涨。

我们通过对次新股的特点为高风险、高收益的认识，做出决策：不管怎样只要预期收益达到 20%，无论股票上涨空间多大我们均收手。

卖点一：股价反弹幅度达到回调幅度 10%时，选择卖出一半仓位以锁定部分利润降低风险。

卖点二：针对剩下的一半仓位我们采取移动止盈的方案，当股价出现回调，当下跌幅度超过最高预定收益值时全部平仓。

止损点：股市时时刻刻都充满了风险，再厉害的股神也都有犯错的时候，市场的不确定性造就了止损存在的必要性和重要性。

卖点一：股票收盘价连续两日收于 20 均线以下卖出一半仓位。

卖点二：剩下的一半仓位，在股价跌破前期低点时平仓。

仓位控制：在仓位控制中，我们主要结合次新股板块指数的变动作为关键判别依据，由指数的点位判断市场运行阶段所对应的风险，进而来调整投资组合的仓位。如前图 8–5 所示，但凡 MACD 中的 DIF 与 DEA 均低于 0 以下，我们都已满仓对待。当 DIF 和 DEA 均走上 0 值，我们将仓位降至 1/2，之后继续上扬，不断减仓至在 DEA 与 DIF 在规定上方相交前空仓。

六、基于指数思维的大宗商品供应链金融次新股投资战略决策评价

基于指数思维的大宗商品供应链金融次新股投资战略决策需要具备较为强大的公司分析能力，并要结合大盘水位进行综合权衡，具

备很强的挑战性，属于激进型投资范畴。除了基本面以外，新股上市定位跟大盘水位关联也很大，决定了后续的风险机会比。市场极端恐慌时期上市的新股，泥沙俱下，优质品种容易被市场低估，相对机会很大；市场不温不火时期上市的新股，机会与风险各半，情绪主导将让位基本面主导，品种分化明显，看得准是关键；市场热络时期上市的新股，情绪主导股价定位，市场越热网络定位越离谱，风险收益不对等。我们曾经提到过，股票市场总是奖励前瞻性和适度超前的思维(指数思维)及关键时刻的果敢。关注近半年来上市的袖珍市值的优质新兴产业公司，在上市之前或上市之初进行分辨并择取重点公司进行提前研究，投资战略决策上奉行逢低吸纳原则，而不是大幅追高，选择这些公司在上市后的相对低点介入，至于何为相对低点只能自行判断。我们利用对次新股的买入点进行研究从而有效的完善了基于指数思维的大宗商品供应链金融次新股投资战略决策效果。

第九章
指数思维与大宗商品供应链金融创新服务

第一节 基于线性思维的大宗商品供应链金融传统服务

线性思维是指人们把认识停留在对客观事物质的抽象层面,而不是本质上的抽象,并且以这种质的抽象作为认识的出发点,较为直观、片面、直线等形式的思维方式。如果人们仅仅是把知性逻辑的形式逻辑作为思维方式的话,这样的思维方式我们称其为线性思维方式。

人们的线性思维方式是一种单维的、直线的、单向的、缺乏对变化多端的环境适应能力的思维方式。这种线性思维方式不可能正确的把握复杂多样的经济表象背后的客观事物的本质及其规律。

线性思维的人们思考问题或对客观事物的看法观点往往是比较古板教条,缺乏灵活性的。正如 1 + 1 = 2 的数学思维逻辑一样,惯于线性思维的人们只能得出唯一的答案, 从来就不考虑 1 + 1 在什么情况下等于 2,在什么情况下不等于 2 的问题。

大宗商品供应链金融传统业务服务主要有三种:一是应收账款类融资业务服务;二是库存类融资业务服务;三是预付账款类融资业务

服务。而这三类大宗商品供应链金融业务服务构成了大宗商品供应链金融的产品模式。

一、大宗商品供应链金融应收账款类融资

大宗商品供应链金融应收账款类融资业务服务是指大宗商品供应链上游企业(供应商企业)把合同内的应收账款作为资金向银行还款,但是卖方提供的应收账款必须真实有效,不得弄虚作假。银行在对大宗商品供应链上游企业(供应商企业)提供的应收账款类凭证进行核对,并证实其真实有效后给大宗商品供应链上游企业(供应商企业)进行放款。大宗商品供应链金融的保理业务服务作为应收账款类融资的基本形式可以分为明保理和暗保理两种。除此之外,还有类似于票据池融资、保理池融资、方向保理、出口信用险融资等大宗商品供应链金融衍生产品。

大宗商品供应链金融应收账款类融资的业务服务流程,如图 9-1 所示。

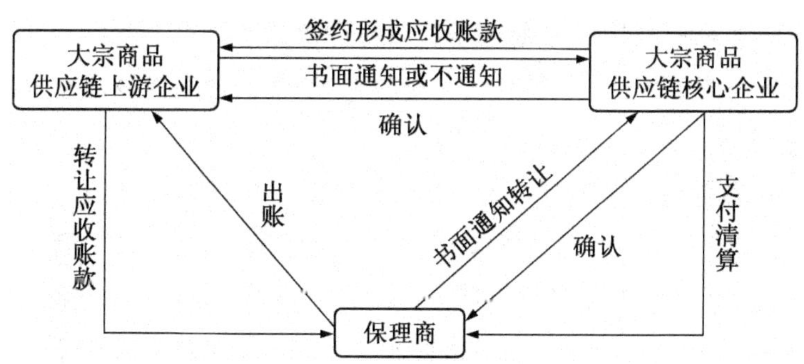

图 9-1　大宗商品供应链金融应收账款类融资的业务服务流程

当上游企业出现因为资金短缺,而其所销售的货款又未即时到账或者还未到期限,然而此时又有新业务,企业运作急需资金的情况下,

上游企业可以通过跟相关的保理商进行关于资金通融的协商，若保理商同意接受上游企业提出的应收账款的协商，这样供应链上下游企业就能够达成购销合同。最后上游企业以赊销的方式销售,并取得应收账款。核心企业通过上游企业和保理商提供上来的书面形式来得知情况。

二、大宗商品供应链金融库存类融资

大宗商品供应链金融库存类融资就是依靠大宗商品供应链第三方物流企业与大宗商品供应链下游企业之间的联系,凭借着大宗商品供应链第三方物流企业自身的信用,以帮助解决大宗商品供应链企业融资需求的一种大宗商品供应链金融传统业务服务。当大宗商品供应链企业出现资金周转困难时,以大宗商品供应链企业拥有的存货来向银行作为抵押,那时银行在放款之前必须仔细认真核对该大宗商品供应链企业所提供的用来抵押的存货是否属于该企业存货,是否具有价值,当大宗商品供应链企业不能还款时,该存货的变现能力情况如何。银行在大宗商品供应链金融库存类融资模式下是将存货以及其产生的收入作为担保的,主要有融通仓融资、存货质押融资以及仓单质押融资。

大宗商品供应链企业在其与大宗商品供应链第三方物流企业以及银行之间达成(动态或静态)存货质押融资合同后向大宗商品供应链第三方物流企业交付质押存货。银行对大宗商品供应链企业进行授信,发放融资款。大宗商品供应链企业向银行存入赎货保证金或归还融资款。银行允许大宗商品供应链第三方物流企业放贷。大宗商品供应链第三方物流企业向大宗商品供应链供应链企业放贷。

大宗商品供应链金融库存类融资的业务服务流程,如图9–2

所示。

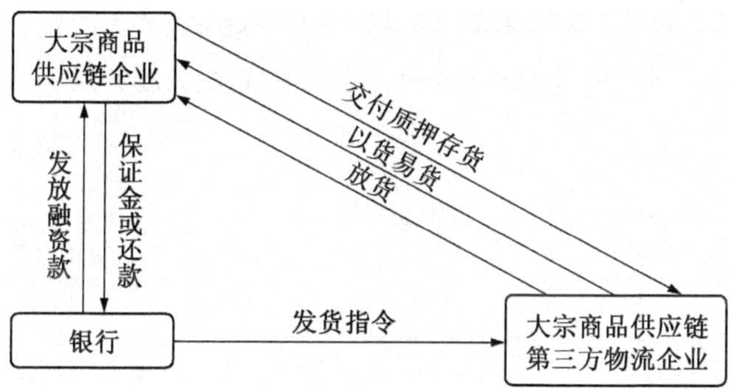

图 9-2 大宗商品供应链金融库存类融资的业务服务流程

三、大宗商品供应链金融预付账款类融资

大宗商品供应链金融预付账款类融资,首先必须要达到的标准前提是大宗商品供应链企业之间签订了真实有效的合同,大宗商品供应链下游企业向大宗商品供应链中的核心企业发出支付请求,以预付账款为依据。预付账款不同于以往的业务服务流程,在担保过程中大宗商品供应链金融预付账款类融资是以在途中的未到达的货物向银行担保,当货物销售之后再还款,是为购买方提供的基于"未来存货的融资",其中主要有先票(款)后货融资、保税仓融资等。

大宗商品供应链金融预付账款类融资,首先,大宗商品供应链上下游企业与核心企业都要知晓此事并达成意见共识,双方之间愿意通过预付账款来进行融资之后,大宗商品供应链下游企业才可以向银行缴纳保证金;其次,大宗商品供应链核心企业货物款项要通过银行授信之后才能取得,大宗商品供应链的核心企业发货给其下游企业,但货物直接发往大宗商品供应链第三方物流企业,并由其进行监管,大宗商品供应链下游企业通过不断追加保证金向银行赎货以达到其经营需要;最后,银行允许大宗商品供应链第三方物流企业向大宗商品供应链的下游企业发放货物,但只能是部分货物而不是全部。

大宗商品供应链金融预付账款类融资的业务服务流程,如图 9-3 所示。

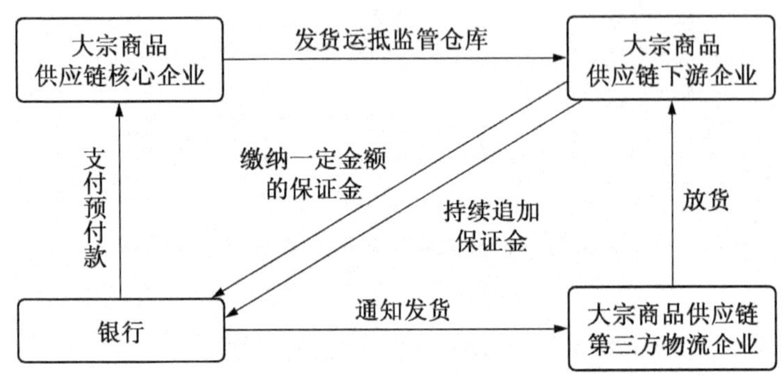

图 9-3　大宗商品供应链金融预付账款类融资的业务服务流程

从上面的大宗商品供应链金融主要三种传统业务服务的介绍来看,不管其业务服务的性质,还是其业务服务流程,都是在线性思维的基础上所设计制定的大宗商品供应链金融业务服务。这是因为在大宗商品供应链金融的以往三种主要融资业务服务所涉及的参与方虽然有时候可以超过三家企业,可大宗商品供应链金融融资业务服务的供需方之间的交易对接却是主要围绕着两家企业的切身利益而开展业务服务,其他企业只是一种辅助性质的配合合作而已。

当大宗商品供应链企业之间的某项业务服务(包括大宗商品供应链金融业务服务)的交易方主体和客体比较明显的时候,他们之间的业务服务交易关系往往形成直接的、直观的、片面的关系,而这些企业紧紧围绕着这项业务服务(如大宗商品供应链金融传统主要三种业务服务:应收账款类融资业务服务、库存类融资业务服务、预付账款类融资业务服务)进行直截了当的处理和交流业务服务相关事宜,顶多思考三维空间的客观事物及其变化相关问题,换句话说,在这种大宗商品供应链金融业务服务背景下,大宗商品供应链金融的思维模式,要么是二维空间,即一点对一点的业务服务思维,要么是一点对多点或者多点对一点的业务服务思维。所以,大宗商品供应链金融的传统三种主要业务服务是基于线性思维模式而设计规划,并付诸实施的。

第二节　基于指数思维的大宗商品供应链金融创新服务

我们知道摩托罗拉和诺基亚都败在线性思维模式上,而苹果和谷歌却胜在指数思维模式。当年风光一时的这两家企业针对发生质的变化的市场竞争环境,没能及时从传统的线性思维模式框架中脱颖而出,反倒被后来者取代。

我们知道uber、airnb、特斯拉、小米等后来者居上的企业都是利用大量的外部杠杆式资产来撬动整个行业的指数型组织及团队。有人把指数型组织及团队的主要特征归纳为如下四点:第一,组织及团队的愿景宏伟;第二,实验导向的精益创业;第三,运营边际成本为零的数据化信息资源;第四,灵活多样化应用外部人力、物力、财力等资源。

简单地说,采用线性思维模式和指数思维模式的企业之间的本质区别在于,前者是着重于某一个点的思维模式,而后者则是某一个线或面的思维模式。指数思维模式是一种互动式的、相对稳定的、较长久性的战略关系,它们之间搜集数据化信息的边际成本为零,很多资源和资产可以共享。

我们在前面介绍的大宗商品供应链金融传统的三种主要融资业务服务都属于有抵押物前提下的大宗商品供应链金融融资行为,因而与过去传统的非供应链的企业融资方式存在很多相似点。然而,大宗商品供应链中存在着基于相互之间一种互动式的、相对稳定的、较长久性的战略关系。也就是说,大宗商品供应链金融业务服务是基于长期合作产生的相互信任为前提进行融资的,我们把这种融资业务服务称为大宗商品供应链金融战略关系融资业务服务。

大宗商品供应链金融战略关系融资业务服务的独特之处在于资金的供需双方相互非常信任,这种信任关系往往建立在具有多年合作关系的战略合作伙伴之间。大宗商品供应链金融创新服务,即战略关系融资业务服务更多意义上代表了供需双方之间的共同利益,这种战略关系融资业务服务不但是依靠契约来管理治理,而且更重要的是供需双方的基于共同利益所建立的纽带——战略关系来进行运行治理。

大宗商品供应链金融以合同契约为导向的融资业务服务是为了应付人们的自私自利或者机会主义倾向,而瞬息万变的市场竞争环境所导致的大宗商品供应链运营环境的不确定性、企业资产的专用性、大宗商品交易频率等原因,将会加剧合同契约的不完整性及交易信息的不对称性。

大宗商品供应链金融以战略关系为导向的融资业务服务是强调大宗商品供应链企业之间的合作性互动与双方之间的战略关系质量的提升。大宗商品供应链金融创新服务——战略关系融资背景下的大宗商品供应链企业之间交易频率越高越容易导致供需双方以合作为导向,并不断调整相互间的合作关系,从而可以进一步促进双方的合作关系。按传统的逻辑思考问题的话,大宗商品供应链企业之间的交易频率越高,交易成本将会相应的增加。然而,大宗商品供应链金融创新服务,即大宗商品供应链金融战略关系融资服务则显现出的事实是:随着交易频率的提高不仅不会导致交易成本的增加,反而会增进大宗商品供应链金融供需双方之间信任,促进相互之间的了解,实现知识共享,不断地相互适应,最终实现协同创新、互利共赢的目标。

大宗商品供应链金融创新服务,即大宗商品供应链金融战略关系融资的业务服务流程,如图 9-4 所示。

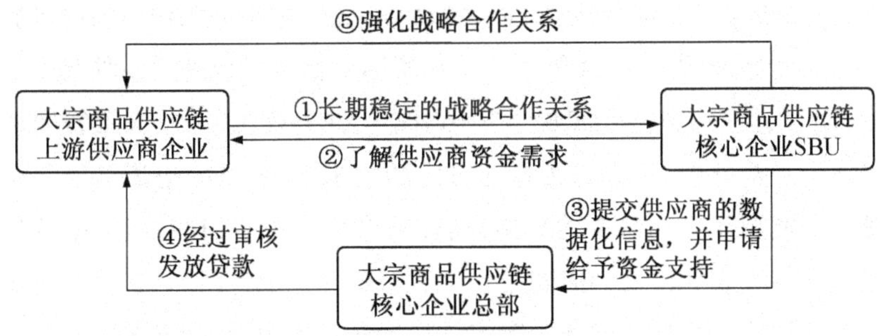

图 9-4 大宗商品供应链金融战略关系融资的业务服务流程

注:SBU(战略事业单位的英文单词前一个大写字母组合)

第三节 指数思维与大宗商品供应链金融战略关系融资服务

随着移动互联网、物联网、大数据、云计算、人工智能等技术的深入发展,人的心智模式和思维方式迎来了前所未有的革命性挑战。人们突破传统线性思维的局限性,接受现实生活中呈现出的指数思维种种迹象来切合实际的探索研究大宗商品供应链金融创新服务问题,这是摆在我们管理学理论研究者面前的富有挑战性课题。

“一带一路”的“五通”中强调资金融通问题,而随着移动互联网、物联网、大数据、云计算、人工智能等技术的深入发展,人的心智模式和思维方式迎来了前所未有的革命性挑战。人们突破传统线性思维的局限性,接受现实生活中呈现出的指数思维种种迹象来切合实际的探索研究大宗商品供应链金融创新服务问题,这是留给我们“一带一路”

资金融通研究者的富有挑战性课题。

2015 年彼得·戴曼迪斯和史蒂芬·科特勒合著的《创业无畏》一书中提出了改变世界的五种关键技术为，网络和传感器、无限计算、人工智能、机器人技术和合成生物学。如今，在美国 80%的工作都围绕着服务行业而展开，并且任何服务性工作实际上都可以分解为四种基本技能，即看、读、写和整合知识。2016 年杰瑞·卡普兰著的《人工智能时代——人机共生下财富、工作与思维的大未来》一书中论述了如何构建一个适用于人机共生的新生态：在这个生态中我们的企业、服务价值体系与政府部门该如何建立一个有益的商业绿色闭环，又该如何做才能使经济社会良性循环。我们该如何布局无人驾驶、深度视觉等领域，把丰富的产业知识、技术技能、人工智能等创新导入。

2015 年彼得·蒂尔和布莱克·马斯特斯共著的《从 0 到 1——开启商业与未来的秘密》一书中提出了进步的未来，即两种进步和科技与全球化，如图 9-5 和图 9-6 所示，并指出了创业思维概念。

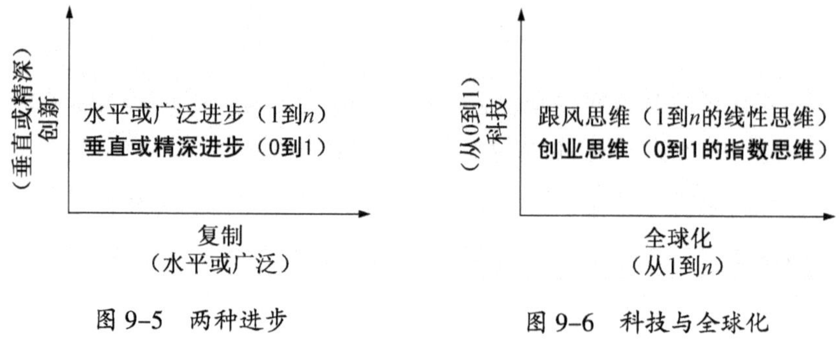

图 9-5　两种进步　　　　图 9-6　科技与全球化

随着赊销成为最主要的销售方式，大宗商品供应链上游的企业普遍承受着现金流紧张所带来的压力。然而，传统的大宗商品供应链金融三种形态（应收账款融资、库存融资、预付款融资）是基于线性思维的大宗商品供应链金融服务，难以摆脱企业的资产型显性效应。2016

年宋华在其《供应链金融》一书中提到的一种新兴的供应链金融形态——战略关系融资就是关注企业的非资产型隐性效应。其实,战略关系融资的供应链金融新兴服务形态是1995年麦德霍克在关注企业间两种交易治理结构(合约为中心的交易治理结构和关系为中心的交易治理结构)时提出的概念。麦德霍克认为:在企业间以关系为中心的交易治理结构中,强调的是企业间的合作性互动与双方间的关系质量的提升。交易频率越高不仅不会增加交易成本,反而会增进双方间的了解,促进知识分享,资源共享。因此,在企业间以关系为中心的交易治理结构中,我们有必须构建基于指数思维的大宗商品供应链金融新兴服务形态——战略关系融资。

一、指数思维与大宗商品供应链金融战略关系融资服务的创新含义

通过对战略关系融资的大宗商品供应链金融新兴服务形态的理论和实践模式的解读和认识,我们可以从传统的以应收账款融资、库存融资、预付款融资等基于线性思维的大宗商品供应链金融服务框架中脱颖而出,进入一个崭新的基于指数思维的大宗商品供应链金融创新服务新业态领域。而这种大宗商品供应链金融创新服务的理论依据为“基于指数思维的战略关系融资导向大宗商品供应链金融”。如今,在移动互联网、物联网、大数据、云计算、人工智能等时代背景下,互联网先是以个人电脑为节点,随后将智能手机、智能设施工具、可穿戴设备等更多类型的终端变为节点,而供应链企业需求则在这个进程中完成了由“连接人与数据”到“连接人与服务”的升级。这确实有利于现有社会资源的合理分配,并在某种程度上提升了供应链企业的生产服务一体化效率,因此其最终不仅不会消亡,而且还将被延伸与发展到包

括大宗商品供应链金融服务在内的各种战略性新兴行业。由此看来，“指数思维与大宗商品供应链金融战略关系融资服务的关系”的研究具有划时代意义，其研究成果将对创新突破传统的大宗商品供应链金融服务“线性思维”模式，积极迎来大宗商品供应链金融战略关系融资服务“指数思维”模式，具有不可估量的现实意义。与此同时，指数思维与大宗商品供应链金融战略关系融资服务的创新含义可以借助“指数思维与供应链金融”理论为先导，勇于面对指数型机遇，创造倍乘效应，并通过开发指数型技术和指数型业务服务所需的大宗商品供应链金融战略关系融资服务，实现指数级经济增长。这不但有可能，而且还切实可行和有章可循。

二、基于指数思维的战略关系融资导向大宗商品供应链金融的理论框架

1. 我们要理清数据、信息、知识、智能等概念之间的连带关系

连带关系，如图 9-7 所示。

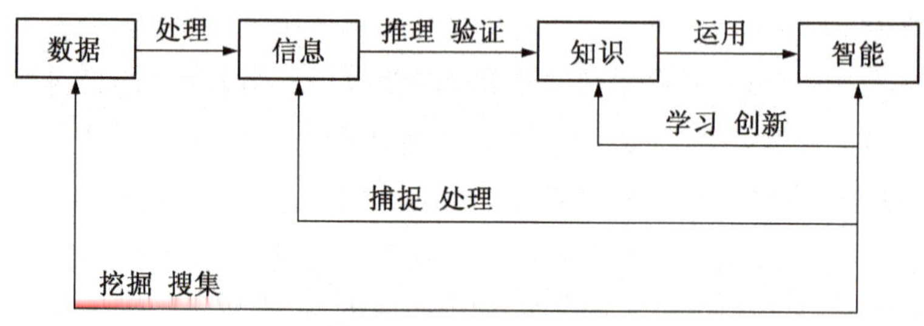

图 9-7 数据—信息—知识—智能间关系

2. 我们进一步深化理解人机共生新生态下的知识转移(SECI)理论

知识转移(SECI)理论，如图 9-8 所示。

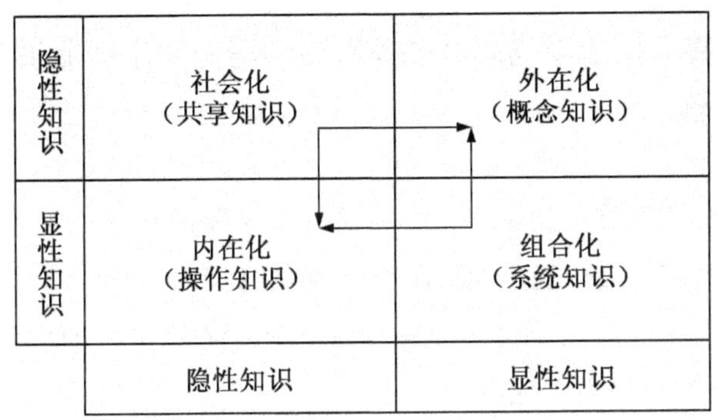

图 9-8 人机共生新生态下的知识转移(SECI)模型

3. 通过规范研究和实证研究结合方法推出“基于指数思维的战略关系融资导向大宗商品供应链金融”的理论框架

“基于指数思维的战略关系融资导向大宗商品供应链金融”的理论框架，如图 9-9 所示。

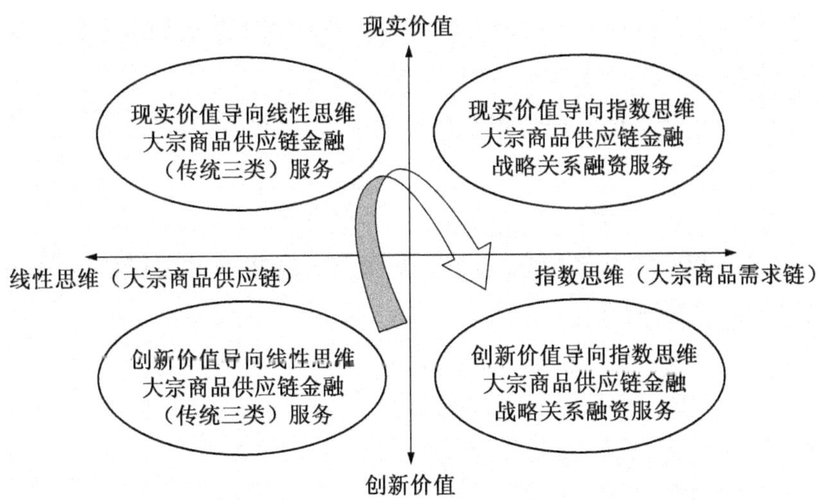

图 9-9 “基于指数思维的战略关系融资导向大宗商品供应链金融”理论框架

三、基于指数思维的战略关系融资导向大宗商品供应链金融的主要内容

(1) 线性思维与指数思维的含义及其主要区别。

(2) 大宗商品供应链(需求链)金融的含义。

(3) 大宗商品供应链金融的传统三类业务服务，即应收账款、库存、预付款等融资业务服务。

(4) 大宗商品供应链金融的战略关系融资的内涵和外延、现实价值的内涵及外延、创新价值的内涵及外延。

(5) 现实价值导向的线性思维大宗商品供应链金融(应收账款融资、库存融资、预付款融资)服务。

(6) 现实价值导向的指数思维大宗商品供应链金融战略关系融资服务。

(7) 创新价值导向的线性思维大宗商品供应链金融(应收账款融资、库存融资、预付款融资)服务。

(8) 创新价值导向的指数思维大宗商品供应链金融战略关系融资服务。

四、基于指数思维的战略关系融资导向大宗商品供应链金融的基本研究步骤

(1) 文献书籍资料阅读及评述。

(2) 原始资料搜集及整理分析。

(3) 制定研究概念框架。

(4) 探索发现概念之间的相互联系。

(5) 以规范及实证研究方法得出概念与概念之间的系统知识,并

形成理论体系。

(6) 撰写专著书稿。

五、基于指数思维的战略关系融资导向大宗商品供应链金融的学术意义

1. 学术思想的特色和创新

一是学术研究设计的创新特色;二是学术概念框架及研究技术路径的创新特色;三是学术研究方法上的创新特色。

2. 实际应用价值及成果去向

实际应用价值:

(1) 人的心智模式和思维方式要由传统的线性思维模式转向指数思维模式。

(2) 移动互联网、物联网、大数据、云计算、人工智能等技术的日益成熟发展,需要"指数思维与大宗商品供应链金融服务"创新理论体系的形成。

(3) "基于指数思维的战略关系融资导向大宗商品供应链金融"需要实际操作可行的"基于指数思维的战略关系融资导向大宗商品供应链金融"的理论框架及其具体实践方案。

成果去向:

(1) 政府相关部门及研究机构。

(2) 相关行业协会(包括供应链金融企业)及部门。

(3) 大学图书馆及各类书店。

(4) 应用技术类大学相关的教育部门。

(5) 应用技术类大学相关的大宗商品供应链金融人才职业能力资格鉴定部门。

参考文献

[1] 宋华. 供应链金融[M]. 北京:中国人民大学出版社,2016.

[2] 王国刚,等. 中外供应链金融比较研究[M]. 北京:人民出版社,2015.

[3] 周利国,等. 物流与供应链金融[M]. 北京:清华大学出版社,2016.

[4] 慕继丰,冯宗宪,陈方丽. 知识管理和知识管理网络[J]. 科学与管理,2001(2).

[5] 魏江,朱海燕. 集群创新系统的创新桥梁:知识密集型服务业[J]. 浙江大学学报人文社会科学版,2007(2).

[6] 王宣人. 知识密集型服务企业知识吸收能力对创新绩效的影响研究[J]. 中南大学,2010.

[7] 吴家曦,等. 浙江省中小企业转型升级调查报告[J]. 管理世界,2009(8).

[8] 曾贵. 我国本土加工贸易企业转型升级的意愿探讨[J]. 国际经贸探索,2011(7).

[9] 彼得·戴曼迪斯,史蒂芬·科特勒. 创业无畏—指数级成长路线图[M]. 杭州:浙江人民出版社,2015.

[10] 彼得·蒂尔,布莱克·马斯特斯. 从 0 到 1—开启商业与未来的秘密[M]. 北京:中信出版社,2015.

[11] 杰瑞·卡普兰. 人工智能时代—人技工剩下财富、工作余思维的大未来[M]. 杭州:浙江人民出版社,2016.

[12] 霍华德·加德纳. 7 种智能改变命运多元智能[M]. 北京:新华出版社,2016.

[13] Howard Gardner. Multiple Intelligences The Theory in Practice [M]. 北京:新华出版社,1999.

[14] Bass,B. ,Avolio,B. The implications of transactional and transformational,1990 leadership for individual,team and organizational development[J]. Research in Organizational Change and Development,1990(4):231–272.

[15] Chin–Shan Lu,Chanr–Luh Tsai. The effects of safety climate on vessel accidents in the container shipping context. Safety Science [J]. Accident Analysis and prevention,2008(2).

[16] Chin–Shan Lu,Chung–Shan Yang. Safety leadership and safety behavior in container terminal operations[J]. Safety Science,2010 (48):123–134.

[17] M. D. Cooper. Towards a model of safety culture [J]. Safety Science,2000,36:111–136.

[18] Carrillo,R. A. ,Simon,S. I. Leadership skills that shape and keep world–class safety cultures [D]. In: Proceedings of the 38th Annual Professional Development Conference. ASSE,Baltimore,MD, pp,1999,337 - 344.

[19] Donald P. Dingsdag,Herbert C. Biggs,Vaughn L. Sheahan. Understanding and defining OH&S competency for construction site positions: Worker perceptions[J]. Safety science. 2008(46):619 - 633.

[20] O'Dea,A. ,Flin,R. . The Role of Managerial Leadership in Determining Workplace Safety Outcomes[D]. Research Report 044, Health & Safety Executive,UK,2003.

[21] Wu,T. C. ,Chen,C. H. ,Li,C. C. ,2007. Correlation among safety leadership,safety climate and safety performance [J]. Journal of Loss Prevention in the Process Industries 6 (3), ;261-272.

[22] Yule,S. ,Flin,R. ,Murdy,A. The role of management and safety climate in preventing risk-taking at work[J]. International Journal of Risk Assessment and Management 2007,7(2),137-151.

[23] Wu,T. C. ,Chen,C. H. ,Li,C. C. ,2007. Correlation among safety leadership,safety climate and safety performance [J]. Journal of Loss Prevention in the Process Industries 6 (3), ;261-272.

[24] Tsung-chih wu,Chi-WeiLiu,Mu-Chen Lu. safety climate in university and college laboratories:Impact of organizational and individual factors[J]. Journal of safety Research,2007,38:91-102.

[26] Sharon Clarke. Safety leadership: A meta -analytic review of transformational and transactional leadership styles as antecedents of safety behaviors[J]. Journal of Occupational and Organizational Psychology. 2013(86),22 - 49.

[26] D. Zohar,G. Luria. The use of supervisory practices as leverage to improve safety behavior: A cross -level intervention model [J]. Journal of Safety Research,2003,34: 567-577.

[27] 沈哲. 知识密集型企业知识转移与协同创新关系研究[J]. 浙江学刊,2014(4).

[28] 沈哲. 物联网技术与物流企业竞争优势实证研究[J]. 物联网技术与物流企业竞争优势实证研究,2012(5).

[29] 沈哲. 物联网技术与物流企业竞争优势实证研究[J]. 浙江社会科学期刊,2012(2).

[30] 沈哲. 金融服务质量实证研究[J]. 浙江金融,2014(4).

[31] 沈哲. 大宗商品物流市场研究方法[M]. 杭州:浙江大学出版社, 2016(12).

[32] 金文姬,沈哲. 海洋旅游产品开发[M]. 杭州:浙江大学出版社, 2013(4).

索　引